言語学翻訳叢書
17

学校教育の言語
The Language of Schooling: A Functional Linguistics Perspective

機能言語学の視点

［著］メアリー・シュレッペグレル
Mary J. Schleppegrell

石川彰　小林一貴
［訳］佐々木真　中村亜希
奥泉香　水澤祐美子

ひつじ書房

The Language of Schooling
A Functional Linguistics Perspective

by Mary J. Schleppegrell

Copyright©2004 by Lawrence Erlbaum Associates, Inc.
ISBN 978-0-8058-4677-5

Japanese translation by Akira ISHIKAWA, Makoto SASAKI, Kaori OKUIZUMI,
Kazutaka KOBAYASHI, Aki NAKAMURA, Yumiko MIZUSAWA

All Rights Reserved. Authorized translation from English language edition
published by Routledge, an imprint of Taylor & Francis Group LLC.

Japanese translation published by arrangement with
Taylor & Francis Group LLC through The English Agency (Japan) Ltd.

iii

目　次

前書き 　　1

全体を概観してみよう 　　3

第 1 章　学校教育の言語を特徴づける 　　7

学校教育の言語的コンテクスト 　　9
「教養のある」言語がもたらす重要な課題 　　12
機能的言語理論 　　27
結論 　　29

第 2 章　言語とコンテクスト 　　31

生活経験と言語発達 　　34
学校の課題における言語 　　46
言語と学校での成功 　　55
結論 　　57

第 3 章　学習のレジスター（言語使用域）の言語的特徴 　　61

意味を作る資源としての文法 　　63
言語的選択が社会的コンテクストを具現する 　　69
結論 　　106

第4章　学校教育における作文のジャンル　　111

文法と作文の発達　　112
学校教育におけるジャンル　　118
論証的な文章　　125
結論　　161

第5章　学校教科における機能文法　　165

自然科学と歴史における意味生成　　166
学習のレジスター(言語使用域)の機能性　　198
学習のレジスター(言語使用域)の重要な課題　　206
結論　　209

第6章　学校での言語発達　　211

言語教育の様々な問題点　　213
学校教育の言語を学ぶ　　218
学習資源としての文法　　223
言語、知識、イデオロギー　　229
結論　　232

参考文献　　237

『学校教育の言語』を読むにあたって選択体系機能言語学の 基本概念と本書の概要　　255

はじめに	255
1.　選択体系機能言語学の基本概念	255
2.　本書の概説と学習言語の特徴	269

索引	273
著者・訳者紹介	287

前書き

　本書は生徒・学生が学業で好成績を収めるために学習する必要がある言語の特徴を探る。学校での使用が期待される英語の種類は、生徒・学生が学外での社会的目的を果たすために依拠する相互作用的(対話的)な言語とは異なる。本書は学校で必要とされるタスクを行う際に期待される言語の文法および談話的特徴を、それらを通じて学校教育のコンテクストの中で具現される教科領域、教師／生徒・学生の役割関係、学習の目的と生徒・学生への期待事項とに関係付ける。「学校教育の言語」(Schleppegrell, 2001)によって、この種類の言語に慣れていない生徒・学生(非母国語としての英語話者、標準的でない方言の話者、学外でほとんど学術的コンテクストに触れない学生など)にもたらされる重要な課題が、機能文法による分析を通して明らかにされる。子供たちは正式な教育の初等段階においてさえ、学校教育の言語に遭遇するのである。本書では、この言語の特徴が上級学年のさまざまな科目における知識の**解釈構築**にどのような機能を果たすかということが実証される [1]。

　本書は、学校での言語について頻繁に引用される社会言語学、応用言語学、談話分析による諸研究を踏まえて論を進めるが、それらの研究を機能言語学の立場から解釈し、生徒・学生が学校で読んだり書いたりすることが求められるテクストにおいて特定の文法的選択がどのように意味を生成するかを明らかにしながら、学校教育で言語的に要求されているものを記述する。規則の集合としてではなく、意味の生成の資源としての言語に焦点を当てるという点と、話し手・書き手による言語的選択と、それらの選択が具現を助けるコンテクストとの間のつながりを認めるという点で、機能文法は伝統的な学校文法と異なる。

　本書は教員養成で使用されることを意図しているが、特に中学、高校、大学の教員、作文の教師、ならびに言語発達と教育の研究者、さらに教育における

言語問題に一般的関心をもつ人々を読者に想定している。研究者ならびに教師の方々が、さまざまな文法的および談話構成上の選択によって、異なった価値付けをもつ異なる種類のテクストを生み出す方法に対して、本書の提供する支援により、もっと明示的な注意を払うことができるようになることを期待する。私たちが生徒・学生を相手にして作業するための方策を開発する場合と、言語学者と教育者との間の実りある協働作業の新しい方法を案出する場合に、学校教育の言語的な重要な課題についての理解が進むことが、それらの仕事の助けとなりうる。同時に、私たちは学校教育の実際の内容と、言語を用いて生徒・学生にできると見なされていることについて学校側のもつ期待について意識を進めることができる。このことは、現在の社会的および教育的秩序の維持・改革に力を発揮する言語的資源のコントロールを獲得できるよう、子供たちが学校へ携えてくる能力にもとづいて彼らを支援する教室環境へと、私たちを近づけることになりうる[2]。さらに、言語がどのように知識を構造化するかを理解すれば、言語の性質そのものについてより良い理解が得られる。

30 年前、Hymes(1972)は教室に基盤を置く研究で取り上げるべき諸問題を提案し、それは一世代にわたる実り多い研究につながる刺激となった。言語使用の社会的および文化的諸相に注意を向ける著作を導入することで、彼は言語研究において一般的にコンテクストを無視する当時の言語学に反抗したのである。彼は、発話事象の起こるコンテクストを考慮しながら、研究者たちに状況と結び付けられた意味に参加者の視点からの焦点を当てることを勧めた。教室に基盤を置く研究で取り上げるべき諸問題に関するこの呼びかけを受けて、多くの革新的な民族誌研究が出現し、典型的な学校経験を構成する(教室における質疑応答、発表、課題の作文、話し合いなどの)タスクの種類、参加構造、そして発話ならびに読み書き事象の記述を生み出した(Cazden, 1986, 1988 に概観がある)。

教室研究の諸問題を提案すると同時に、Hymes は最終的には言語構造と社会的コンテクストの別々の分析を超えて、両者を包含する 1 つのモデルの開発が必要となることを指摘した。彼の言葉を引くと、「言語の機能の仕方に関する適切な理論は言語およびコンテクストのいずれからか出発するというより、単一のモデル内に両者を体系的に関係付けることになるだろう」(Hymes, 1972, p. xix)。Halliday による機能文法の出版(Halliday, 1985, 1994)の結果、まさしくこのことを実現する言語構造の理論が研究者に利用できるようになり、コンテクストと言語構造の原理にもとづく関係づけの研究が可能になった。本書はこの枠組みでなされた多くの重要な研究からの知見に依拠している。

談話分析、（VARBRUL を用いた量的分析で代表される）変異分析、および民俗誌的アプローチを用いた社会的コンテクストにおける言語研究は、典型的に、それらが言語構造へ当てる焦点を特徴付けるときに、言語理論を援用することをしない。文法理論としての Halliday の機能文法は、相互やり取り（interaction）のその時どきの瞬間における話し手・書き手の言語的選択と、その言語が具現を助ける社会的コンテクストの間の関係について考える 1 つの方法を提供する。勿論、コンテクストは言語以外のものによっても具現される。どのような社会的相互やり取りにおいても複数の記号的体系が作用しているのである。しかし、言語はそれ自体がごく重要な記号体系であるので、文法を分析するための一般的な枠組みは、さまざまな方法論的視点からの研究を豊饒化するための強力な道具となりうる。

全体を概観してみよう

第 1 章は「読み書き能力」に相当する言語を明示的(explicit)、脱文脈的(decontextualized)、複雑度(complex)や認知的要求が高い(cognitively demanding)等の概念で特徴付ける研究を批評的に概説する。生徒・学生が学校で言語を使用するとき直面する重要な課題について、これらの概念構成体にもとづいて考えることは、進んだ読み書き能力を検討するときに、認知的要因を特権的に扱うことによって、生徒・学生による学習言語の使用能力に貢献する社会的および文化的要因の重要性を矮小化してしまう。この議論は後続する章で展開される機能的方法による言語分析の舞台設営に相当する[3]。

第 2 章は、学校のコンテクストが多くの子供たちにとって家庭の言語使用のコンテクストからどのように異なるかを示し、学校教育での言語的変化に対して社会化の過程で準備が整っている子供と、そうでない子供が存在するのはどんな点においてなのかということを記述する。「共有の時間」、「定義づけ」、およびその他の学校教育のタスクの例を用いて、本書は、最初年次においても、学校が言語使用に関する期待をもっており、それらがほとんど明示化されることがないにもかかわらず、生徒の能力評価と彼らの学習機会の多くがそれらの期待に依存することを示す。本章では Vygotsky および Halliday の著作に基づく学校教育の言語の捉え方へのアプローチを導入する。

第 3 章は学校教育の言語の機能言語学的分析を提示し、第 1、第 2 章で批判的に概観した研究で描写されている諸特徴を再解釈し、生徒・学生が学校で読んだり書いたりすることが期待されている種類のテクストを解釈構築する上

で、これらの特徴がどのように機能するかを示す。ここでは、レジスター(言・語・使・用・域・)(register)の概念を導入し、学校を基盤とするテクストの言語的特徴をくだけた相互やり取りのレジスター(言語使用域)の典型的な言語的特徴と対比させ、異なるレジスター(言語使用域)がどのように異なる社会的コンテクストを具現するかを示す。

第4章は、第3章で詳細に導入した枠組みが特定の学校教育の作文タスクにどのように適用可能であるかを示す。ここでは、生徒・学生の作文が上級の読み書き能力のタスクにおいて期待される、高度に構造化され、高い語彙密度と権威ある態度を示すテクストへと発達するのに伴い、彼らの依拠する文法的特徴がどのように進化するかを記述する。また、第4章は学校教育におけるいくつかの一般的なジャンルの特徴も記述し、第3章で詳細に導入した文法的な分析を論証的エッセイに適用する。これは生徒・学生の評価と能力向上のための評価手段として一般に使用されるジャンルである。

第5章は歴史と自然科学において要求される教科特有の読み書き能力を概括的に検討し、文法的選択が自然科学における技術的側面と理論化、ならびに歴史における解釈を構築するためにどのように機能するかを示す。ここでは、学習のレジスター(言語使用域)の特徴が、これら2領域を含む学問領域のそれぞれの目的を具現するためにどのように機能するかということと、行為者を明示せず、情報を高密度の構造をもつテクストに詰め込むという形を取る意味の生成の仕方に慣れていない学生にどのような重要な課題をもたらすかを示す。

第6章は以上を受けて、教育実践と将来の研究に機能的分析がどのような潜在的重要性をもつかということを検討する。ここでは、学校での言語発達に関する現在行われているアプローチの問題点をとり出し、生徒・学生が言語を分析することで、言語を通じて知識が構成および提示される方法のより良い理解に達することの手助けをする可視的教育法をすすめる議論を示す。

本書の特徴は、テクストとコンテクストを結びつけ、意味生成の資源として文法のもつ諸機能を強調する理論を基盤とすることである。本書は、(中学から大学を通じて)読み書き能力のコンテクストが高度化するにつれ、言語的に要求されることが増大する点に焦点を置いて、学校のコンテクストで典型的な言語がもつ文法的および談話的特徴の体系的記述を詳しく紹介する。それは同時に第二言語学習者、標準的でない方言の話者、および学校外のくだけたコンテクストにおいて高度な読み書き能力を習得する機会に近づく手段をもたない生徒・学生に関する問題を考察し、すべての教科を教える際に言語により明示的な焦点を当てること、特に批判的な読み書き能力の向上に必要な事柄に重点

前書き　5

を置くことをすすめる議論を示す。

　この著作は明らかに Michael Halliday から啓発を受けており、すべての分析は彼による意味生成の資源として言語を捉えるという考えを基盤にもっている。教育的コンテクストに関する本書の理論を開発する上で J. R. Martin と Frances Christie の著作から受けた影響も大きなものである。また、多くの人がコメントやフィードバックを提供して、本の執筆を助けてくださった。草稿に対して建設的なコメントをくださった Frances Christie には特に謝意を表したい。しかしそれは、彼女が本書で提案される諸解釈を全面的に支持するであろうということを意味しない。同じように本書で展開される考え方を形作ったのは、M. Ceccilia Colombi と継続的に行っている、機能文法、および上級の読み書き能力に関する諸問題についての討論である。彼女との協働を常々非常にありがたく思っていることをここに記す。この企画全体に関わり、貴重な編集上のコメントや提案をしてくださった John T. Rowntree と、Robert Bayley、James Gee、Bernard Mohan、それに匿名の評者に対して、多くの感謝を捧げる。同様に、最終版以前の版に丁寧な批評と徹底的なコメントをくださった Mariana Achugar、Luciana Carvalho de Oliveira、Ann Go と、継続的な支援と激励をくださった Vaidehi Ramanathan に特別な感謝を捧げたい。貴重な意見とフィードバックを提供された他の方々には、Laura Dubcovsky、Jan Frodesen、Teresa Oteíza と、本書の諸概念と取り組み、重要な質問を提起した学生諸君が含まれる。Naomi Silverman と Lawrence Erlbaum Associates の編集陣の支援と助力に感謝を捧げる。

Mary J. Schleppegrell

注
1　訳者注：知識の**解釈構築**とは、経験を言語化するための語彙と文法を使って、知識を表現することである。知識の取得や表現は言語が提供する部品（言語資源）を用いて意味を組み立てる過程であると考えられる。知識という新しい経験を理解したり、自分で表現したりするとき、生徒・学生は言語を用いてその意味を組み立てるという作業を行うことになる。
2　訳者注：言語的資源のコントロールとは、各種のテクストを構成するための言語的手段に関する理解と、それらの手段を実践的に行使する力を指す。テクストの取り扱いに関するコントロールは学校教育を通じて獲得されると考えられている。小

6

学、中学、高校、大学と教育の水準が上がるにつれて、より複雑なテクストの構成をコントロールできるようになるとされている。

3　訳者注：機能的方法による言語分析とは、言語の語彙と文法の成り立ちが言語を取り巻く自然環境や社会環境を反映する様々なパターンを形成する事実にもとづき、それらのパターンを明らかにする言語分析を指す。

第 1 章

学校教育の言語を特徴づける

経験が知識に変わる過程である「知ること」にとって、言語こそが本質的条件である。
—Halliday (1993g, p.94)

どのようにして私たちは何かを知るようになるのだろう。特に、学校教育が伸ばそうとしているような抽象的な種類の知識に、私たちはどのようにして辿り着くのだろう。本章の最初を飾る Halliday の言葉から推し量れるように、本書はこの問いを言語学的な立場から考える。それは、英語の文法体系において利用可能な資源の選択という形で意味と形が関連する様子と、知識が学校教育の言語によって解釈構築される様子を理解するための 1 つの方法を提供する。文法上の選択によって異なる種類の意味が具現されるのである。本書が探求するのは、生徒が学校で読んだり書いたりすることになるようなテクストに典型的に表れる意味である。以下では、学校特有のタスクに共通の言語的特徴が同定され、それらの特徴が、生徒の学年が進むにつれて次々に専門度が上がる知識の解釈構築を可能にする様子が実例で明らかにされる。したがって、学習には、生徒が初等から中等教育、さらに高等教育へと進むにつれて増加する言語的な学習課題がつきものとなる。

学校教育を通じて得られる種類の知識を伸ばすには、生徒が新しい言語の使用法を学ぶことが必要になる。どんな教室でもわずかな時間観察しただけで、活動の管理と教科内容の提示の両方で言語が果たす役割が明らかになる。学校の教科は言語を通して教えられ、学校におけるさまざまなコンテクストで生徒による概念理解を提示・評価することも言語を通して行われるのである。さらに、子供たちは作文のため単語・文・議論レベルの約束事を守ること、単語を定義すること、それ以外の面で言語を言語として注目することなどが要求されるので、言語に関する知識そのものが学校教育の内容の一部となっている。言い換えると、かなりの程度まで、学校教育の媒体だけでなく、内容もまた言語である。学校教育は第一義的に言語的な過程であるため、言語は生徒を評価し選別するためのしばしば無意識の手段として働くのである。

言語を通して、内容と学問訓練の両方の知識が構成され提示されるので、教科の学習は、言語的に特定のコミュニケーション目的を達成するように組織化

されたテクストを読み書きすることを意味する。学校において、生徒は、学んだことと考えていることを共有し、評価し、さらに挑戦または支持が可能な形で示して見せるように言語を使用することが期待されている。彼らが読み書きするテクストは、もっとくだけた状況における意味の相互やり取りを通じた「協働構築」とは違った方法で知識を提示する。そこで、自分の理解を表現して共有するために生徒が選択する言語のパターンこそが、自分を知識の保持者、共有者として示すために主要な重要性をもつ。しかし、言語パターンそのものは稀にしか生徒と教師の注意の焦点にならない。典型的に彼らの注意が向けられるのは、彼らが読んで応答すべきテクストの内容の方であって、その内容が言語によって解釈構築される方法の方ではない。さらに、言語使用について教師が期待することは明示的に示されることがほとんどないし、学校のタスクにおける言語使用について期待されていることの多くは、教師による「自分自身の言葉を使うように」とか「明瞭にすること」という類の漠然とした忠告で表現されるにとどまっている。作文タスクは、特定のテクスト・タイプの典型的な構造化、組織化についての生徒向けの明瞭な指針抜きで課せられる。これらの理由から、Christie(1985)は言語を学校教育の「隠されたカリキュラム」と呼んでいる。

　この「隠されたカリキュラム」の特徴を探ることで、生徒に重要な課題を突きつける言語使用のパターンを明らかに出来る。たとえば、「論証」において生徒がもつ困難は、必要とされる認知的過程に内在的な難しさよりも、論証を提示する手段となる言語の言語的特徴への慣れの欠如に由来する可能性がある(Clark, 1977; Christie, 1999b)。生徒が学校のコンテクストで情報を提供したり、議論を立てたりするときに日常の会話による相互やり取りで典型的とされる言語スタイルを使うと、思考において非論理的である、または混乱していると判断される可能性がある。学校で期待される方法で言語を使わないような生徒は、特に標準的でない方言の話者や米国に長年居る移民の生徒達によくあるように彼らの話す英語が流暢な場合は、学習上の困難を抱えていると思われてしまうことさえある。生徒の能力に関する判断は多くの場合、彼らが言語で彼らの知識を表現する方法にもとづいてなされる。これらの判断で満ちているテスティング、カウンセリング、教室内相互やり取りは多くの場合、明示的に示されないような価値を永続させ、擁護する。このことから、生徒が直面する困難と彼らが学習した話題について話したり書いたりするときに見せる弱点を理解するために、学習のもつ言語的に重要な課題の注意深い分析が必要であることが示唆される。

第 1 章　学校教育の言語を特徴づける　9

　学校教育を形作る知識と社会的慣行の大部分がどのように言語を通じて解釈構築されるかを調査することで、私たちは異なる言語的選択が異なるタイプのテクストを生成する機能を発揮する方法について洞察を得ることが出来る[4]。このことは私たちが生徒の学習項目の発展過程における言語の力をより良く理解する助けとなる。「言語の学習」と「言語を通しての学習」は同時に起こる（Halliday, 1993g）。言語が異なる種類の意味を解釈構築する方法を認識することで、私たちは、学校での好成績のために必要とされる社会文化的な知識の中に、生徒が新しい知識を身につけ、示してみせることを可能にする言語の使用法の学習がどんな具合に含まれているかを理解する。機能言語学的な見方を採ると、知識が解釈構築されるための形式に焦点を当てる手段が手に入る。これは教授法の中に波及して、教師は意味が言語を通じて作られる方法を明示的に示すことができる力をもてるようになる。教師には、教えていることの言語的基礎に関するより多くの知識と、学校で専門化された知識を解釈構築するテクストを生成するときに使われるような言語の使用法について、生徒を援助して、より多くの慣れを獲得させるための道具に関するより多くの知識が必要なのである。

学校教育の言語的コンテクスト

　多くの子供にとって、新しい種類の学問知識を解釈構築するジャンルを読み書きすることが期待されているので、学校教育は子供にとって新しい状況、相互やり取りの新しい方法、および新しいテクストのタイプを意味する。彼らが書くとき、彼らの語彙および文法上の選択は、節ごとに社会的関係と世界経験を同時に解釈構築する[5]。本書は、各々の節がどのように前の節につながり、後続の節に伝えられていく情報を構築しながら、経験を提示し、社会的関係を遂行するかを示して見せる機能言語学的分析を扱う。これら 3 種類の過程はどんな言語使用にも現れるが、その現れ方はコンテクストにより違ってくる。

　多くの教師は学校教育のもつ言語的な期待を生徒に明示的に示すための用意がない。学校は、異なる種類の意味を解釈構築して、異なる社会的コンテクストを具現するさまざまな言語的選択の力について、生徒の意識を向上させることができることが要請される。これが現実となるために、研究者と教師養成担当者は学校教育の言語的に重要な課題について、より完全な理解を必要とする。言語に明示的な焦点を当てずに居ると、特定の社会階層を背景にもつ生徒・学生は学習、評価、昇進において特権を持ち続け、他の者たちは不利な境

遇であり続けるので、今日見られる明らかな不平等を永続させることになる。

　生徒・学生の生き方を形成し、彼らに社会で特定の役割を果たす準備をさせる上で、学校は主要な役目を果たす。学校は私たちの社会の専門職、技術職、官僚職制度を特徴付ける言語使用の方法に価値を置き、それらの資源と形式を尊重するために、典型的にそれら以外の資源と形式の価値を低く評価する。生徒・学生の知能と学業達成度の評価は、教師と生徒・学生、およびテスト施行者と生徒・学生の間の相互やり取りで遂行され(Mehan, 1978)、そのような相互やり取りは生徒・学生のもつ言語技能に関する判断によることが多い。しかしながら、これらの判断の言語的基盤はまれにしか明らかにされない。私たちは、与えられたタスクの達成において生徒・学生が好成績を得るための支援につながる文法的選択の種類を分析することによって、生徒の学業成績の査定と評価の指針となる公然・内密両方の期待される事項を明らかにし、学校教育の言語的タスクで高い価値を与えられるような選択を同定することが出来る。

　言語使用は常に社会と文化の中で位置づけられる。私たちが学習する事柄と、それをどのように学習するかは私たちの学習のコンテクストに依存する。すべての生徒・学生が同じ背景と言語の使用法を携えて学校に上がるわけではない。学校の言語的タスクは、すべての生徒・学生が家庭と地域での彼らの経験から同じ程度に馴染みがあるようなものではない。一部の子供たちにとっては、彼らが参加した社会化のコンテクストが、学校で遭遇する言語使用法に十分な準備を与えている。しかし、その他の多くの子供にとって、このことは当てはまらない。本書が扱う問題が重要である理由はここにある。内容を理解する一手段として言語に焦点を当てることによって、授業は生徒・学生に新しい言語資源を提供すると同時に、彼らが教室に携えてきた言語を尊重することも出来る。

　生徒・学生が小学校の低学年から高学年、中学校、そして高校、さらに単科または総合大学へと進むにつれて、だんだん上級の読み書きのタスクに従事する必要がある。それらのタスクでは、日常の相互やり取りという普通のコンテクストにおける典型的な言語使用とは異なる語彙選択と節構造を通して、情報を凝縮するような方法で言語の典型的な構造化が行われる[6]。本書は学校で期待される種類の意味を作り出すための特定の種類の文法と語彙の選択によって、学校教育のコンテクストがどのように解釈構築されるかを示して見せる。読者は、学校教育の言語の特徴が同定され、それらが知識の学習と提示になぜ機能的に働くかが示されるのを目にする。生徒・学生が彼らの読み書きするテクストの生成のために特定の言語的選択が機能性をもつことを理解する助けに

なるような方法で、それらの特徴を生徒・学生に注意させるようにというのが本書の提案である。

　もちろん、生徒・学生の学習に伴う問題は言語的なものを遥かに超えた幾つもの原因に由来する。しかし、学校の教科を教え、学習するときに使われる言語の分析により、学業で好成績を収める過程で生徒・学生が経験する困難のいくつかを解明できる。学校教育で使われる言語の特徴を探ることで、すべての学校教科で見られる言語と内容の間の緊密な関係を顕在化させるという形で、言語と学習の関係を浮き彫りに出来る。知識が言語においてどのように解釈構築されるかを知れば、言語と学習を学校で関心の焦点として取り上げ、教師たちが現在は好成績を挙げていない生徒・学生の成績パターンを変えることができる。同時に、カリキュラムが言語で解釈構築される方法を明示化すれば、その弱点や制約に気づく人たちによって挑戦や改変が出来るようにカリキュラムを開かれたものに出来る。

　本書は学校教育の言語の描写を提供するが、特に上級の読み書き能力のもつ重要な課題に焦点を当てる。「上級の」とは、中学、高校、および更に上級の教育のコンテクストに適切な種類のテクストの読み書きを意味する。本書全体で使用される例証としての実例は様々な研究に由来し、生徒・学生との面接、異なる教科と学年用の教科書からの抜粋、英語の母国語話者と非母国語話者の両方からなる中学、高校、大学の生徒・学生・学生による作文に依拠している。これらの言語例すべての生成のコンテクストは学校であり、教室であるので、本書で提示される言語に関する主張を支持する例を見つけるのは比較的容易である。学校の環境で期待され、必要とされる言語は似通った文法特徴をもっているため、そのような言語の典型例は学校コンテクストでは遍在的である。「学校教育」を具現する言語を、その本質的な性質が捉えられるぐらい十分大づかみに描写するには、「英語」ないし「中国語」を実際の言語データから抽象する必要があるというのと同じ意味で、実際の言語データからの抽象が必要である。個々の例は、どれをとっても本書で描写している学校教育のレジスター（言語使用域）のすべての特徴を示すわけではないが、どの例も学校教育のコンテクストを解釈構築する個別例として、体系全体の1つの例示としてそれを位置づけ得るような特徴の配列を示している。

　それぞれの教室とそれぞれの学校が独自の下位文化（サブカルチャー）と独自の学習用の言語使用法をもっているという事実にも関わらず、本書では「学校」は単一の構築物として提示される。しかし、同時に学校(school)は子供たちが私たちの社会における正式の学習のやり方の中へと社会化される制度的枠

組みであるという大づかみの概念化も可能である。そして本書全体の議論の特徴となるのはこの学校の捉え方である。西ヨーロッパの伝統のもとで進化した体系のもとで行われる学校教育のコンテクストでは、生徒・学生は言語を使う特定の方法で彼らの発達中の知識を示して見せることが期待される。本書が扱うのはそれらの期待される事項である。

「教養のある」言語がもたらす重要な課題

今日の複雑な世界において、読み書き能力は特定の個別的タスクを達成するための読み書きの学習を遥かに超えた意味をもつ。そうでなく、読み書き能力は言語とコンテクストが意味生成に協働参加する社会的行為の1形態なのである（Halliday, 1978; Lemke, 1989）。学校のコンテクストにおける初等年次の読み書きの特徴に焦点を当てた研究は多いが、それらと較べて、中学、高校、および高等教育以降の生徒・学生に重要な課題をもたらす種類のタスクに関連する研究は数が少ない。これらの上級の読み書き能力コンテクスト（Schleppegrell & Colombi, 2002）は、今日の世界の多くの制度に参加するための必要条件となるある種の意味生成を要求する。個人の成育、発達、および社会参加の能力は、新しいコンテクストにおいて新しい言語資源を用いる意味生成に関する絶えず拡大する知識と制御を必要とする。生徒・学生は科学や歴史やその他の教科で好成績を挙げるため、特定の方法で言語を使うことが必要である。それは、解釈を展開し、議論を構築し、理論を批判するという目的のためにである。

学校というものが上級の読み書きタスクに対してもつ期待に合致するように言語の使用を学習することはすべての生徒・学生にとって1つの重要な課題であるが、そのような言語に学校の外で接触したり、使用する機会をほとんどもたない者たちには特に困難である。私たちの学校はさまざまな言語と方言を話す生徒・学生に教育を提供する。彼らは互いに異なる社会化過程を経てきているし、日頃の生活で直面する重要な課題も違った種類のものである。日常の文化的な実践が学校でのものと類似している生徒・学生はそれらの実践を学校の場面に転用できる可能性がある。しかし、それらとは異なる背景をもつ生徒・学生は、上級の読み書き能力の獲得に好成績を挙げるために、新しい社会的、文化的実践に取り組みながら、言語が意味生成に貢献する方法に注意を集中させる必要がある。

本書が採用する機能言語学的アプローチにおいては、様々なタイプのテクス

トを構成するときに話し手と書き手が行う言語的な選択によって、常に社会的コンテクストが具現される方法に焦点が当てられる。今日の学校で上級の学校教育のタスクが多種の生徒・学生に突きつける真の期待を、私たちの研究および教育へのアプローチが明るみに出すことができるように、私たちが学校教育の言語的な重要な課題について考えるときの最重要項目は社会的コンテクストである必要がある。

　生徒・学生の言語発達に関する多くの研究と学校教育の言語の分析の多くは、話し言葉と書き言葉の違いに焦点をおき、学校での書き言葉モードに対処する必要性に由来する重要な課題を描写する。この見地から、「教養ある」テクストとは、脱文脈化されたもの(decontextualized)、明示的なもの(explicit)、複雑なもの(complex)という描写を受けてきた(Gumperz, Kaltman, & O'Connor, 1984; Michaels & Cazden, 1986; Michaels & Collins, 1984; Olson, 1977, 1980; Scollon & Scollon, 1981; Snow, 1983; Torrance & Olson, 1984)。この見解によると、これらの特徴はこの言語を話し言葉による相互やり取りにおける言語より認知的負荷の高いもの(cognitively demanding)にする。

　しかしながら、脱文脈性(decontextualization)、明示性(explicitness)」、複雑性(complexity)は学校教育を具現する媒体である言語がもつ重要な課題を適切に特徴づけることができない。「教養ある」言語のこのような特徴づけの動機はこの言語の言語学的特徴に由来するのであるが、これらの概念が内包する価値によって、私たちは言語使用の社会的コンテクストとそれらのコンテクストが特定の文法的、語彙的選択によって具現される方法に注ぐべき注意を逸らされてしまう。

　学校教育のテクストは、それ自身も特定の目的をもつ学校教育のコンテクストで期待されるような経験と対人的関係を解釈構築することにより学校教育における特定の目的を達成するものである。経験の解釈構築、自分の見地の提示、特定の種類のテクストの構成において、異なる言語的選択がどのように機能するかを明らかにするという手段により、私たちは社会的な力としての言語の役割に焦点を当て続ける[7]。この見地により教育の場は拡大され、教師は先手を打って新しい方法で、生徒・学生がさまざまな教科で知識を解釈構築するのに言語が使われる方法を学ぶ手助けを行えるようになる。

　すべての言語使用はそれが行われる社会的コンテクストの解釈構築に貢献するので、言語の機能的理論は特定の種類のコンテクストの具現に関わる言語的選択の同定を可能にする。言語的「選択」という概念がここで提示される分析の主要な特徴である。言語を規則の集合として見る代わりに、機能的言語学の

14

見地によると言語体系は様々な種類の「意味の解釈構築」のために利用可能な選択肢の集合として捉えられる[8]。言語全体は広範な選択肢の集合を提供するが、個々の話し手は自分の経験に基づいて、その全体集合のほんの一部だけを知ることが可能である。内容または主題のもつ内在的かつ認知的な問題よりも、学校での言語使用の方法についての社会的経験に馴染がないこと、または全くそれを欠いていることの方が、むしろ学校教育で多くの生徒・学生が経験する困難の根底にある可能性がある。学校教育の言語が社会的に構築されているということに気づくことが、同時にそれが教授・学習可能なものであることに気づかせてくれる。本章の次の数節は学校教育の言語的な重要な課題について、その言語自身の脱文脈性、明示性、複雑性の見地から論じることが不適切であると論じる。それに基づき代わりとなる機能言語学的見地が導入され、言語的に重要な課題の社会的文化的次元に照明を当てる。

脱文脈性

　　学校の言語を脱文脈化されたものとする見方は、言語発達に詳しい Olson (1977) のテクスト (text) と発話 (utterance) の区別などの研究に起源がある。この影響力が強く、よく引用される論文の中で、Olson は「言語発達は単に口頭の母国語を漸進的に精緻化するという問題ではない」(p.275) と主張する。そうでなく、西洋の随筆家の間に言語使用の全く新しい方法が出現し、口頭言語の「発話」より高度に慣習化され明示的である、彼が「テクスト」と呼ぶものの発展につながったという考えを彼は提案する。Olson によれば、この随筆家の伝統が歴史的に発展したため、著者達の焦点は意味全体をテクストの中に入れようと努力することとなった。すなわち、意味を完全に慣習化して、テクストをより明示的にするために設計された言語的慣習に則り、通常の会話を理解するときに私たちが使う状況的知識を最小化しようとする。Olson (1977) によれば、このことで、文脈や話し手の前提に訴えることなく、それ自身の言葉にだけ依拠して、テクストは理解可能になる。書くときは、話す時と違って、「意味はテクストの中にある」(p.278)。他方、話し言葉は解釈のため共有の経験と知識に訴える。正式の学校教育は子供に「書き言葉を話す」ように教える過程であり、口頭言語から書かれたテクストへの移行は「明示性を増大させるもので、言語は段々と意味が曖昧でない、もしくは自律的な表示となれるようになる」(p.258)。

　　Olson の議論は多くの人に批判されてきた（たとえば、Geisler, 1990; Nystrand & Wiemelt, 1991; Street, 1984 を参照）。Olson 自身は 1977 年に提示

した強い立場を幾分修正したが(Olson, 1994を参照)、その論文で表明された見方は今なお影響力がある。「自律的なテクスト」という概念の影響で、他の人たちは言語使用のあるものは「脱文脈的である」と考えるようになり、これは学業の好成績達成にとって潜在的重要性をもつ。Catherine Snowと彼女の同僚たちは、言語、学習、および家庭・学校の経験の3者間の関係性に関する1つの見方を形成することに影響力があった人たちだが、教育学的な関心事との関連でこれらの問題について特に明晰な発言を行っている。

Snow(1983)にとって、脱文脈的言語は「会話のコンテクストの支えなしに」(p.186)使用される言語である。そのような言語の例に含まれるのは、独白を提示すること、抽象的な言語的推論を行うこと、文を文法的または非文法的と判断するようなメタ言語的な判断を行うこと、曖昧性を同定すること、定義を与えることなどである。これらのタスクは、「対話者からの合図なしに、矛盾の無い、理解可能な、情報的に適切な説明」を提供するときの技能を必要とする(Snow, 1987, p.4)。彼女は読み手と書き手の間の「距離を置いた」関係に特に焦点を当てる。表1.1にはSnowが脱文脈的言語と呼ぶものの主要な特徴を要約してある。Snowは「脱文脈的言語」を明示的(explicit)、懸隔的(distanced)、および複雑かつ高度に構造化されている(complex and highly structured)と特徴づける。明示的(explicit)とは、語彙の選択が正確で精密であることとしている。懸隔的(distanced)とは話し手・書き手と聴き手・読み手の関係に言及する性質である。脱文脈的言語において、生徒・学生は対話者の助けなしで、メッセージを明晰にしなければならず、聴き手・読み手の見地に関する話し手・書き手の見方は語られていることへの参照の方法に反映する。たとえば、共有されたコンテクストなら指さしできるものを指示する直示詞[9]の

表1.1　Snowの「脱文脈的言語」の特徴

特徴	特徴の性格付け
明示的	正確な語彙的指示；より精緻化された語彙
懸隔的	潤色された著者、距離を置いた設定。受け手はメッセージの明瞭化への相互やり取り的な手助けやそれが適切に表現されているという合図を提供できない。直示的な対比は話し手か書き手の視点から理解されねばならない。受け手の共有している背景知識について前提がない。
複雑かつ高度に構造化された	複雑な統語的構造、高度に結束的かつ無矛盾的。より複雑なメッセージ構造を表し、情報単位間の関係を統合かつ説明するための語彙・文法的資源の精緻な利用

注：Snow(1983, 1987)、Snow, Cancini, Gonzales, & Shriberg, (1989)による

this や that は、脱文脈的テクストでは意味の明晰化用の資源として使うことができない。そのようなテクストは、同時に複雑かつ高度に構造化されており、テクストのある部分が既に述べられたことに、どのように関連するかを示すために語彙と統語の手段が使われる。

　Snow が指摘する脱文脈的言語の特徴は特に指示と関連付けのために行う必要のある言語的選択について言語学的な用語で述べられている。中産階級の家庭の子供たちが学校教育の読み書きで要求されることがらにどのくらい適合済みであるかという研究で、Snow(1983)は子供の世話をする人が口頭での談話でもこれらの「教養ある」特徴を使う場合があることを示している。そのような言語は、通常の口頭の相互やり取りが典型的に示す、共有された物理的コンテクストへの依拠と、現在の対話者への応答という構成を示さないと Snow は示唆する。

　本書が採る機能的な見方では、書き言葉は口頭言語が時間をかけて発達してきた方法と全く異なる方法で時間をかけて発達してきたことも認める。しかしながら、これらの差異を解釈するときに焦点を当てるのは、書き言葉による意味の仕方が、言語を用いて学校教育のようなコンテクストで典型的とされる種類の事柄を行う時にどのように機能するかという点である。そのような言語について脱文脈的(decontextualized)である、ないし明示的(explicit)であると論じる代わりに、機能的焦点は書き言葉による学校教育のテクストが具現するコンテクストの種類を明らかにしてくれる。

　タスクとその重要な課題の特徴づけの違いから判断の違いが帰結されるので、この区別をすることは重要である。テクストを「自律的」と特徴付けることから示唆されるのは、学校教育のテクストを効果的に読み書きできる生徒・学生は現在のコンテクストから距離をおいて、脱文脈的知識を扱う能力がある生徒・学生であるということである。これは本当に高度な技能のように思われるし、この能力に価値を置いたとしても驚くには当たらない。他方、もしあらゆるテクストの構成時の言語的選択においてコンテクストが呼び出されるということに気づくなら、学校のタスクで期待される方法に従って言語を使用するための準備を生徒・学生に与える社会的経験の役割が明示的に認められ、それが言語発達の理論と教育学に組み込まれることが可能になる。生徒・学生が学校で取り組む必要がある種類のテクストを脱文脈的(decontextualized)と呼ぶことから示唆されるのは、これらのテクストが何らかの意味でコンテクストの外にあるということである。しかし、学校教育のテクストが難しい理由は、まさにそれらのテクストが、生徒・学生が学校外で経験するのと違う方法で言語

使用を要求する談話コンテクストから生まれるからである[10]。学校で価値を置く種類のテクストを読み、書き、話すことは、日常会話に典型的な、もしくはそこで期待されるものとは違う言語資源の組み合わせに依拠することを必要とするのである。

　くだけた口頭の相互やり取りは話し手たちが居合わせた状況のコンテクストを反映する直示的代名詞や指示代名詞などを主要な特徴とする。しかし、書かれたテクストも書き手の出発点となるコンテクストを反映するので、理解のために違う種類のコンテクスト特徴を必要としている。要点は、書き言葉が脱文脈的であるということでなく、それが、くだけた口頭の相互やり取りと典型的に異なる語彙的・文法的資源とジャンル慣習に依拠して、一般的に違う種類の状況コンテクストを具現するということである。話し手・書き手による「書き言葉の」特徴をもつテクストの生成を可能にするのは、その状況下で期待される事項への慣れと、特定のコンテクストを解釈構築する文法的選択の種類への慣れである。

　Olson と Snow は共に、脱文脈的言語がそれらの生成のコンテクストを抜きに理解可能な「自律的な」テクストを生成すると提案している。言語についてのこの考え方がもつ研究と教育への含意は、生徒・学生の作文が発達するにつれて彼らの言語使用が明示的、懸隔的、そして複雑になるよう学習する必要があるということである。しかし「明示性」と「複雑性」という概念構成体を精査すると、それらは学校教育の要求する認知的能力を考える際に私たちを誤解へと導く可能性があることが示唆される。それは、いかなる言語使用でも、それを脱文脈的と呼ぶことで、それに含まれるコンテクストを解釈構築する実際の言語的特徴に当てるべき焦点から私たちの注意を逸らしてしまうからである。本書で展開される、これに代わる見方によれば、「言語発達」に焦点を当てる、より適切かつ効果的な方法によって、上級の読み書きのテクストが出現するコンテクストと、書き手の言語的選択がどのように特定の種類の意味を解釈構築するかを生徒・学生に理解させる手助けが可能になる。

明示性

　学習言語を明示的(explicit)と特徴付ける研究は、明示性の高さの証拠として典型的に次のような言語的特徴に焦点を当てる：すなわち、代名詞に代わる省略のない名詞句の使用、理解に状況的コンテクストを必要とする直示表現の忌避、およびテクスト構成的構造の標示の使用などである。教師は、生徒・学生に直示詞、または代名詞や身振りでも表現できる指示対象を語彙化したり、省

略を拡大したりするように促すことに観察されるように、（1）のような形で、このタイプの明示性を奨励する。

（1）　K:　They were hunting for–
　　　　　　彼らが狩をしていたのは、
　　　　T:　Ok, they were hunting for–
　　　　　　ええ、彼らが狩をしていたのは、
　　　　Ss:　Wari［type of animal in the story］
　　　　　　ワリ（話に登場する動物の種類）です。
　　　　T:　Hold on. Who was hunting?
　　　　　　ちょっと待って。誰が狩をしていましたか。
　　　　K:　Three brothers.
　　　　　　3人の兄弟です。
　　　　T:　Ok, three brothers were... hunting.
　　　　　　そうね、3人の兄弟が狩をしていました。

（Solomon & Rhodes, 1995, p.6）

　この5年生担当の教師は生徒・学生全員がこの話と登場人物の知識を共有していても、指示対象を語彙的でなく、代名詞的に指定した要約を認めることを潔しとしないのである。
　幼児言語の研究によれば、これらの種類の単語を使って明示的に述べる能力について子供は一定の成長過程を経ることと、彼らの社会的文化的な経験が特定のコンテクストにおいてこのことを遂行し、他では遂行しないように訓練を与えることが明らかにされている。社会的経験を通じて、彼らは対話者のために共有された状況に依存しない、1つのコンテクストをいつ、どのように提供すべきかを学ぶ（Bernstein, 1972）。たとえば、修飾語、前置詞句、関係詞節などの話題指定と精緻化に焦点を当てた、Romaine（1984）による子供の言語発達研究は、状況によって子供が精緻な対象指示を提供する度合いに大きな変動があることを発見した。ある種のコンテクストで話題を指定して精緻化する事が苦手な子供たちが、発話状況が指定と精緻化を要求することを理解すれば、それが出来るのである。全ての子供がテクストを語彙的に明示的であるようにするための構文的構成法を知っているとRomaineは指摘する。子供たちの間の差は、特定の状況のGもとで何が前提とされ、何が明示化されねばならないかの認識具合にある。これは生成中のテクストの目的と役割、およびその時に

前提できる共有知識の程度によって決まるので、子供が「明示的であろう」とする傾向はその子供が特定の談話状況で期待される事項についてもっている馴染みの深さを反映する。

　いかなるテクストの解釈においても前提と背景知識が求められるので、明示性は常に相対的である。語彙化が必ずしもそれだけでテクストの曖昧性を減少させるわけではない。くだけた口頭のテクストは典型的に外部照応された指示対象、代名詞、それに汎用の接続詞を使用するが、そのような対話中に生成される意味は、たどたどしさ、出だしのつまずき、省略された構造などがあっても対話者たちには通常明らかである。誰かが言い損ないをしても、発話のもつ全般的な発話内の力が、共有されたコンテクストと結びついて、対話者たちが理解して会話を継続することを可能にすることさえある。いずれにせよ、明示的(explicit)という用語が示唆する意味の明白性と語彙化は同じことではない。Nystrand と Wiemelt(1991)は明示的(explicit)が可能な意味について疑問がないという意味で使われると指摘する。彼らは、それらの単語の明示性は、考えを十分かつ注意深く表現していることの反映であると考えられている故に重んじられていると提案している。この見地からすると、明示性の学習は注意深い思考の学習を意味する。しかし、彼らが指摘するように、語彙化という意味での、正式な明示性は意味の明白性を含意しないこともある。会話のテクストにおいて指示対象の明示性は共有された状況のコンテクストと背景知識に依存するように、学校教育のテクストにおいても指示対象が明示的であるかどうかは書き手・話し手の前提と読み手・聴き手の背景知識に依存する。明示性はテクストが使用されるコンテクストと読み手の目的、状況、文化の間の適合性から出現するのである(Nystrand & Wiemelt, 1991)。

　実際、いかなるテクスト解釈においても背景となる前提に基づく推論が中心的な役割を演じる。特に学校のコンテクストでは、詳細に書かれることがない高度に複雑かつ抽象的な背景的前提が書き言葉の解釈において必要である(Sinclair, 1993)。Sinclair は、コンテクストに由来する前提が解釈にとって重要なので、書き言葉を完全に明示的にすることは可能でないと議論する。生徒・学生に必要な背景的前提が欠けているなら、語彙的にもっとも明示的なテクストでも理解できないであろう。後の章で実証されるように、専門性と抽象性は学校の教科における上級の読み書きのタスクに従事するために必要であり、それぞれの機能を有するが、「参与要素」よりも「過程」を優先的に扱うので、しばしば動作主性(誰が過程の責任者かということ)を不明瞭にする[11]。したがって、明示性はコンテクストに適合したテクストにおいて達成されるこ

とになる。それは必ずしもそのテクストが曖昧性をもたないことを意味しない。書かれたテクストと学校教育の言語の特徴づけとしての明示的（explicit）であるということが誤解を与える可能性があるのはこの理由による。

　社会的過程に関与する言語はどれも脱文脈的ではない。学校教育の言語が脱文脈的だと言うことは、教室が言語使用に関するそれ自身の期待をもつコンテクストそのものであることと、ある種の背景をもつ子供がそうでない子と較べてこのコンテクストにより馴染んでいるという事実を無視している。学校教育のジャンルへの参加者がもつ背景知識とそこで期待されていることは、社会の全般的な階層関係や他の権力構造によって定義される特定の社会文化的なコンテクストの中に位置している。学校で教えられることの多くが通常の生活で典型的に学習されることと異なっていることは疑う余地がない。たとえば、テクストの一節を読む前に、または単語リストに挙げられた単語とその意味を学習することは、それらが機能しているコンテクストで偶発的に新単語を学習するのと全く違う。しかし、言語そのもののテクストについて脱文脈的（decontextualized）という用語を使うことは、ある種のテクストは自己完結的に完全にそれだけで理解可能であるという誤解を与える提案をすることになる。明示性（explicitness）と脱文脈性（decontextualization）という概念はテクストとコンテクストを繋ぐのに必要な文化的知識と言語に関する知識を無視している。いかなるテクストもそれらを生成したコンテクストを反映するが、すべての生徒・学生が呼び出されるコンテクストに馴染みがあるわけではない。指示対象が（直示詞でなく）語彙表現で表されている言語を脱文脈的と呼ぶことは、既知の指示対象を語彙表現で表すことが特定のコンテクストを呼び出す１つの慣習であることを認識しそこなうことにつながる。学校教育のコンテクストを具現する言語的選択をするには、高い価値が置かれる文法と語彙に関する選択の知識と共に、経験とそのようなコンテクストに参加する積極的意思が必要である。

　言語は常に経験を通じて学習される特定の文化的方法で使用される。だから、機能的な見地からすると、学校教育の言語は脱文脈的でなく、単に多くの生徒・学生にとって馴染みがないものなのである（Sinclair, 1993）。特定のテクストにコンテクストが結びついているかいないかを決めるのは、聴き手または読み手の知識と経験であって、その言語自身ではない。テクストが自立的であると主張することは、学校教育のテクストを生成するための慣習について内部者のもつ理解を過小評価することになる（Geisler, 1990）。したがって、学校教育の言語を明示的かつ脱文脈的と特徴付ける代わりに、そのような特徴づけを引き起こす言語的特徴が何であるかを認識し、それらの特徴が学校教育のテク

ストをそのコンテクストの中でコンテクストの目的のために効果的なものにする上で、どのように機能するかを理解する必要がある。

　SnowとOlsonは二人とも、特に強調はしないものの、コンテクストと経験の役割に気づいていた。たとえば、Olson(1977)は、「脱文脈的」方法で文の意味理解をするとき生徒・学生が示す困難が、それまでの知識と経験を一時「棚上げ」にするという経験の欠如に由来する可能性があると指摘する。Snow(1983)も同様に、コンテクストが歴史的なコンテクストを含むと指摘する。つまり、そのような特定のタスクに馴染みのある生徒・学生にとっては、以前の経験がそのタスクのコンテクストを提供するのである。機能言語学のアプローチはコンテクストと言語の関係を前景に据えるために、様々な種類の話し言葉と書き言葉のテクストにおける、この関係の具現法に焦点を当てる。生徒・学生の学習と言語的発達は、学校教育の口頭および作文タスクに彼らが従事するとき、彼らが言語的選択で具現できるコンテクストの種類によって分析できる。

複雑性

　学校教育にとって典型的な書き言葉はまた、通常の口頭の相互やり取りの言語より「複雑性」が高いと描写される。しかし、ここでも再び、機能言語学的アプローチが、この複雑性(complexity)のような構成体の理解を深め、微妙な陰翳を明らかにする。Halliday(1987, 1989)は、異なる種類のテクストの生成がその都度異なる機能的方法によることから明らかなように、複雑性の種類の違いが話し言葉と書き言葉を区別すると主張する。話し言葉の複雑性の在り処は、必要に応じて行う背景の導入と精緻化、接続詞や談話標識を使用して行う様々な構造の矛盾のないテクストへの一体化、情報構造を示すための抑揚の使用などである。学校教育のテクストの複雑性はこれらと異なり、精緻化が前修飾、後修飾の形容詞、前置詞句、または埋め込み節を伴う名詞要素で行われることに由来する。不定詞節、that節、制限的関係詞節などが埋め込みや統合で意味の複合節化を許すのと同様に、分詞、副詞句などの手段も、節内部の構造の拡充を可能にする(Chafe, 1985)。

　書かれた、学校教育のテクストが節内部の構造の面で複雑になりがちであるのに対し、口頭の相互やり取りはより大きな談話単位の中である部分から次の部分へと節同士が連結され、結合関係が示される方法に複雑性が見いだされる。書かれたテクストだけを「複雑である」とすることは、一種類の複雑性だけを特権的に扱うことになる。一定の種類の文法的選択だけを複雑であると見

なして生徒・学生の言語を評価することは、認知的に不適切な方法でそれらの選択に価値を与える。複雑性のいくつかの形式は会話能力の一部を形成するものでもあるので、文法的分析は、片方だけを複雑であると言って特権的に扱ったり、偏向をもったりせずに口頭と書記の伝達法が典型的に異なる言語的構造づけを要求することを認めながら、これらの異なる種類の複雑性を考慮する必要がある。

たとえば、機能言語学的な分析は教育および研究の場で複雑性の尺度としてしばしば使われる従属構造がテクストに様々な機能的役割と様々な種類の複雑性を導入することを明らかにする。because, although, if, before, since などの従属接続詞により導入される関係詞節、補語節、副詞節は典型的に従属節と考えられるが、ある種の「従属」節はより広範な談話上の「つなぎ手」として従属的でない役割を果たす(Schleppegrell [1991, 1992] にある because 節のこの見地からの分析を参照)。従属節は正式な教養あるスタイルと関係づけられる他の言語的要素と必ずしも共起しないことも示されている(Besnier, 1988; Biber, 1986; Finegan & Biber, 1986)。すべての従属節が同じように「複雑である」わけではないのである。機能言語学的アプローチによれば、「従属的」と呼ばれる様々なタイプの節が異なる方法でテクスト構造と複雑性をもたらす方法を分析できる。

従属構造の分析は、話し手の言語的スキルについて、または分析される談話の複雑性について結論を得るため、口頭および書記の談話研究でよく用いられる。たとえば、Beaman(1984)は話し言葉と書き言葉の複雑性の指標として従属構造を使っているし、Kalmar(1985)は言語がより高次の進化段階にあることの指標として従属構造の発達を使っている。1960 年代とそれ以降のいくつもの研究において従属構造の使用と学習における好成績の間の相関が研究者たちによって示された。Loban(1963)は、「論理的分析と言語についての先行研究は、and や but でつながれた単純な並立的言明より、従属構造をより成熟した困難な言語表現であると呼んでいる」と、このアプローチの基底にある前提を述べている。

言語運用力の測定において従属構造と複雑性を等価とみなすこと、さらに、言語的複雑性と認知的スキルを等価とみなすことは、教育的および言語的研究の両方にとって複雑性の正確な定義と分析が重要であることを示唆する。従属構造が言語の複雑な使用法だと考えられる理由は、それが階層的関係の中で 1 つの節を他の節に埋め込むからである(Quirk, Greenbaum, Leech, & Svartvik, 1972)。Romaine(1984)は、「子供の言語発達はしばしば、文を互いに従属関係

第 1 章　学校教育の言語を特徴づける　23

や埋め込み関係に置く方策をもつことが、より進んだ認知的スキルと言語能力を示すという前提に基づく測定法で評価されてきた」(p.145)と指摘する。彼女は自身の研究により、ある種の構文は学校のようなコンテクストでしか習得されないことが示されることから、この前提に疑問を投げかけ、統語構造の研究はこれらの構文の統語的側面だけでなく語用的、意味的側面にも焦点を置かなければならないと提案する。彼女の見解は、すべての子供は複雑な統語法を使う能力をもつが、彼らの言語使用の経験の違いと、彼らの言語使用が求められたコンテクストについて彼らがもっている期待の違いによって、それらの使用が状況ごとに異なった形で現れるとするものである。

　言語的複雑性を測定する研究は言語研究にだけでなく教育の実践にも影響をもつ。たとえば、Loban(1986)はカリキュラムに関する提案で、読み書き能力の基盤の 1 つとして口頭言語の重要性を強調して、生徒・学生は書く前に話し言葉における「統語的複雑性」を発達させる必要があると論じる。そのような提案は、もちろん統語的複雑性の明瞭な定義と話し言葉と書き言葉において何が複雑と見なされるかについての定義に決定的に依存している。分析の焦点となる変項によって、話し言葉と書き言葉はどちらも複雑であると示しうる。このことが示唆するのは、学校教育のテクストが要求するものは複雑性(complexity)のような用語が示唆する認知的角度からよりも言語的角度から検討するほうがよいということである。

認知的な要求

　脱文脈的(decontextualized)、明示的(explicit)、複雑(complex)などの用語が言語の特徴づけに用いられると、それらはよく認知的に解釈される。学習言語を日常の会話の相互やり取りよりも認知的に大きな要求がなされるものと特徴づけたのは Cummins(1984)で、彼は言語的タスクが評価される 2 つの次元を仮定する。その言語を理解可能にするために必要なコンテクスト上の情報量による尺度と、そのタスク遂行に必要な認知的従事度による尺度である。Cummins(1992)は認知的要求を「言語的道具が大部分自動化(使用に熟達すること)され、そのため適切な運用のため積極的な認知的従事をほとんど必要としない」(p.18)度合いと定義する。彼は、「認知的従事はその活動の遂行のため個人が同時に、もしくは逐次的に処理することが必要な情報の量という概念化が可能である」(Cummins, 1984, p.13)と提案している。

　他の研究者たちは教師の質問が提示する困難度をカテゴリー分けするために認知的要求という概念を用いて、「思考スキル」は「高次の」思考を引き出す

質問を生徒・学生に問うことで教えられるという提案をしている（たとえば、O'Malley & Valdez Pierce ［1996, p.183］、または Bloom et al. ［1956］にもとづく他の著作を参照）。しかし、大切なのは、あるタスクの認知的な要求度がその特定のコンテクストと、その話題とそのタスクへの生徒・学生の事前の慣れと経験に依存することを忘れないことである。たとえば、教師の質問をそれによって生徒・学生から引き出されることが想定される応答に基づいてカテゴリー分けする分析法は、教室での談話で展開する質問・応答連鎖の様子を観察することによってのみ決定できるような質問の問い方や応答の仕方における重要な差異をぼやかしてしまう。特定の質問のもつ認知的要求度は、教師の目標が何か、生徒・学生は既に何を学習したか、その質問が授業のどの時点でなされたかに依存する。教師の質問の認知的レベルの決定は、その誘導形式だけでなく結果として生じる相互やり取りの分析にも依る必要がある（McCreedy & Simich-Dudgeon, 1990）。

　テクスト（2）は以上の点に関するゴミムシダマシの幼虫についての 6 年生の授業からの例である。教師は生徒・学生に既に学習したことを質問している。

（2）　　教師：　Do they have ears?
　　　　　　　　それは耳があるでしょうか。

　　　　生徒：　No.
　　　　　　　　いいえ。

　　　　教師：　How do you know? How do you know whether they have（any of those）or whether they do not. Karen?
　　　　　　　　どうしてそのことが分かるんですか？ 1 匹でもいいから、耳があるのか、または、それらには耳がないか、どうやって分かるでしょう、カレン？

　　　カレン：　Well, I know that they have eyes 'cause it was on the chart. And I knew that they didn't have noses 'cause I looked it up, but I don't know if they have ears or not.
　　　　　　　　そうですね。図に載っているから、それらは眼をもつことが分かります。それから、調べたので、鼻が無いことが分かりました。でも、耳があるかないかは分かりません。

　　　　　　　　　　　　　　　　　　　　　（McCreedy & Simich-Dudgeon, 1990）

　「どうしてそのことが分かるの？」という教師の質問は、生徒・学生による

議論を少し要求するように見えるかもしれないが、この場合、生徒はその事実情報をどこで見つけたかを報告するだけである。したがって、「高次の認知的要求」を提示するどころか、遡及的に生徒の応答を説明するための分析を行うと、この質問は実際的にほとんど認知的要求を含んでいない。認知的困難度は質問自身の言語的形式によって決定されるのでなく、教師と生徒・学生が従事する相互やり取り的タスクのレベルにおいて交渉を通じて処理される。Mehan (1979)は次のように述べる。「教師が開始する行為は…予期的である。行為の実際の意味は、生徒・学生が行う行為が教師により評価されるとき初めて、遡及的に具現されるのである。」(p.63)

　本章で議論された他の概念と同様、言語を内在的に認知的要求度が高いものとする概念は問題がある。いかなる特定の活動またはテクストでも、その認知的要求は生徒・学生たちの(言語経験を含む)事前の経験の産物である。したがって、コンテクストを離れて、どんなものでも、特定のタスクが認知的に高い要求度をもつと見なすことはできない。言語は馴染が薄く、自動化されていなければ認知的要求度が大きくなるので、学校教育の言語使用は典型的に、主にくだけた状況で英語を使ってきた生徒・学生にとって、会話的相互やり取りより認知的要求度が高くなる可能性がある。生徒・学生に要求されている情報処理レベルを理解し、モニターするためのコンテクストを提供することは彼らの学習機会を増強するので、コンテクスト依存(context-dependence)と認知的要求(cognitive demand) (Cummins, 1984)は学習者用の適切なタスク設定において考慮すると役立つ概念構成体かもしれない。しかし、認知的要求はタスクやテクスト自体でなく、タスクと学習者の間の関係の中に存在すると考えられなければならない。

要約

　学習言語を脱文脈性(decontexualization)、明示性(explicitness)、複雑性(complexity)、認知的要求(cognitive demand)などの概念で特徴付けることは、生徒・学生がこの言語と取り組む際の困難が彼らの認知的能力と関連していることを含意する。しかし、これは社会的経験と言語についての知識の両方を無視している。学校の言語、もしくは書かれた談話のみを明示的(explicit)、複雑(complex)、認知的要求度が高い(cognitively demanding)と特徴付けることは、学校での言語使用の知識が文化と経験に根ざすことを無視し、対話的口頭言語の明示性、複雑性、認知的要求の価値を低く評価するものである。いかなる言語使用もそれを脱文脈的(decontextualized)と呼ぶことは、言語が具現するコン

テクストを無視することになる。学校教育における言語の役割について、より陰翳に富んだ理解を持てば、生徒・学生の困難は学校教育のタスクのもつ言語的要求についての未経験、および学校で期待される談話構造化の方法への不慣れと関連することに気づく。そのような理解は教育で言語的問題へ対処するためのより効果的方法につながる。生徒・学生がどうしたら様々な教科で異なる意味を生成する、より広範囲の言語的選択に依拠できるかを理解させる手助けとなるような方法で言語が学校で教えられるように、真のカリキュラムの要求事項を明示的にできるのである。

　言語的発達を公平に評価し、生徒・学生が上級の読み書き能力を発達させる手助けとなる教育介入を提供するために、教育者は言語使用の社会的コンテクストと、学習タスクに必要な言語を発達させる機会の利用可能性が生徒・学生間で異なることを考慮する必要がある（Colombi & Schleppegrell, 2002）。慣習化され、学校教育を通じて学習される言語的特徴は、ある種の話し手にとって幼児期に利用できる文化的、社会的階層の世襲財産の一部であり、他の話し手には学校以外では利用可能でないものである。ここでの重要な課題は、子供たちが家庭や近所の地域から学校に携えて来る言語に正当な価値を与え、同時に彼らに新しい言語使用法がどのように新しい種類のタスク達成の助けになるかを一通り理解させることである。実効のある教育を目指すなら、学校は、すべての生徒・学生が教室のコンテクスト内で言語的資源を継続的に発達させることを可能にするような言語への取り組み方を必要とする。本書は、学校教育のコンテクストにおける学習のもつ言語的な重要課題を、特に中学以降の上級の読み書き能力の発達に焦点を当てて実証しながら、そのような方向付けを提示する。

　学習言語のコントロールとは、学校教育のコンテクストで出現する知識を解釈構築し、テクスト間の役割関係とタイプを具現する言語的選択を行う能力を意味する。このことは、学校教育の重要な課題を認知的であると同程度に言語的なものとする。実際、それは生徒・学生が学習したことを発表するとき、優位が言語にあることを示している。生徒・学生は、学校で期待されている言語使用法に取り組む社会的経験を積んで、新しい知識を解釈構築するために利用可能な言語資源のより深い理解を得る必要がある。言語と社会的コンテクストを結ぶ機能的言語理論は、学校で教室が提示する新しいコンテクストと知識を言語で具現するという重要な課題において生徒・学生が直面するタスクの特徴づけを基礎付ける。現在のところ、学校または教員養成カリキュラムにおいて文法や談話構造はほとんど注目されていない。テクスト・タイプの差や、ある

第1章 学校教育の言語を特徴づける　27

テクストを別のものより強力にするような言語的選択に生徒・学生の注意を向けたい教師も、そのような強調点を教室での授業に取り込む道具を欠いている。本書が提供するのは、言語的分析用の道具と言語が教科内容を機能的に解釈構築する方法を議論するための道具である。

機能的言語理論

　本書の土台となる理論的枠組みは選択体系機能言語学(Halliday, 1994; Martin, 1992; Matthiessen, 1995)[12]である。Halliday(1993g)の提案は、言語とは、子供が彼らの文化を実演しながら学習する「人間的経験の一理論」であり、より優れた言語理解はこの学習過程を理解する助けになるというものである。選択体系機能言語学は、言語が記号的道具として社会的コンテクストと相互やり取りを行いながら意味を生成する方法を私たちに理解させてくれる。それは、言語のもつ力、および言語が学校教育の要求や重要な課題の中で果たす役割を明らかにする言語理論である。

　選択体系機能言語学は、文法的パターンに寄与する言語的選択が社会的コンテクストの具現に貢献する方法に最重要の焦点を当てる。それは、言語形式が具現する意味を明らかにするような方法で、それらの形式の記述を提供することと、社会的コンテクストとの関連で言語によって解釈構築される意味の記述を提供することによって、言語的なものと社会的なもの結びつける。それゆえ、それは言語が使用者のグループと社会的コンテクストにおける使用法の両方と関連してどのように、かつなぜ変動を見せるかということを記述する、理論的に矛盾のない手段を提供するのである(Halliday & Hasan, 1989)。選択体系機能言語学は言語とコンテクストとの関係に光を照射するためにレジスター(言語使用域)(register)という概念を使う。レジスター(言語使用域)は特定の状況的なコンテクストを具現する語彙と文法の特徴の配列である(Halliday & Hasan, 1989)ので、言語を通じて私たちが行うことがコンテクスト毎に変動するという理由で、レジスター(言語使用域)は変動する。レジスター(言語使用域)はテクスト生成の社会的コンテクストから出現すると同時に、そのテクスト(口頭でも書記でも)を通じてその社会的コンテクストを具現する。文法が例示化(タイプから実例を作ること：訳者)を助ける社会的コンテクストの特徴の中には、語られること(フィールド(活動領域))、話し手・聴き手または書き手・読み手間の関係(テナー(役割関係))、特定のテクスト・タイプがどのように構成されるべきかという期待(モード(伝達様式))が含まれる(Halliday,

1994）。話し手や書き手は同時的に内容を提示し、役割関係を交渉し、テクストをそのテクストの種類のテクストたらしめる特定の文法的選択を通じてテクストに構造を与える。様々なコンテクストで様々な目的のために生成されるテクストは、異なった語彙的・文法的選択が色々なタスクの要求に応じて話し手・書き手により前景化される機能的目的に結びついているので、それぞれ異なる特徴をもつ。

　このアプローチは言語がどのように新しいコンテクストで絶えず進化変容しているかということと、どのように話し手・書き手がその進化に参加するかということを明らかにする。それは、また言語使用の新しい方法を発達させることがどのように生徒・学生に新しい思考方法、意識の新しい形式を与えることになるかを理解する一助となる。たとえば、Halliday(1993b)は書き言葉の新しいレジスター（言語使用域）が歴史的に科学的実験法のような新しい社会的過程と手を携えて共進化した様子を明らかにした。言語が新しい方法で使用されるときに新しいコンテクストを構成するということは、世界を新しい方法で見ることと、新しい理解にたどり着くことを意味する。このことは、学校の教科の「内容」を学習するときの言語の役割にとって、いくつかの含意をもたらす。たとえば、Halliday の提案では、日常の言語を使って「科学をする」ことは可能でないだけでなく、科学の言語が辿ってきた発達の過程は、科学的言説が生成する新しい種類の意味を表すために文法資源の新しい使用法を開発するというものであった。この見地からすると、言語の新しい使用法の学習は新しい思考法の学習である。内容を学習することは生徒・学生が学習の新しいコンテクストに参加しながら、その内容を解釈構築することを意味する。

　選択体系機能言語学理論は特定のテクストをその種のテクストたらしめる文法的特徴を同定する手段を提供するので、（それらの文法的特徴についての）言語的選択とその言語が使用される状況的コンテクストの関係を機能的な角度から説明できる。言語が意味を生成する方法はコンテクストに応じて変動するし、1つの共同体の全員が全部の可能なコンテクストにアクセスできるわけでないので、これまでも選択体系機能言語学による研究の主要な目標の1つは、学習環境で価値が高いと見なされる言語使用のコンテクストを記述することで、学校教育のジャンルの言語的特徴を解明し、それらの特徴が上級の読み書き能力を発達させつつある生徒・学生に呈示する重要な課題を同定することであった（たとえば、Christie, 1999b, 2002a; Christie & Martin, 1997; Christie & Misson, 1998; Halliday & Martin, 1993; Hasan & Williams, 1996; Lemke, 1990; Martin & Veel, 1998; Unsworth, 2000b などを参照）。本研究もある種のコンテ

クストにおいて言語がどのようなイデオロギー的立場を埋め込み、解釈の性格をぼやけさせるかを示す。その言語的分析によって、言語がもつ、特定の思考法を取り入れたり、生徒・学生が様々な立場が構築される方法を、それらの批判的検討を見据えて理解できるようにしたりする力についての教師の意識を高めることができる。

　本書は、学校教育の言語の特徴を機能的な観点から記述するために、選択体系機能言語学理論に依拠する。それは同時に、他の理論的、分析的見地からなされた学校のコンテクストにおける言語発達と言語使用についての研究にも依拠しながら、様々な研究を機能的見地から解釈したとき出現する言語発達の統一的な姿を実証する。包括的な言語学の枠組に収まる文法理論として、選択体系機能言語学はテクスト全体を言語とコンテクストの関係を説明するような形で分析し、話し手と書き手が行う言語的選択における社会的経験の役割に強い光を当てることを可能にする。

結論

　本章は私たちに、生徒・学生のそれまでの経験の役割を前景に据えて、言語が話し手と書き手に様々な種類の意味を解釈構築するための選択肢を提供する体系であることを認識するという方法で、学校教育のもつ言語的重要課題について考える必要があることを論じた。「教養ある言語」を明示的(explicit)、脱文脈的(decontextualized)、複雑(complex)、認知的要求度が高い(cognitively demanding)と特徴づける伝統的描写の限界を探求し、学校教育の言語について Halliday の機能言語学的分析が言語と学習の関係に強い光を当てる代替的な見地を提供することを提案した。

　学校での学習は主に言語を通じてなされるが、学校のタスクを構成する言語は学校で明示的に論じたり、教えたりすることがほとんどない。本書で構築される機能言語学的アプローチは、言語がテクストに構造を与え、抽象的、技術的、評価的な意味を解釈構築する方法について、学校教育における重要な課題を同定する手段を提供する。次章では、子供たちを特定の意味生成の方法へ方向付けるときの生活経験の役割を論じ、なぜ学校教育の言語へ近づく方法が全員に等しく利用可能ではないかということを示す。いくつかの初学年のタスクの言語的特徴を記述した研究に依拠して、そこでの分析はテクストとコンテクストの関係を強調し、次章以降で提示される学校教育のより高度なジャンルの詳細な言語的分析の舞台づくりをする。

注

4 訳者注：私たちは教科ごとにテクストの展開の仕方が異なることを漠然と気づいているが、それらの違いが具体的にどのような言語要素で実現されているのかについては明確な認識をもっていないことが普通である。機能的分析は、そのようなテクスト・タイプごとの言語的パターンを言語体系が提供する様々な言語資源の選択によって形成される様子を説明する。

5 訳者注：節は主語と定動詞の組み合わせを中核とする文法的単位である。独立して用いられた節は「文」という概念に相当する。

6 訳者注：節構造は文の構造に相当する。書き言葉では命題（節が描写する意味）は典型的に名詞化、動名詞、分詞構文など、文以外の様々なレベルに縮約されて現れる。

7 訳者注：経験の解釈構築とは、私たちが経験を言葉で表現するときに、その経験を過程、参加要素、状況要素などに分析して、その組み合わせとして描写することを指す。

8 訳者注：意味の解釈構築という考え方は、言語によるコミュニケーションを意味の相互やり取りとして捉える機能言語学の立場を反映するものである。発話に際して、言語表現を構築することは意味を構築することと等価であるという考え方である。

9 直示詞（「指差す」という意味のギリシア語から）は話し手の空間的または時間的位置との関連でしか解釈可能でない単語を指す。英語では、I, you, here, there, this, that, now, then などがこれに相当する。

10 訳者注：「談話コンテクスト」とは、言語を使用するときの談話の状況を指す。学校では、教科の学習が主な談話コンテクストなので、それぞれの教科特有の「言説」の種類もそのコンテクストの一部になる。

11 訳者注：典型的に、参与要素（participant）は主語や補語のような節の主要な名詞表現に対応し、過程（process）は動詞表現に対応する。後に3章で紹介される名詞化の議論で、過程が名詞表現でも具現されることを見る。

12 選択体系機能言語学への分かりやすい入門書は、Bloor and Bloor(1995); Butt, Fahey, Feez, Spinks, and Yallop(2000); Downing and Locke(1992); Droga and Humphrey (2002); Eggins(1994); Lock(1996); Ravelli(2000)などである。

第2章
言語とコンテクスト

組織的に操作する能力は、…学習されなければならないものである。それは母語の文法や語彙の習得によって自然に生じるものではない。

—Halliday（1973, p.11）

大多数の子供にとって、就学することは言語使用の新しい方法に直面することを意味する。つまり、言語を使って新しい種類の課題を行い、きちんと構造化して自分が言うべきことを伝えるという期待に新たに応えるということである。学校教育は、新しい対話の方法をもたらし、それを使って生徒たちは日常生活で当たり前だと思っている知識について述べなければならない。また、さまざまな概念の間にある関係性を詳しく特定化しなければならない。加えて、生徒たちは新しいモード、すなわち作文という方法で言語を使い始めなければならず、作文は新しい文法的な構成をもたらす。このような新しい意味の作り方によって、もっと幅広い課題や多様な状況に参加することができるようになる。したがって、生徒たちは皆、就学したら、自分たちの言語能力を伸ばす機会を得ることが大切である。

子どもによってはすでに言語を使って意味を作り、学校での期待に応えられるものもいるが、その他の生徒の意味の作り方は学校教育で求められていることに応えてはいない。生徒たちは自分のコミュニティから学校へ携えてくる言語を使って、新しく「学校教育される」知識に関わっていく。したがって、学校では幅広い言語の使い方に価値をつけることが重要であり、また異なる言語、方言、そしてさまざまな意味の作り方に対して、学校教育の中で共有されるようにしながら、もっと社会的な価値を与えることが大切である。しかし、すべての生徒に英語の学問的な使い方を教えることも大切である。その結果、生徒たちは学校での新しい学びに参加できるようになる。家庭での学習を上手くこなし、家庭や地域のコミュニティの人たちとの意思疎通をうまく出来るようにしてきた言語的資源を携えて、すべての子供は学校に上がってくる。しかし、多くの子供は、学校で期待されるような意味を作るという経験、あるいは学校教育に基づく言語的課題の準備をさせるような書き言葉や話し言葉で何かを経験するといったことがない。こうした経験がないことために、こういった

生徒が彼ら自身で学習について学んだり、あるいは学習したことを具体的に表現することは難しい。

　学校教育というコンテクストではインフォーマルな日常生活で作り出されるものとは全く異なる意味が作られる。言語は学校教育の中で、育成しようとする学問的な知識と社会的な知識を解釈構築する上で不可欠なものとされる。生徒たちが高校などに進学すると、取り組むべき課題はさらに幅広く言語的資源を使いこなすことが求められる。このような意味化の方法は、学校というコンテクストに参加する訓練を受けてこなかった子供たちには障壁となるように思われるが、意味を作り上げる方法は学校教育の目標の達成に不可欠である。学習と言語は密接に関連しており、学校で良い評価を得るために、生徒は学校教育のコンテクストとそのコンテクストを具現する言語的選択を理解しなければならない。

　多くの研究者の中でも、とりわけ Vygotsky(1986) の影響を受けて、社会的、認知的プロセスを発達させるのに言語が果たす役割について認識が高まってきている。Vygotsky は、社会的相互作用の中で言語と思考が同時に発達すると論じている。特定の思考法は言語的道具を通して発達するが、その道具は社会が使い、子供の社会文化的な経験の一部となるものである。すなわち、子どもが発達させる概念的知識には社会的な経験と他者との意志の疎通をはかる方法が必要になり、そのような時に言語が中心的な記号システムとして作用する。

　学校教育で子供に身につけさせようとする知識の多くは、単に彼らの日常生活での経験を通して身につくのではない。学校で身につける知識は日常生活からは分離された形で示される必要がある。なぜなら、子供たちは学校で構造化された経験をして、世界についての新たな視野をもったり、自分たちの経験を一般化することができるようになるからである。Vygotsky はそうした知識を「科学的」概念と述べ、構造化されていない日常生活での経験で得られる「日常的」概念とは区別している。また、科学的概念も日常的概念も、熟達した人との足場作り (scaffolding) をするような対話によって発達すると信じている。学習者が一人でできないレベルで作業をするときに、熟達した人が手助けをする。これが Vygotsky の言う「最近接発達領域」である。このような社会的な相互作用を通じて、子供は自分でできること以上のことに挑戦するよう求められる。

　このことは、社会化において言語が果たす役割を明確に理解するためには、言語構造と言語の使い方そのものを分析する必要があるということを示唆している。しかし実際には、学習では言語が分析されることはほとんど無く、明示

的に取り組まれることもない。Vygotsky 流の考え方を使えば、社会化する方法が違うので、異なった背景をもつ生徒たちは学校で期待されているような言語の使い方の訓練もさまざまな方法で受けてきたということである。しかしVygotsky 流の考え方も特に言語の本質に結びついている諸問題をどのように解決すれば良いかを具体的には示していない。一方、言語学的アプローチによって、新しく知識を構成するには新しい言語の使い方が必要になることがわかり、また学校での学習ができるようになる言語的特徴を明らかににすることができる。Halliday(1993g)は言語学的観点から学習について述べながら、文法的な発達に焦点をあてている。この文法的発達は子供が学習をするにつれて、さらに複雑になっていく意味の解釈構築に順応するために必要なものである。Vygotsky の「日常的」概念と「科学的」概念とよく似た補完的な関係を使って、Halliday は子供がどのようにして「常識的」知識をもっと抽象的な様式で再構築して、「教育的」知識として再生産するかを述べている。そして、最終的に、専門化された言語を使って知識を解釈構築するかを示している（Halliday, 1993g, p111）。この考え方によって、子どもの中で時間の経過とともに言語がどのように進化して学習が可能になるのかを理解する枠組みが示されている。学習と新しい言語を学ぶことは同時に起こるからである。

　言語と社会的コンテクスト、言語と思考の間の関連性という見方を受け入れることには学校教育に存在する重要な課題がどのように理解されているか、という問題と深い繋がりがある。生徒が行うように求められるさまざま活動は、結果的にその活動の目標に関わる知識と言語の両方を身につけさせる。言語は、それにより学校の様々な活動が指導され、生徒たちがどう発達したかを示し、さらにその発達ぶりを評価するための主要な手段として用いられる。Halliday と Vygotsky は言語学習を認知発達にとって不可欠なものと考えて、認知発達とは関係ないものとか、あるいは認知科学に優先するものとは考えていない。子供たちは他者と相互交流をして言語を学習しながら、「自分たちの文化の知識と実践を自分のものとする」（Wells, 1994, p.72）。子供たちは日常生活では経験しない言語の使い方で科学的な、非日常的な概念を発達させるのである[13]。

　言語がどうやって学問的知識を解釈構築するのかということを良く理解することは、生徒と教師、言語学者と言語研究者、そして教科書の執筆者と教育行政者にとって重要である。この章では、言語による社会化の実践によって、どのように子供たちに学校教育のコンテクストに備えさせるのかを示す研究について見ていくこととする。また、学校での言語使用の記述についても見てい

34

く。学校での言語使用は課題を行う中で特に価値あるものとされる言語的選択に光をあてる。学校教育の言語として特徴づけられるのは、このような言語的選択である。この後に続く章の中でも取り上げられる機能言語学の分析は、言語的特徴と、その特徴が具現する社会的コンテクストを関連付けて、言語とコンテクストの密接な関係を示している。またうまく社会化されず、学校のコンテクストに参加する準備ができていない生徒たちが直面する重要な課題をはっきりと示している。

生活経験と言語発達

　教室における言語使用は、いろいろな意味で他の社会的状況における言語使用とは異なる。すなわち、教室の言語使用によってさまざまな考えや知識を共有するのであり、身近なコンテクストで人間関係や一緒に何かをやった達成感を共有するというものではない。

　力関係、参加への期待、そして談話形式も家庭と学校では異なる。学校に行くようになると、子供は新しい種類の課題を行い、新しい目的のために言語を使う必要がある。社会言語学的研究によれば、多くの子供は学校のコンテクストと結びついた方法で言語を使うことがないような家庭や地域社会の出身である（例えば Cazden, John, & Hymes, 1972; Heath, 1983; Philips, 1972; Scollon & Scollon, 1981; Watson-Gegeo & Boggs, 1977：また、Au & Kawahami, 1994 にある研究批評を参照のこと）。教室での言語と、それが家庭での言語の社会的・文化的コンテクストとどのように関係しているか、という研究によって、多くの子供にとって学校での言語使用と地域社会での言語使用との間に大きな断絶があることが示されてきた。社会の中で非主流の背景をもつ子供は異なった経験を持ち、学校で身につけられる言語的資源とは異なった言語的資源を発達させてきている。

　学問的コンテクストを解釈構築する言語的特徴を使えるようになるかどうかは、多くの生徒たちにとって、特に第 2 言語として英語を話す生徒たち、英語の非標準的方言を話す生徒たち、あるいは自分の家庭と地域社会での経験で社会化されずに学校で期待されるような意味の作り方を訓練されていない生徒たちにとっては、家庭や地域社会では経験できない学習のコンテクストでの経験にかかっている。子供の間で言語を使って学校外で体験することが異なっているということは、学校での言語使用に対する期待についての知識にも影響を与える。学校で期待される言語と談話形式は、多くの子供たちの経験に照らし

第 2 章　言語とコンテクスト　35

合わせるとまるで外国語のようになってしまうのである。「教育された」方法で言語を使うことについて知っていることに、社会の中で格差がある。その結果、明らかに同じコンテクストであることを言語で具現する際に、生徒たちに違いが生まれている。言語をどのように学び、また言語について何を学ぶかということは、学ぶコンテクストにかかっている。生徒たちは家庭や地域社会で発達させてきた話し言葉をそのまま学校のコンテクストに移すことはできない。学校で経験することを生かして、生徒たちが学校で価値あるものとされるように上手に言語が使えるように手助けをする必要がある。学校で子供たちに求められる言語上の課題は、多くの子供たちが家庭で接するものとは異なるということがしばしば指摘されているにもかかわらず、こういった新しいコンテクストと課題には文法に関連した新しい言語的資源が必要になるということが必ずしも認識されていない。

　子供の中には学校で行われるような課題を示す言語的特徴を使う経験を自分たちの家庭や地域社会で済ませてから、学校に上がってくる子もいる。しかしそれ以外の子どもたちはそのような経験もなく、学校で期待される言語的資源を聞いたり用いたりすることもほとんどしないで学校に上がってくる。例えば、Scollon and Scollon(1981)は、幼い子供が後に学校でうまくやっていくのに必要な資源を育てるのに役立つ実践を特定している。こういった実践の 1 つを、彼らは「垂直構造物」と呼ぶ。これは幼い子どもとその保護者がやり取りをする方法で、保護者は子どもたちの発話に新しい情報を付け加えて、助けていく。例えば、次の(1)では、子供がテープレコーダーについての発言するのを大人が手助けしている。(Scollon and Scollon, 1981, p.152):

（ 1 ）　　子供：tape recorder

　　　　　　use it

　　　　　　use it

　　　　　　テープレコーダー

　　　　　　使う

　　　　　　使う

　　　　大人：Use it for what?

　　　　　　何に使うの

　　　　子供：talk

　　　　　　corder talk

　　　　　　Brenda talk

　　　　話すの
　　　　テープレコーダーが話すの
　　　　ブレンダが話すの

　大人の対話者の助けをかりて、子供は自分が話すことを次第に詳しくすることができるのである。またこのような対話で子どもは新しい言語構造を使う能力を伸ばしていく。この論文の著者は、こういった対話、あるいは物語の構築のような他のタイプの対話が学問的言語の発達を促すと示唆している。なぜなら、そうした対話は、文法的にも語彙的にも有標な情報構造を作り出すことを促進するからであり、そのような情報構造は情報の新しさの程度が高く、疑似的に著者と読者の役割を設定するからである[14]。Snow(1983)が研究した中産階級の親子たちもまた物語を話したり読むときに、学校教育の言語をモデルとするような活動をしている。この物語の中で、作者が不明で、話の状況は現在の時空間からはかけ離れたものとなっていて、脈絡がわかるような事項も書き手の視点か話し手の視点からしか理解することができないようになっている。しかし、これらの対話の形式は普遍的なものではない。Scollon and Scollon(1981)はアサバスカ族の子供たちの言語発達を記録している。この子どもたちはこのような言語機能に対する経験をもたず、その代わりに別な方法で言語を駆使する能力を発達させている。

　学校の言語の能力には次のことが関わってくる。すなわち、特定のコンテクストでどのように行動するかを知り、期待される役割関係を進んで担い、学校教育に基づいた課題を行うのにどのような言語的期待があるのかを知ることである。Mehan(1979)が指摘するように、「学校で良い評価を受けるためには、生徒たちは学問的教科内容を知るだけではなく、自分たちの学問的知識を適切に表現する方法も学ばなければならない(p.133)」。入学当初から、生徒が課せられる課題において、教師は生徒たちの言語の使い方について一定の期待を抱いている。これらの期待が文法的あるいは談話構造という言葉を使って説明されることはない。そのかわりに、それらは「明確に」、「正しい言葉を使って」、「もっと客観的に」、あるいは「もっとよく整理して」といった忠告という形で示される。しかし、これらの期待される価値をもつ言語表現は学校教育に基づいた言語的課題に共通な特定の文法的選択を通して表現さたり、具現されるのである。子供の中には、幼稚園に通っているうちから、教師が期待する適切なスタイルに近い文法構造を使うことができる子もいるが、他の多くの子どもたちはそのようなことはできない。高い価値付けがされるスタイルを作り出すと

き、子供は教師の期待に合う学校教育のコンテクストをまざまざと再現する。このようなことができる子どもたちが「良い評価を受ける」と考えられているのである[15]。

　生徒によっては幼少期の社会経験によって、学校教育の中で行われる言語関連の課題がうまくできるように訓練を受けている子もいるが、そういった訓練を受けていない子どももいる。学校では主に中産階級的な意味の作り方を利用するので、そうした言語経験をもつ子供は有利な立場にある。例えば、Wells (1987)は、長期にわたる研究において、自然に出てくる話し言葉を流暢に話す能力は就学前の子どもに等しくあるが、だからといって、それが、学校の読み書きの課題で良い評価を受けることに必ずしも結びつかないことを明らかにした。実際、子供が学校で評価づけをされるようになると、すぐに社会階級と言語技能の強い関連性が現れた。だからこそ、学校では、話し言葉の能力ではなく、書き言葉と読み書き能力の訓練が評価されるのだと、彼は示唆している。大多数の生徒たちは教室で必要になる「話す・聞く」能力には問題がない。生徒たちを分け隔て、その後の学業成績がどのようになるかを予測させるのは、学校で評価を受ける読み書き能力を示すことが出来るように訓練を受けてきたかどうかということである。Wells(1987)はさらに、言語的に不利な状況と呼ばれてきたものは、読み書きの課題で言語が果たす目的と形式を他の人よりも知らないことと理解すべきだと、示唆している。

意味に対する方向性

　社会経験の役割を理解することは、学校教育の言語に不慣れなことと社会階級に密接な関係があるという事実を踏まえると、特に重要である。Bernstein (1990, 1996)の理論はこのことをよく説明していて、人は異なったコード化の方向性(coding orientations)、すなわち、社会階級と文化によって異なる言語の使い方を身につけると示唆している。このように異なったコード化の方向性はどのように人と相互交流するかということで明らかになる。我々はどのような社会階級や文化に帰属するかという社会的な関係によって、何が大切で適切かということについて異なった感覚をもっているし、表面上では同じように見えるコンテクストでも、その関わり方も反応の仕方も異なる。そして、どのような社会的な経験や文化的な経験をするかはその社会的な関係が示す。社会的関係がこのように異なり、また経験も異なっているということは、さまざまな社会集団の中の人々が、自分たちの物質的な生活の中でどのような権力と支配を行使できるということに関係してくる(Bernstein, 1990; Hasan, 1999 を参

照）。対話を行う方向性は社会階級の中から現れる。社会的な経験は様々な対話のコンテクストで何が期待されて、何が価値あるものとされるのかということに異なった感覚を生み出すこととなる。だから、学校教育のような同じコンテクストに参加する時でさえ、様々な社会階級や文化的な背景をもつ生徒たちは違った方法で言語を使うのである。

　例えば、Bernstein（1977）は、中産階級と労働者階級の子供がインタビューの場面で非常に異なった反応をすることに気付いた。それは、子供が話した量の違いではなく、学校教育のようなフォーマルなコンテクストで期待されている言葉遣いをどれくらい使うことができていたかという程度の違いである。Bernstein は、中産階級の子供は、インタビューで大人から自由回答形式の質問を受けた時、特定の言葉遣いを用いて特定のテクストを作り出すよう期待されているのがわかっていると気づいた。中産階級の子供達は、例えば、ある状況では、一見すると自由回答形式のような質問でも、実際には試験のように自分の進歩をためされるような質問であって、特定の反応が求められているということがわかっていた。Bernstein は、「言葉の使い方がコンテクストに適切だと知っていることと、その使い方を修得していて、実際にそれを使うことができる」ということを区別することが重要だと強調している（Bernstein, 1977, p. xii）。

　Hawkins（1977）は、中産階級と労働者階級の 5 歳の子供の話し言葉を分析し、その違いを具体的に示している。中産階級と労働者階級の子供では言語的な特徴に違いがあった。その違いとは、はっきりとした名詞句かどうか、構造化されたインタビューで引き出された回答の中で、どのように直示的な指示語を使うかということであった。中産階級の子供たちはより明確な指示語を使うが、「労働者階級の子供は、あまり明確ではなく、話し手と聞き手が共有する常識を当然なことと捉えるような指示語を使う志向が見られた」（p.183）。詳細な絵について記述するように求められた時に、労働者階級の子供は that や this などの外部照応を使ったが、中産階級の子供は the house や the book などの名詞を使った。自信がない場合、中産階級の子供は不確かさを示す動詞と一人称代名詞を組み合わせて it seems to me（私には思われる）のような表現を使ったが、労働者階級の子供は you see（あのね）とか isn't it や don't they（でしょう？）のような付加疑問文の印を使っていた。子供たちの文法的な選択は、さまざまな課題で取り入れた社会的方略を反映していた。ある課題では社会階級によって形容詞を使う頻度が異なっていた。というのも、中産階級の子供たちは、誰かの行動を制御するのに「誰かが naughty（下品）、bad（悪い）、cross（腹を立て

ている）」という表現を使うのに対して、労働者階級の子供は動詞の命令形を使って他の人の行動を制御したからである。例えば You're being naughty（今、下品な振る舞いをしているよ）と言わずに Stop that（そんなことやめろよ）、Don't do that（そんなことするなよ）と言ったのである（p.194）。Hawkins(1977)は、こういった違いは子供たちが似たようなことを成し遂げるのにも、社会階級によって異なった言語の使い方をしてきたことを反映していると示唆している。

　Bernstein の枠組みを用いた最近の研究が、Hasan(1992)によるオーストラリアの母子研究の中で報告されている。Hasan は、中産階級(middle class)や労働者階級(working class)といった曖昧な用語を使わず、社会階級をもっと微妙なニュアンスで表現できる定義を使い、研究対象の母親たちを「低独立職」(Low Autonomous Professions(LAP))と「高独立職」(High Autonomous Professions(HAP))という2つの種類に分けた。これは、次のような考えを基にして、社会階級を概念化するものである。つまり、一家の稼ぎ手が仕事に関連した方針、すなわち、職場の他の人たちの仕事にも影響を及ぼすような決断を下すことがどれくらいできるのか、ということであり、また一家の稼ぎ手が他の人たちに対して、そのような決断を伝えて、他の人たちが手足となってその決断の実行にあたってくれるのか、ということである。そのような観点から社会階級に焦点をあてると、職場で親たちがどれくらい独立的で他人を制御することを経験してきたかということが問題となる。Hasan は、社会階級による違いがどれほど社会化の実践と関連しているか、また、それによって子供たちが社会の中で自分の位置づけをするための訓練が変わってくるかを示している。例えば、子供の行動を制御しようとして母親が使う言語を見てみると、LAP家庭出身の母親たちは、はっきりと言語によって制御を行い、衝突があってもかまわないとしている。ところが、HAP家庭出身の母親たちはもっと言語を操作的に使い、衝突を避けようとする。例えば、(2)では LAP の母親は Karen に浴槽から出てもらいたい(Hasan, 1992, p.96)：。

（2）　　Karen:　　I'm not getting out
　　　　　　　　　　出ないよ
　　　　　Mother: you'll get out.
　　　　　　　　　　出るのよ
　　　　　Karen:　　no, I won't
　　　　　　　　　　いや、出ない

Mother: yes
        出るの
Karen: no
        やだ
Mother: yes
        出るの
Karen: I'm not standing up
        立たないもん
Mother: I'll drag you out if I have to
        いざとなったらひっぱり出すわよ

(3)では HAP の母親は Donna が浴槽から出るようにせき立てる (Hasan, 1992, p.97)：

（3）   Mother: you tell me when you're ready to get out
        出る準備ができたら言ってね
        Donna: OK now
        もういいよ
        Mother: you're not ready until the plug's out
        栓を抜くまではだめよ
        Donna: well, I lost my hand and foods
        ね、手足失くしちゃった
        Mother: then you'd better find them
        じゃ、見つけないと大変ね
        Donna: ooh, they're in the front so I'm getting out
        あー、手足が前に見えてたから、出るね
        Mother: no you're not please pull the plug out, Donna
        だめよ。栓を抜いてちょうだい、ドナ
        Donna: can't feel it's not anywhere...I feel it now
        栓がどこかわかんないもん…あ、わかった
        Mother: good I thought you'd see it my way
        良い子ね。ママの言うことわかると思ってたわ

(2)では、母親は直接的に制御し、「ひっぱり出すわよ (I'll drag you out)と威

嚇して自身の権威を明確にしている。一方(3)では、母親は「見つけないと大変ね(you'd better)」とか、「〜ちょうだい(please)」といった、もっと間接的な方法で制御している。結果として、子供はこういった異なった言語的方略を学ぶ。言語的選択は特定の方法で社会的コンテクストを解釈構築し、同じような環境と思われるものについても、子供たちは異なった言語的反応を示すようになる。言語を使って「何かをすること」ということに様々な方法があるということは、子供の対話にはさまざまに異なった側面があるということである(Hasan, 1992, 1999)。言い換えれば、社会的経験の役割は、子供たちが経験したり学んだりする言語使用について、どのような選択の幅があるのかを理解したり、あるいはそういった選択肢をどのように形成するのかの鍵となる。

　幼い頃の経験によって、定義づけを通して学んだり、あるいは分類されたものの基盤となる原理へ関心を向けるといった志向を示す子供たちもいる。例えば、Painter(1999)は仮定の if 節を使えるようになることで、幼い子供が個人的な経験を越えるようなコンテクストをどのように表現できるかを具体的に示している。子供は(If you see [a snake], don't touch it because they're dangerous「もしも(へび)を見たら、触っちゃダメだよ。危ないからね。」)といった節を最初に両親から聞き、そして後で自分でも言ってみようとする(3 歳児の Stephen の場合：If you fell down bump really, really, hard [you might cry, too]「もし転んだら、バンって、ほんとに、ほんとにドシンってぶつかっちゃう、[泣いちゃうよ])(Painter, 1999, p.77 からの例)。同様に、ある種の対話であったり、あるいはある種の文法的資源の発達によって、子供は例えば、三段論法のような特定の論法が使えるようになる。このような対話が行われる環境で生活している子供たちは言語資源の能力を伸ばして、それによって、将来学校教育で使われるのと同じように言語を使う練習ができるのである。

　子供が個人として、特定の目的のために言語を使う能力は、コンテクストによって要求されることや期待されることによって異なる。例えば、Hasan(1996)は、7 歳児の中にはその場にいない人を対象として、何かの作り方を話せるのに、自分たちが参加したイベントについては話すことができないという子供もいると示している。彼女の研究の中では、自分が行ったことを流暢に話せる子供が、他の課題をできなかったり、あるいはやろうとしても、内容が首尾一貫していなかったり、文法構造をきちんと使うことができなかった。彼女は、「個人内の言語成長は、その個人が言語使用を必要とする多彩な活動に関わってきた結果である」と結論づけている(p.26)。言い換えれば、言語能力は様々なコンテクストに参画することで身につき、そのようなコンテクストでは

言語能力が必要性に応え、重要な目的を達成する。すなわち、子供たちは言語使用について様々に異なった方略を身につけて、就学するのである。

　生徒たちが進級すると、上級の読み書き課題（Schleppegrell and Colombi, 2002）に対して、密度が高くて抽象的な言語で馴染みのないトピックを分析するテクストを読み書きしなければならないが、抽象的な言語では多くの子供たちの日常の経験では馴染みの薄い言語資源が使われている。例えば、Rose（1997）は、技術的な科目や科学的な科目の教科書が、説明されているいくつかの出来事の間にどのような因果関係があるのかをはっきりと示していないことがどれほど多いことかと、示している。むしろ、教科書の論理を理解するために、因果関係の不明確な表現を理解することが生徒たちに求められている。言語を伴った社会的経験によって、このような因果関係を示す方法の中から、きちんと意味が理解できる子供も中にはいるが、しかし大半の子供たちはそのようなことはできない。「中産階級の家庭では、やってはいけないこととやるべきことが頻繁に説明され、「なぜ」という質問とそれに答えることが奨励され、さらに義務がさりげなく表現される。そのような中産階級の家庭の子供たちは含意的な言語表現の連鎖が分かったり、あるいは含意的な因果関係を解釈できるように学べるという強みがある（Rose, 1997, p.60）。」彼は、認知能力として理解される論理的関係の理解力は、特定の制度についてのテクストや教科的なテクストに典型的に表現されている因果関係の論理が理解できるかどうかにかかっていると論じている。

　文法の問題も語彙の問題も、学校教育に基づいた重要な課題を理解することと関係している。例えば、Corson（1997）は、英語のギリシャ–ラテン語起源の語彙に焦点をあてて、様々な社会階級や文化、様々な言語といった背景をもつ生徒たちはそういった語彙がわからないということ注目している。彼は、「読み書き能力を必要とする文化にさらされることで、そうした文化から派生する意味システムの内部にある語彙を身につけるのに必要な土台ができる。」と、述べている。（p.682）。Corson（1997）は、達成度の高い生徒たちと達成度の低い生徒たちの語彙力の違いは「学校自体ではなく、学校の外の出来事に原因がある」と結論づけた研究を引用している（p.683）。生徒たちは誰もが同じように読み書き能力を必要とする文化に接するわけではない。多くの生徒たちは学校外の印刷物でギリシャ・ラテン語起源の言葉を目にすることはめったにないのである。Corson は次のように指摘する。「…学問的な言葉の意味を知るということは、その言葉を適切な意味システムの中で使う方法を知っているということである…この言葉を学習するのに必要な原材料は、同じコンテクストで何

度もそういった言葉を目にする中に潜んでいる。そこには、そういった言葉を使うルールが示されている。さらに、いつでもこのような高い次元の「言葉遊び」をする機会の中にも潜んでいる(p.700)。」

学校教育の言語に近づく方法

　家庭と学校の言語使用の違いに対処するための1つのアプローチは、中産階級の親が就学前の子供に教育するのに行っていることを、すべての親が身に付けることだ、と提案されている。特に、一緒に本を読むことがしばしば推奨されるが、それは頻繁に本を読んでいる家庭の子供たちは学校でも本がよく読めることを明らかにした研究があるからである(例えば、Cox, Fang, & Otto, 1997; Peterson, Jesso, & McCabe, 1999 を参照のこと)。例えば、Cox et al.(1997)は、2つの幼稚園の子供たちを比較し、その結果、高収入の家の子供たちは「読み書きに使うレジスター(言語使用域)の選択肢」を使いこなす傾向にあったものの、収入に関係なく、書き言葉のようなレジスター(言語使用域)を使いこなすことができていた子供たちは、子供を中心にした本の経験をしっかりとさせる家庭の出身であることがわかった[16]。こういった子供たちは、慣れ親しんだ絵本から書き言葉のような話を上手に再構成することができたい、また自分たちの個人的な経験に基づいて自分たちの話し言葉による物語を変えて、「読み書きに使うレジスター(言語使用域)」を具現することができた。このような研究に基づいて、親は子供に本を読み聞かせて子供に学校の準備をするように推奨されてきている。その根底には、中産階級の対話の方法を真似て実践することで、すべての親は子供が学校の課題をうまくできるように準備することができるという考えがある。

　しかし、Williams(2001)は、そうした方略が成功するかどうか、疑問を呈している。彼は、一緒に本を読むことが、それに取り組むすべての家庭にとって同じ状況のコンテクストではないと具体的に示している。社会階級の違いが一緒に本を読むことにも現れており、本を一緒に読んだからといって自動的に「読み書きに使うレジスター(言語使用域)」を発達させるという恩恵が生じるわけではない。子供に声に出して本を読み聞かせるとき、異なった社会階級の背景をもつ保護者は、異なった方法で言語を使用し、そのために子供と共に異なった意味を共同で作り出す。一緒に本を読むことを扱ったWilliams(1999)の研究には、一緒に本を読むという活動そのものではなく、言語がどのように使われているか、そしてそこに具現される意味論的意味によって、学校教育への準備がなされるという証拠が示されている。これは一緒に本を読むことで学

校教育の準備ができる子供たちについても言える。異なった社会階級出身の母親と子供たちが一緒に本を読むという行動をどのようにするかを研究する中で、Williams は Hasan のモデルを使い、低独立職（LAP）と高独立職（HAP）の母親たちは同じ量の本を読むが、本を読みながら母親と子供の間で交わされる対話のメッセージ量は HAP の方が 3 倍多いことを見出した。両方のグループとも母親と子供は同じ割合で情報を求めることから対話を始めたが、それに続く対話の種類に違いがあった。HAP の母親たちは、本の中のある事柄や子供たち自身の経験の側面についてコメントを細かく言うように子供たちに頻繁に求め、さらに、最初の特定のコメント以上のことが言えるように子供たちの応答を膨らませ展開させていた。HAP の母親たちの質問は「どう思う？」のように子供の見方を引き出す選択肢を LAP の母親たちよりもかなり多く使って始められていた。一般的に、HAP の母親は子供に対話的な談話をさせることが多く、これによって、子供は物語との関連から自分自身について話すように駆り立てられ、読んでいる本をテクストとして評価するように求められた。そうした対話は、物語が議論され評価されるという学校教育に基づいた読み書き課題の中に反映されている。同様に Heath（1983）も、異なった社会的集団出身の母親たちと子供たちの一緒に本を読む行動に違いがあることを記述している。

　Williams が 2 つの社会集団における母親たちと子供たちの読書に多くの類似点を見出したことを強調することは重要である。母親たちは皆、流暢にドラマのように本を読み、子供に質問を投げかけて適切な応答を促し、子供の始めの発話に応えていた。両方の集団において、子供は本を読んでいる間に自発的に会話を始め、物語の続きを予測していた。2 つの集団の奥深くある違いを注意深く分析して、ようやく意味論的な違いとその意味が明らかになった。これらの違いは、対象としてのテクストを巡って母親たちと子供たちがやり取りした広範な言語的相互作用（言語的やり取り）の中、母親によって発せられた質問の種類、そして、子供たちがそのような質問に答えようと取り組んだ解釈の種類の中に現れた。母親たちはみんな情報を求めるような質問をしたが、要求された情報の多くは、子供が挿絵の重要な点に気付いたかどうかを確認することに焦点が当てられたり、あるいは読んでいる物語の中の特定の 1 つの場面に集まっていた。ただ HAP の母親たちだけは子供に説明することを求め、このような質問はそのような対話の中で頻繁に起こった。このような質問によって、母親と子供は Scollon and Scollon（1981）の記述したような協働構築作業に関わるのである。すなわち、母親が子供の最初の発言や反応に答える形でどの

ように解釈すべきかを導き、子供が特定の意味に参加することを促すのである。この特定の意味によって、子供が学校教育で発達させる言語使用や対話の訓練ができる。

　学校教育のコンテクストで特権を得るのは、支配的な社会的集団と結びついた、こうした対話である。Williams（2001）は、LAP の家庭がこのような対話を受け入れるには、主にどのような社会的必要条件があるだろうかと質問を投げかけている。彼は、家族の社会制度的地位とその地位で示される社会形成の中での自分たちの立ち位置というものが社会階級によって異なり、この地位が一緒に本を読むといった活動の最中に保護者と子供たちが交わす対話に反映されているし、また反対に、その地位が対話を構築する、と指摘している。彼は、親たちに何かしらの質問をするようにと指導することはできないし、また親たちが社会との関わり方が異なって意味をつくる方法が違うのに、まったく同じ意味を作るようにと期待することはできないと論じている。すなわち、社会では自分たちの地位によって、他の地位の家庭にはない力と制御力を得ているのである。Williams（2001）は、同じように見えるコンテクストこそ、社会階級に関係した奥深い違いを錯認してしまう原因だと論じている。彼はこれを「同一だが相違する」と呼び、HAP の対話がどのように特定の例を超えて意味関係を広げるのかを示し、さらにその対話には子供たちの「個別化された読み書きの意識」を発展させる潜在能力があるとも示している。彼が一緒に本を読む活動を大規模に調査して統計的に分析した結果、社会階級によってこの活動の意味論的な特徴に大きな違いがあることが判明した。言語的選択や、その選択によって構築される意味を注意深く分析することで、ようやく隠れているコンテクストの違いが明らかになる。対話が表向きは「同じことをしている」ように見えても、そこに構築されている意味は違っているかもしれない。したがって、重要なのは、単に一緒に本を読むといった活動をすることではなく、子供たちが学校で似たような課題を簡単にできるように訓練する対話の中で、いかにして意味を作り出すかということである。

　子供がもつ特定の言語の使い方の傾向には、社会的な側面と心理的な側面がある。つまり、その傾向は社会的な相互交流の中で成長するが、個々の子供の特定の能力として現れるからである。Bernstein の明確な表現によると、社会階級上の地位は、その階級の人々が他者との相互交流の中で重要とか適切であると思っていることに基づいて、子供を形成し、子供の位置づけを行う。それぞれのコンテクストは特定の種類の意味を活性化し、それによって子供たちは特定の語彙的資源や文法的資源を利用するように促される。そのような語彙的

資源や文法的資源は、反対に、特定の方法でそのコンテクストを具現する (Hasan, 1999)。これは、言語とコンテクストの間の弁証法的な関係を生み出すことになる[17]。というのも、言語が作り出す意味が社会的コンテクストを形作り、また社会的コンテクストによって言語の作り出す意味が形作られるからである。言語の使い方が子供たちの背景の違い示す一方、機能言語学的観点から見てさらに重要なことは、コンテクストが子どもたちにどのように理解されているかは言語が示しているということである。

　言葉による生活経験が異なっているので、必然的に子供たちは意味に対しての異なった傾向をもち、異なった意味に参加して異なった方法で意味を解釈構築するように訓練を受けて、就学する。意味の解釈構築の方法の違いは、異なった社会環境の人々が社会で生活するのに機能している。文化的違いはその一部であるが、文化が違っていても同じ社会階級には多くの類似性があるので、社会階級に焦点を当てることは子どもが学校外で経験する社会的経験と相互交流の経験が違っていることを理解する上で重要である。また生徒たちに様々な社会的経験をさせて、学校教育で生徒たちに教育したいと目ざしている社会の様々なコンテクストに生徒たちが参加できるようにさせるためにも、その理解は重要である。Painter(1996)が指摘するように、「社会階級の地位にしたがって、意味の作り方が異なっているということは、言語的経験が豊かか乏しいかということではなくて、家庭内で、学習者が自分たちの社会的立場に最適化された方法で社会的システムを解釈構築できるように言語的経験をしているかどうかということで解釈されるものである(p.81)。」しかし、学校教育の目標の１つが生徒たちの能力を伸ばして様々な社会的コンテクストや学問的コンテクストに参加できるようにすることだとすると、学校教育の課題の１つは生徒たちが新しい種類の意味を作れるようにすることになるはずである。次の節では、学校の言語的課題の中で生徒たちがどのような成果を示すのかについて、これがどのようなことを示唆するのかを見ていくこととする。

学校の課題における言語

　子どもたちは自分たちの経験によって、特定の方法で特定の社会的状況に応答する訓練を受ける。そして、子どもたちの応答は談話のコンテクストをどのように概念化しているかを示し、例えば、「日常のコンテクスト」とか「学問的コンテクスト」とコンテクストを解釈構築している。学校教育のコンテクストでは、求められた課題を行うために、生徒たちは信頼できる形で知識を示

し、望まれている方法で、話し言葉のテクストや書き言葉のテクストを構成しなければならない。これをうまくできるか、あるいはうまくできないかは異なった言語的な選択ができるかどうかにかかっている。学校では何が価値あるものとされるのか、そして生徒たちはどのように応答するのかという 2 つの点で、さまざまに異なった意味の作り方を分析すると、どのようにすれば、第 1 章で述べた「教養ある言語」という表現からもっと踏み込んで、言語学的用語を使い学校教育の言語の特徴を示せるかということが分かる。

　以下の節では、学校は価値ある方法で言語が使えるようにという特定の期待を抱いていることを示していく。学校教育で初年度から行われる典型的な活動の共有の時間(sharing time)、そして小学校の高学年で典型的に行われる課題の定義づけ(definitions)という 2 つの課題について行われた研究では、子どもたちが同じ課題に異なった方法で言語を使って、対応している様子が示されている。また、価値が低い方に属すると判断される形式を使う子どもは、能力が低い方であると判断されてしまう様子も示されている。反応の仕方が異なるのは生徒たちの社会化やそれまでの経験と関連している。

共有の時間

　学校で子供たちが直面する新しいコンテクストと、子供たちが言語的課題に異なった方法で応答する良い例が、幼稚園や低学年で一般的に見られる「共有の時間(sharing time)」を対象とした研究の中に見ることができる。この共有の時間は「見せて話す(show and tell)」とか「朝のニュース(morning news)」としても知られている。共有の時間では、子供たちは順番で他の生徒たちの前に出て、学校にもってきた物や生活の中の出来事について話す。教師は生徒と対話をして情報を共有しながら、質問をしたり、さらに情報を引き出そうとする。生徒への課題は、他の生徒たちの前に立って、自分がそのトピックについて一番知っている専門家であるかのように一人で話をするということである。Michaels と彼女の仲間はこの活動について数多くの論文を書いている(Michaels, 1981, 1986; Michaels & Cazden, 1986; Michaels & Collins, 1984; Michaels & Cook-Gumperz, 1979; Michaels & Foster, 1985; Cazden, Michaels & Tabors, 1985)。また他の研究者もこの活動について検証し、同じように記述をしている(例えば、Christie, 1985, 2002a)。

　Michaels は、共有の時間に教師がする質問と、教師が子供と対話をする方法を見てみると、生徒たちにかけられている 1 つの期待があることに気づいた。その期待とは、生徒たちが共有の時間にする発言の中に読み書きのコンテ

クストの中で典型的に出てくるものと同じような言語的な特徴が示されることである。この研究では共有の時間で成功するために重要な特徴が示されているが、その特徴づけは、第一章で論じた Olson, Snow, そして他の研究者たちが書き言葉に求められること、あるいは学校教育で求められることを特徴づけたものとよく似ている。Michaels は共有の時間の発言で価値あるものと評価されるのは明白性(explicitness)、わかりやすい談話構成(clear discourse structuring)、そして話し手と聞き手には共有された背景がないという前提(assumption of unshared background between speaker and audience)と示唆している。教師は、時空間的な情報や全員に見えている物の名前を尋ねたりして、明白さを引き出そうとする。話し手は、聞き手が背景や知識を共有していないという前提に立つことが求められているからである。教師はまたトピックについて明確に話すことを期待し、さらにきちんと談話構成をして、トピックを精緻化すること、語彙的なつながりをつけてトピックを導入したり、トピックを変えること、あるいは他に言語的手段を使って「テクスト」がわかりやすく共有できるようにすることを期待している。例えば、(4)では教師は Mindy をこうした方向に導いている(Michaels, 1981, p.431)。

（4） Mindy: When I was in day camp we made these um candles
デイ・キャンプの時、これらのろうそくを作りました。

Teacher: You made them?
あなたが作ったの？

Mindy: and uh I–I tried it with different colors with both of them but one just came out this one just came out blue and I don't know what this color is.
それで、うーん、両方に違う色をつけようとしたの。でも1つできあがって、こっちは青でできて、こっちの色は何色か分かんない。

Teacher: That's neat–o Tell the kids how you do it from the very start Pretend we don't know a thing abou caldes OK What did you do first? What did you use?
素敵ね。みんなにどんなふうに作るのか最初から話して。私たちがろうそくについてなにも知らないってつもりでね。じゃ、最初に何をしたの？何を使ったの？

教師は、Mindy の意味を共に構築して、教師が評価する手順的（procedural）テクストの足場が作れるように助け、また、Mindy が言語的にも学問的にも成長ができるように手助けをする。全ての子供たちが効果的にそのような談話を構築できるというわけではないし、教師と対話をして共に構築することすらできないこともある。多くの子供たちは学問的コンテクストだとか、学校で典型的に示されるような意味には慣れていないからである。これは子供たちが、語彙的に明確にするというように、言語的にどのようなことが求められているかが分からないというのではなく、中には分かっている子供もいるが、多くの子供たちにとっては、他者と共有するというコンテクストでは学問的姿勢をとることが当たり前だと考えるようにはなっていないということである。だから、こういった子供たちは、教師が期待する通りに共有の時間の記述を構造化することができない。幼稚園においても、教師は生徒たちが学校教育の学問的コンテクストを構築するような言語を発するように期待している。幼稚園児は、この共有の時間という「話す」活動に特有の方法で知識を専門家のように表明するよう期待されている。もし生徒が共有の時間に話すお話しの中で適切な言語的特徴を用いなければ、テクストは期待されている意味、あるいは適切な意味を構築しないので、教師はその話を不適切なものとか、やる気のないものと考えてしまうだろう（Michaels, 1981）[18]。

　Gumperz, Kaltman, and O'Connor（1984）は次のように述べている。話し言葉の使い方の中には書き言葉で期待されているものとよく似ているものがあり、話し言葉のスタイルの中には他のものよりも簡単に書き言葉にできるものもある。また、それによってある種の社会的背景をもつ子どもには、教師が価値あるものとする書き言葉が書きやすくなることがある。例えば、Gumperz らは、子供達が口語スタイルで物語を話す時には「それから（then）」のような時間関係を示す接続詞を使って因果関係を示したり、行為者への焦点を変化させたり、あるいは時には代名詞が指し示す指示物を曖昧なままにしていることに気づいた。口語スタイルの物語は、動詞を伴う補部（定性動詞を含む目的節など）をより多く使い、またイントネーションやその他の韻律的な慣習を使って、新しい登場人物を記述したり、その登場人物がどのような人物であるかをもう一度確定したりしていた。一方、書き言葉のスタイルで話された物語は、名詞句を補部として使う（名詞補部）ことが多く、関係代名詞のような複雑な名詞句構造を使って、登場人物の記述などを行っていた。後の章で示されるように、名詞補部は各節の中に情報を詰め込むことができるので、学校教育に基づいたレジスター（言語使用域）では典型的なものである。

言語の使用範囲の違いは音韻的なものから、談話構成の選択にまで及ぶ。例えば、Michaels と Collins（1984）と Collins と Michaels（1986）は、実験を行って、子供たちに物語を話してもらったり、書いてもらったりした。そして、彼らが主題的照応（thematic cohesion）と呼ぶものの中に違いがあることがわかった。主題的照応とはある情報に焦点が当てられ、その他の情報を背景化するための仕組みであり、また方略でもある。これによって、トピックの変化が合図され、あるトピックの視点が確立され、維持されるのである。彼らは、韻律的仕組み、語彙的仕組み、意味的仕組みがこうした言語的違いをどのように生み出すかを分析したところ、これらの違いが書くときの子供たちの苦労に関連していることを発見した。共有の時間でのお話しをする時に、視点の変化や論理的な関係を示すのに語彙的仕組みや統語的な仕組みを使わずに、音韻的な仕組みを使う子供たちは、教師が期待するように書くことによって物語を構築することがなかなかできない。（Michaels & Collins, 1984）。

　「読み書き言葉のスタイル（literate-style）」の言語的特徴を自分で使う能力によって、生徒たちはさまざまな学校教育に基づいた課題をうまくこなすことができるのにもかかわらず、大方の教師にとって焦点となるのは、この言語的な特徴ではない。例えば、Michaels and Collins の研究の対象となった教師は単にトピックが「興味深いもの」になるようにと言うだけで、自分が生徒に何を求めているかを明確にすることができなかった。しかし、Michaels and Collins は興味深いトピックでも価値あるものとされているスタイルで提示されないと受け入れられないということに気づいた。また生徒たちが共有するお話しをする時に教師が暗に考えている枠組みを生徒たちが使えない時に、教師が足場を作って子どもたちをうまく補助してあげることができないということにも気づいた。教師が実際に何を求めているのか、そしてなぜそれに価値が与えられるのかということは、子供にとってしばしば不明瞭である。一方、教師の談話のスタイルを共有している子供は概して、なにかしらの適切な注意の形で、もっと詳しくなるように新しい情報を付け加えるように促された。その結果、何度かの質疑応答を経て、教師と子供は一緒に1つの拡大化されたメッセージを構築した（Michaels, 1986）。このようなやり取りによって、子供は語彙的に明白にすること、もっと多くの情報を各節に入れ込むことを練習し、さらに学校教育に基づいた言語課題に特徴的な談話のパターンを学ぶのである。これがさらに学問的言語を発達させる基礎となる。

　Michaels and Collins（1984）は共有の時間のお話しを「口頭による読み書き能力の準備」と呼んでいるが、準備（preparation）という言葉は適切ではないかも

しれない。もし、子供の中に既にこのスタイルを知っている子がいて、他の子供が知らないならば、それは準備ではなく、むしろ、子供の中には他の子よりももっと上手にできる子がいることを示す差別化の始まりである。Michaels and Collins は子供の中には自分たちのスタイルが教師のスタイルと良くかみ合う子もいて、そういう子たちはもっと多くの「実践(practice)」をすると報告している。逆にかみ合わない子どもたちは共有の時間に話をしている最中に中断されたり、誤解されたり、あるいは話を途中でやめるように言われたりする。共有の時間というこの話をする活動の最中に、どのように談話構成や文法的な構成をしてもらいたいかという実際の期待や、どうしてそのような構成をすると生徒たちは知識を特定の方法でまとめることができるようになるかということが明確に示されることなど普通はない。だから実践(practice)はこの活動の目標または期待を前もって理解している子どもたちにしかできないのである。つまり、共有の時間で話すことによって示されるような意味を作る経験をしてきた子どもは優位な立場にあり、このようなコンテクストに慣れていない子供は教師に断続的に邪魔されて、「要点以外に話を広げないで」とか「1つのことだけを話すように」といった忠告を受けるのである(Michaels & Cook-Gumperz, 1979)。うまく課題をこなすためには、子供は高い価値がつけられた文法的形式や談話の形式を使って、共有の時間のコンテクストで期待されていることを引き出せるようにする必要があるのである。中には就学前にこのような準備を受けてきた子供もいるが、他の多くの子供たちは教室で行われる活動に反映されないような違った種類の対話をしている。共有の時間というのは、子どもたちにとっては自分が何者なのかが分かる数ある状況の中の一例である。そこでは、それまでの言語による社会化によって、子どもたちが特殊化した言語の使い方が必要な学校教育に基づいた課題にどれくらい順応して参加できるかということに違いが生じる。

　あらゆる「話す」活動に効果的に参加するためには、その活動の目的と参加者に期待されている役割を理解する必要があり、また厭わずにその活動がうまく出来るための言語的な選択が出来ることが必要である。そういった活動が親しみのあるものであればあるほど、またその活動が確固たる目的をもっていればいるほど、参加者たちは自分の役割を理解することが簡単になる。だから、意味のあるコンテクストで学校教育に基づいた課題を経験してから就学する子どもたちはコンテクストから何が期待されているかを簡単に知ることができる。

　このように期待されていることを熟知することは経験からくるものであり、

目的を共有しているか、いないかにかかっているのである。

定義づけ

　定義づけは、もう１つの学校教育にもとづいた課題であり、これによって次のことが明らかになる。すなわち、学校という状況の中で言語運用に関わる期待がどのように日常生活の中の言語使用とは異なるのか、そして生徒たちそれぞれに異なった社会化の経験をしてきたために、学校の期待に対してどれほど異なった方法で応えているのか、ということである。Snow, Cancini, Gonzalez, and Shriberg(1989)は、教師たちがしばしば授業中に生徒たちに定義づけをするように求めて、クラスの子どもたちと一緒にすばらしい形式的な定義を一緒に構築したことを観察した。彼らはまた、２年生から７年生までの教室でもっとも一般的に行われている語彙教育の方法は語彙のリストを与えて、子どもたちに宿題として辞書からその定義を書き写させてくることだったと気づいた。そうした課題については、教室の活動を報告するほかの研究においても述べられている（例えば Bloome, 1987）。つまり、意味を定義することは学校で言語を使う方法の１つとして大切だということである。

　しかし、子供は学校で価値あるものとされる形式的な意味づけをするような言語的定式化について、その傾向も違えば、また能力も異なる。英語を母語とする生徒もしない生徒も含めて２年生から５年生までの137人の生徒たちを対象とした研究では、研究者たちは子どもたちに簡単ななじみのある名詞を与えて、その意味を言うように求めた（Snow, 1990）。定義が形式的なものと非形式的なものとに分類され、それが伝達上の適切性ということから点数づけがなされた。定義が等位関係を示す平常文によって作られ、その単語の意味について基準となる情報を表す限定的関係節が伴われた上位語を使った時に形式的なものと判断された。例えば、a knife is something which you use to cut with「ナイフはそれを使って何かを切るためのものである」のようなものである（Snow, 1990）。それとは対照的に、非形式的な定義には、主に機能で記述的な情報が含まれていた。例えば、a cat is to pet「猫はペットにする」とか、cats are furry and my cousin has two of them「猫は毛がフサフサで、私のいとこが二匹飼っている」のようであった（Snow, 1987）。

　この研究結果では、ほとんどの子供たちは単語について意味のある説明ができるものの、すべての子どもたちが同じようにそれを構築しているのではないということが示されている。Snow et al.(1989)は、子供の中には定義づけの要求を形式的な学校の課題のように扱う子もいて、「会話的な仕組みも人間に関

第 2 章　言語とコンテクスト　53

する情報も使わずに、単語の意味について自律的で、構成が良く計画され、語彙的にも明確な情報を伝えていた。対照的に、定義づけの要求を新しく会話のトピックを導入することと捉え、情報を提示したものの、その回答の中に定義がない子供もいた(p.239)。」と述べている。基準と例から、形式的な定義づけでは言語的な定式化が利用されていて、そこには語彙的な期待も文法的な期待も含まれていることが分かる。特に、名詞句を拡大、精緻化して、情報を埋め込む取り組み(例えば、something which you use to cut with「なにかを切るのに使うもの」)、あるいは拡大化された名詞句が当該の単語の意味を定義づけするように節を構成するといった取り組みが期待されている。高い価値があると評価される形式を示すと、結果的には Snow が「構成が良く計画された」とした定義の特徴になる。それによって生徒たちの中には、他の生徒にはできない思考過程を経たということが認められて褒められるものもいる。前にも述べたように、このようにさらに高度に構造化された言語の使い方が認知的な用語で特徴づけられてしまうことが一般的である。

　繰り返しになるが、生徒たちにそのような表現ができるようになるには社会的経験が最も重要である。高く価値づけられた形式を作り出すために、生徒たちは社会的コンテクストの期待に慣れ親しんでいる必要がある。何かが「意味する(means)」、あるいは何かが「である(is)」と説明するのは、日常の言語にはもっともよくあることである。しかし、学校で効果的な定義づけをするには、会話の中で単語を定義するのとは異なった言語的資源が必要になる。言い換えれば、学校で行われる言語的課題の中には子供たちが日常会話の中で実践する機能を定式化させるものがあるということであり、似たような機能的な目標を達成させるためであっても異なった言語資源が必要になるということである。

　Snow が自身で研究した子供たちに見出した違いは、単に年齢によるものというものだけではなく、社会階級や学問的達成度というものを反映していた。そのため、Snow は生徒たちがこの課題で互いに差のある能力を見せていることを説明する主要な変動要素は定義付けというジャンルを前もって経験してきていたかどうかだと結論づけている。中産階級と労働者階級の子供たちが示した定義づけの伝達の妥当性については何も差は見出されず、全員が自分たちがその言葉の意味を知っていることを示すことができた(Snow et al., 1989)。中産階級の子供たちは形式化された定義づけをする傾向があったが、幼い中産階級の子供たちはすべての社会階級の年上の子供たちと同じように「形式化された定義づけという専門化した談話ジャンル」を作り出すことができた

54

(p.244)。Snow et al.(1989)は、形式化された定義づけをするという技能は標準化テストでの読みの点数と正の相関関係にあるが、一方、会話のスタイルで非形式化された定義づけするのはこれらのテストの結果と負の相関関係にあることに気づいた。中産階級の子供たちと学校でうまくやっている子供たちはほとんどみんな形式的な定義付けをすることができ、この課題での経験の役割を示している。

　Snow は子供たちにとっての問題は定義づけの形式にあるのであって、単語そのものに関する知識にあるのではないと指摘している。なぜなら、よく知っている単語の意味を形式的に説明できない子がいるからである。形式的な定義付けと、非形式的定義づけでは伝達上の価値は同じであるが、学問的寄与という意味ではその価値は異なる。最も高い価値をもつ形式的な定義づけは、学問的コンテクストの言語的な特徴を選択することによっているが、その言語的な特徴をこのようなコンテクストで思いつく子供もいれば、思いつかない子供もいる。子供によってそのコンテクストが学問的のものとなっていることを認識する子たちもいるし、そういう認識ができない子たちもいる。Snow は、この形式を実践する機会を他の子たちよりも経験していて、このような言語の使い方が必要な状況を認識しているということが原因となって、他の子たちよりももっと形式的な定義付けをする子がいるのかもしれないと示唆している。家庭でも学校でも、形式的な定義づけの観点から単語について考えるように学べる対話を経験してきている子供もいるのである。

　この課題の結果は、英語を母語とする生徒たちと母語とはしない生徒たちの比較によっても注目される。Snow(1990)は、英語を母語とする生徒たちと母語としない生徒たち、さらに英語とフランス語のバイリンガルの生徒たちを比較している。英語を第二言語とする学習者について、英語の学校教育と形式的な定義づけの間に彼女が見出した強い相関は、生徒たちがこのジャンルのものを作り出すことができるかどうかは定義付けを練習する機会によるということである(Snow, 1990)。子供たちは全員、一般的な物について、機能的に適切で伝達上も効果的な定義付けを行うことができる。しかし、学校教育に基づいたジャンルの1つである形式的な定義づけで期待されていることがどれほどわかっているのかを人に示して見せる能力に大きな違いがある。そして、このような言語の使い方の違いは、学年が上がっても変わらずに影響を与え、より上級のレベルの読み書き能力の発達にも大きな影響を与える。

　共有の時間と定義づけの両方の研究によって、生徒たちが学校教育の課題に取り組む時に行う言語的な選択によって判断されるということが分かった。節

レベルとより大きなテクストレベルの選択の両方ともこのことに関連する。子供たちが学校で年月を過ごして行くに連れ、特定の言語的選択をするべきであるという期待が高まり、子供たちは自分たちの話し言葉でのテクストも書き言葉でのテクストも構造化する方法をどんどんと取り入れて、さらなる要求に答えるようにという挑戦的な課題に直面していく。

言語と学校での成功

　言語を抽象的に使わせたり、あるいは言語を精緻化して使わせようとする形式的な枠組みのコンテクストでは、その意図とは異なり、もっとくだけた話し言葉を使う子供もいる。社会化が異なるので、子供たちみんなが同じように言語を使うように適応しているとは限らないからである。子供たちが学校へ携える経験は、自分たちが学習できることに影響を与える。Wells(1994)は次のように指摘している。子供たちの背景に関係なく、子供たちがすでに習得している経験を生かして、それに上積みをするような学校課題を選ぶことは可能かもしれないが、「重視されがちな課題と談話の伝達様式は、まさに非主流派の子供たちにとってほとんど馴染みのないものである(p.76)。」学校で価値をもつ意味の作り方と同じ(コード化)傾向を携えて学校に上がってくる生徒たちは、学校でうまくやっていくことができるだけでなく、さらに自分たちの言語資源を発達させる機会を得る。一方、意味の作り方の傾向が異なっている生徒たちはしばしば言語発達のための機会がほとんどないプログラムに組み入れられる。

　例えば、Collins(1982)は、生徒たちを低学年から能力別のリーディンググループに組み込んでしまうと、読みができないと判断される生徒が教師と対話をしたり、共同作業をする機会が少なくなってしまうと述べている。彼が教師たちと生徒たちの対話を分析した結果、教師たちは読解能力の低い生徒たちの考えに比べて明らかに多く読解能力の高いグループの生徒たちの考えを自分たちの質問の中に取り込み、また彼らは低いグループと高いグループで違った種類の読解力に焦点をあてていることがわかった。子供の行動は似ているにもかかわらず、教師は低い生徒たちのグループにより多くの音素−書記素のヒントと語彙のヒントを与え、一方、高いグループには統語的ヒントや意味論的ヒントを与えていた。その結果、Collins の研究では低いグループの生徒たちは能力の高い生徒たちよりも3倍多く対話のやり取りを途中で断絶させられてしてしまい、自分自身でチェックしたり、あるいは自己修正するという機会をほ

とんど得ることができなかった。というのも、他の人が大声で答えを言ってしまうこと等があったからである。最も練習が必要な生徒たちが、実際は教師との有意義な対話のための機会が一番少なかったのである。

　教師は低いグループの子供によって作り出されたポイントを理解するのにも苦労していた（Collins, 1987）。Collins は、子供が話し言葉を使うときのイントネーションの違いが、コミュニケーションを難しくさせる一因となっていたと示唆しており、さらに、期待されているように言語を使わない生徒たちは印象に残らないと評価されたことを示している。この結果、低いグループの子供たちはリーディングが下手だという立場がリーディンググループによる活動を通して強化されてしまった。Collins は、そのような教師の振る舞いは、ほとんどの場合談話スタイルへの無意識の反応だが、それによって生徒たちは自分たちが低いグループでうまくできないと信じるようになってしまい、結果的にはテクストが意味のあるものにするという期待を発展させることができない、と示唆している（Michaels & Collins, 1984）。いったん読みや書きが下手だと判断されてしまうと、現状では、生徒たちが学ぶ機会はもっと減ってしまう。教師はさまざまな子どもたちのグループに対して、生徒たちの「能力」の評価に基づいて、異なった対話の方略を使う。この対話の質が、逆に、生徒たちが作り出す言語の複雑さや首尾一貫性に大きな影響を与えるのである（Cazden, 1988）。

　他の研究でも、言語の使い方が異なると、対話者は話者に対して無意識ではあるが民族グループや社会階級において非主流の人々に不利になるような偏った判断をすることが示されている。話者が意識をしない言語の側面は、作り出された談話を他者がどう評価するのかということに影響を及ぼす。例えば、Michaels と Cazden（1986）ならびに Ramanathan-Abbott（1993）は、大人は、もし子供がその大人と同じスタイルを使えば、子供の物語を面白くて印象深いと評価するが、反対に、違ったスタイルだと、子供の物語をぐちゃぐちゃで支離滅裂だと感じることに気づいた。Michaels and Cazden（1986）は、共有の時間に話された２つの子供の物語を録音して、それを大人の聞き手に向けて再生した。同じ人がその２つの物語を録音して、元々その話をした人の民族性が音韻的な特徴から分からないようにした。大人が子供の話の質をどのように受け取るかというのは、人種と相関関係にあった。黒人の大人は黒人の子供の物語を白人の子供の物語よりも面白くて手の込んでいるものだと感じ、白人の大人は白人の子供の物語の方が面白くて、よく構成されているものと感じた。このことから、言語の遂行で価値あるものとされるものは、われわれ自身が言語

でどのような経験をしてきたかということに深く根付いていて、このような経験は社会階級や民族によって違うということが示されている。

　異なった談話のスタイルに対する教師の無意識の応答は、子どもたちの学ぶ権利に大きな影響を及ぼす可能性がある。民族的背景と社会階級的背景に関連している談話のパターンは教師と子供の共同作業に及ぼし、子供の中には教室内で学ぶ機会を失う子も出てくる可能性がある。もし談話のスタイルの違いが異なった社会集団によって別の評価を受けるとすると、別の文化的集団や社会階級に属している生徒と教師がうまくやっていけるようにする重要なポイントは、教師に生徒たちの談話スタイルを理解させ、また、その子たちの談話スタイルが主流派の期待とはどのように違うかと理解させることである。異なったスタイルを理解し、学校教育で言語的に期待されていることを明確に伝える手段があれば、教師たちは生徒たちが学問的コンテクストで意味を作るために言語的な選択範囲の幅を広げられるように指導を集中できる。

結論

　この章では、いくつかの種類の背景をもつ生徒たちが、あらかじめ家庭で一定の種類の対話によって、どのように学校教育での期待を認識して、高い価値をもつ方法で言語的に反応できるように訓練されるのかを示してきた。これらの子供たちは言語をどのように使って学校で与えられる課題で意味を構築するのかという暗黙の知識を家庭での言語使用で発達させている。そして、そのような知識によって子供たちは学校のコンテクストに入ることや、そこで好成績を挙げて行くことが容易になる。いままで見てきたように、読み書き能力の訓練をしている中産階級の家庭のコンテクストと役割関係は全ての家族で採用できる対話の練習セットということに還元することはできない。こういった社会的練習は、中産階級の家族が大きな社会の中で果たす役割と完全に結びついているのである。こういった社会的環境にない家族が同じような練習を実践するのを期待することは現実的ではないし、またこういった練習が教室での指導に組み込まれることを期待するのも現実的ではない。いずれにしろ、生徒たちがみんな中産階級のような対話ができるように社会化することが学校教育の目的としてふさわしいものではない。多文化社会においては、異なった意味の作り方に価値を認め、生徒たちが学校へもたらすさまざまな言語の使い方を正当に評価することが大切である。しかしながら、同時に、学校教育によって訓練される言語使用の使い方が裏カリキュラムになって、さまざまな社会制度や社会

活動の参加の機会が奪われてしまうような生徒が出てくるようなことがあってはならないということも大切である。

　子供たちが学校へ携えてくる意味の作り方を、認知し、尊重し、そしてさらに成長させる必要がある。学校教育に基づいたテクストで意味がどのように作られているのかを理解するために、生徒たちが他のコンテクストでの対話の方法や言語の使い方を変える必要はない。加えて、子供たちの発達に価値あるものと考えられている能力と知識の定義を、現状では評価されていない意味の作り方も包摂するように、拡大する必要がある。しかしながら、ある種の言語の使い方が何かを達成するための有力な方法であったり、あるいは何かをする上で前提条件になっているので、生徒たちはみんな、そのような言語の力を認識して有力な形式を受け入れることを選べるようにできる機会を与えられる必要がある。さまざまな研究者の中でも Delpit(1995)は、子供たちが今日の社会において複数の選択肢を持てるように幾つかの談話の様式が使えるように教育を受けていないと、不利益をこうむることになると論じている。もし学校というものがもっと公平な社会を促進するべきものであるならば、子供たちが特権的な様式を学べるようにする必要がある [19]。このことをしないでいると、就学前に家庭や地域社会で学校教育の言語を使う経験して来なかった生徒たちは学校でうまくやっていけないという現状を恒常化させることになってしまう。

　Vygotsky 流の観点と Halliday 流の観点から見てみると、言語は学校教育が求める一般化の構築と思考方法に重要である。本書では Halliday の理論を言語的な枠組みとして活用し、学習者が特定の社会的あるいは文化的な目的をもったテクストを話したり、書いたりする時に、学習者の文法的選択がどのように経験と役割関係を同時に作り上げるのかを示していく。選択体系機能言語学の理論によって、学校で期待されているテクストの特徴である情報の相対的な抽象性と情報の圧縮が節のレベルや談話のレベルでどのように具現されるのかが示され、また学校教育で求められる意味を作り上げる上で、そのような抽象性と圧縮がいかに機能しているかが示される。

　学校教育の概念がしばしば直接的経験とはかけ離れているように、このような概念を構築する言語もまた、日常のものごとについてやり取りする日常の対話とは異なるものである。「定義づけ」と「共有の時間」の活動だけではなく、学校での他の無数のコンテクストにおいても同様の言語的特徴が、子供たちが発達させている途中の意味の作り方を解釈構築する。このような言語的特徴が学校教育のコンテクストを具現する。というのも、典型的にひとまとまりの文法的な特性と談話の特性が学校教育で使われるテクストを特徴づけるから

第 2 章 言語とコンテクスト 59

である。そして、その 1 群の特徴はすべての学年のレベルで行われる幅広い
課題の中で繰り返し期待され、また再生産されるのである。選択体系機能文法
の枠組みによって、このような過程の中で言語が果たす役割がよく理解できる
し、学校教育における言語的な要求も明確に示すことができる。そして、この
理論によって、言語が意味を解釈構築する方法や社会的なコンテクストを具現
する方法を生徒たちが認識できるように手助けをするようなツールを得ること
ができる。また学習や新しい思考法を育て上げる言語的な資源を分かりやすい
ものにすることができる。

　この章では、ある種の文法的選択が学校での子供の言語使用に関する研究の
中で繰り返し、言及されていることを示してきた。第 3 章では、共有の時間、
定義づけ、そして他の学校教育に基づいた課題に関する研究の中で述べられて
いる特徴が学校教育の言語の典型であり、またその中で価値あるものとされる
要素であること、ならびに、それが学習において成功するために機能している
ということを示していく。

注

13　Halliday と Vygotsky の学習理論については Wells（1994）を参照。

14　訳者注：情報が新しいことと、疑似的な著者・読者（講演者・聴衆）関係の 2 つは、
　　学校での知識提示に伴う特徴的な状況である。

15　もちろん、生徒たちが良い評価を受けるようになる、あるいは反対に良い評価が受
　　けられないようになるには、他にも多くの要因がある。ここでは、生徒たちが良い
　　評価を受けるか受けないかを決める際の言語の役割に焦点をあてている。

16　訳者注：レジスター（言語使用域）の詳しい説明は第 3 章で行われる。

17　訳者注：社会的コンテクストと言語が作り出す意味は、互いに対立する 2 つの社会
　　的な力として捉えられている。ここでは、このような関係を弁証法的と呼んでいる。

18　Christie（2002a）は教師が共有の時間の発言を子供と共に構築することが難しいと指
　　摘している。それは子供と教師がその活動に対して同じ情報をもっていないからで
　　ある。彼女は、共有の時間（彼女は「モーニングニューズ」という言葉を使ってい
　　る）はそもそも次の理由により、学問的言語を成長させる可能性は限定的だと示唆
　　している。彼女の言う理由とは、学問的言語とは、生徒たちと教師たちが共有する
　　経験について話したり、書いたりして言語を使うことができるコンテクストで発達
　　するものだからである。

19　訳者注：「特権的な様式」というのは、学校教育によって生徒が習得することを促
　　される言語の使用法のことである。これは、標準語の使用、主観的よりも客観的な
　　記述を尊重することで一般的に特徴づけられるが、本書では教科ごとにどのような
　　特権的な様式が存在するかが明らかにされる。

第3章
学習のレジスター（言語使用域）の言語的特徴

子どもが読み書きを学ぶ際、言語発達の新しい段階に入らなければならない…。読み書きができるようになる過程で、子どもは言語そのものを新しく、より抽象的なモードに再構築することを学ぶ…。言語を再構築するということは、現実を再構築するということである。つまり、子どもは書き言葉という新しいモードで自分の経験を再構築しなければならない。これは、単に新しい手段を習得するということではなく、新しい知識の形、つまり、子どもが就学前に習得してきた話し言葉の知識に相反するものとして、文字として書かれた教育的な知識を習得することである。

—Halliday(1993g, p.109)

　第2章では、生徒が学校で言語を使用する際に求められる期待があるということ、そして、これらの期待が、一部の社会階層による言語的慣習を反映しているということを示した。もし学校で子どもが直面する授業のタスクが、ある種の社会化の実践しか反映していないとすれば、就学前この実践に馴染みのなかった子どもにとって、この実践という重要な課題がどのようなものかを理解しておくことは大切である。本章では、選択体系機能文法の枠組みを参照し、学校で期待される典型的な言葉についての言語的特徴を概観する。その後、第4章と第5章で扱うことになるが、生徒が学校で読み書きする必要のあるテクスト・タイプ[20]の分析枠組みを発展させるために必要とされる学習のレジスター（言語使用域）と会話のレジスター（言語使用域）との違いを検証する。

　言語を使うようになる道のりが社会的な経験によるのであれば、なぜここで言語的な特徴に焦点を当てるのかということに疑問をもつかもしれない。生徒が学校で良い成績を収めるために必要となる社会的経験に焦点を当て、意味あるコンテクストにおいて、言語的な特徴を発達させ、伸ばすようにさせたほうが良いのではないかという疑問をもつかもしれない。確かに、生徒が教室で様々な教科領域を学習し、話し言葉や書き言葉の活動に焦点を当てるという意義ある機会をもつことは大切だ。そのような経験を通して、学校で使用される言語を発達させるためのコンテクストが生成される。しかし同時に教師は、生

徒が発達させるべき言語の特徴をより良く理解する必要があり、それが教師の目標の１つである。したがって、本章では、学習のコンテクストにおいて必要とされる言語の形に焦点を置く。学習のテクストは、情報量が非常に多く、難解かつ権威的な形で提示されている。同時に、これらのテクストには、一見、自然な形を取りながら、議論する余地のない方法でイデオロギーや読み手の立場が組み込まれている。意味を解きほぐして内容を分かりやすくし、立場やイデオロギーを認識する道具を生徒も教師も必要としている。

　以上が、本書の焦点が学校教育における言語使用の期待を明らかにすることに置かれる理由である。どのような言語的選択をすれば、学校教育におけるテクストが望ましい形になるかということに教師や生徒が気づき、学びのコンテクストに彼らが積極的に参加できるようになるのだろうか。学校教育で使用される言語は、話し言葉であれ、書き言葉であれ、普段使用している話し言葉の体系とは異なる。生徒は、「話すことができれば書ける」と言われることもあるし、自分たちの話す能力を学校でのタスクに当てはめるように促されることもある。このようなアプローチは、始めの一歩としては適切かもしれない。しかし、普段の会話に必要な文法は、学校教育におけるタスクを解決するためには有効でない。そのため長い目で見ると、生徒は学習のタスクのために言語を解釈構築する新しい方法を発展させる必要がある。

　ここで導入する機能言語学の枠組みは、文法の選択(choice)に焦点を置く。そうすることで、言語における語彙や文法の異なる選択肢(options)の中から行う異なる選択(selection)が、異なるコンテクストにおいて、異なって評価されるような類の話し言葉や書き言葉のテクストを生み出すという考えに焦点が当たる。そのような分析を通して、学校教育における様々なタスクを行うにあたり、教師や生徒は、言語の使い手として能動的な役割を担い、最も効果的な言語が存在するということに気づくことができる。現状では、学校や大学のカリキュラムにおいて文法や談話に重きが置かれていないので、生徒が使用する言語は多様であり、話し言葉や書き言葉の違いに対処し、それらを説明したいと思う教師でさえ、適切な道具をもっていない。本書では学校教育における言葉の言語構造を理解するために、最適な語彙や文法の特徴を知る道具を提示する。言語を選択することにより、特定のコンテクストが具現されるので、日常のコンテクストで使用される言語と学校教育のコンテクストで一般的に使用される言語は異なる。その違いを理解することで、学校で意味が作られる方略を認識し、適切な言語を選択し、テクストを期待される形にすることができる。そうした理解は、読み書きの指導に対する教育的アプローチを容易にし、究極

的には、学校教育に対する期待を再度考えることを促しさえするかもしれない。加えて、学校で良い成績を収めるために必要とされる実用的な文法的特徴を明らかにすることで、言語発達に関する研究や新しいレジスター(言語使用域)に対する学びへの基礎となるだろう。

意味を作る資源としての文法

第2章では、教育の場で使用される言語に関する研究は、一般的に、生徒が生成する特定の文法や語彙の特徴に焦点が当たり、これらの特徴が学校で行われる言語タスクに関連していると述べた。本章では第2章での結果を踏まえ、諸テクストの語彙文法的特徴が、異なる種類の社会的意味を解釈構築する特定のレジスター(言語使用域)を、どのように具現するかについて考察する。言語分析に対するこのアプローチは、選択体系機能言語学によってもたらされた(Halliday, 1994)。

機能文法は、言語によって私たちが何を行い(do)、何を意味する(mean)ことができるかという点において言語を分析する(Halliday, 1994)。選択体系機能言語学は、様々な社会のコンテクストを具現することに寄与する社会的な過程として言語を捉える言語理論である。文法の分析は「どのように言語が使用されているかを説明するためにデザインされているという意味において」機能的である(Halliday, 1994, p. xii)。そして、その分析は、誰が何の目的のために言語を使用しているかということと関連し、言語がどのように変わり、どうして変わるのかということを記述するために、一定の原則に基づいた論拠を提供する(Halliday, 1964; Halliday & Hasan, 1989)。機能的な分析が明らかにするものは、どのように文法的構造が社会的意味を具現するか、どのように意味が異なるコンテクストを解釈構築するかということである。節レベルの諸要素は、言語システム全体におけるそれらの機能に言及することにより説明される。そして、どのように状況のコンテクストが言語的選択を通じて具現されるかを示すために、節レベルの諸要素がテクストの変動要素と関連づけられる。このことが、話し言葉や書き言葉のテクストを分析する際、機能文法が強力な道具となる理由である。

機能文法は、単に統語的な分類に従って文法的要素に名詞(nouns)や動詞(verbs)、形容詞(adjective)等の符号をつけることに関心があるのではなく、また、これらの異なる要素を主語(subject)や目的語(object)のように分類することばかりに関心があるわけでもない。また文脈から切り取られた中で、あるい

は抽象的な実態として、言語構造を分析することに関心があるわけでもない。むしろ機能文法のアプローチは、社会的に意味のある様々なタスクに典型的に見られる文法構造の配置、あるいは、そうしたタスクにおいて期待される文法構造の配置を明らかにし、それらの言語的選択を、話し言葉であれ書き言葉であれ、「テクスト」が属する社会的な目的と状況に結びつける。したがって、機能文法のアプローチにより、教室での実践を構成するテクストや、タスクで使用される言語において、どのように学校教育のコンテクストが具現されるかということが明らかになる。

　機能的な分析の鍵となる特徴は、コンテクストを明らかにするものとしてレジスター(言語使用域)に焦点を置くことである[21]。レジスター(言語使用域(register))とは、ある特定の意味の集合を具現する語彙や文法資源の配置に関する用語である[22]。Halliday(1978)は、レジスター(言語使用域)を「単語や構造によって表わされる言語のある特定の機能にふさわしい意味の一揃え。」と定義し、「もしことばが数学の目的のために使用されるなら、そのことばが表わされなければならない意味という点において、『数学のレジスター(言語使用域)』を参照することができる」と述べている(p.195)。ただし、レジスター(言語使用域)は、単に語彙の選択について示されるものではない。「レジスター(言語使用域)は、意味の新しい形や議論を発展させる既存の要素を新たな組み合せに統合する方法をも含む」(Halliday, 1978, p.196)。意味は言語を通して解釈構築されるので、特定の社会的な意味を解釈構築する言語が、該当する社会的なコンテクストのレジスター(言語使用域)を構成することになる。

　レジスター(言語使用域)の変化は、フィールド(活動領域(field))(述べている事柄)、テナー(役割関係(tenor))(話し手・聞き手の関係、あるいは書き手・読み手の関係)、モード(伝達様式(mode))(特定のテクスト・タイプが、どのように構成されるべきかについての期待)という点で、Halliday が言う状況のコンテクストの相違に対応する[23]。状況のコンテクストのこれらの異なる側面は、語彙や文法の選択を通して具現される。そして語彙・文法は、3種類の意味を解釈構築すると見なされる。この3種類の意味は、それぞれ、フィールド(活動領域)に対応するものが観念構成的(ideational)、テナー(役割関係)に対応するものが対人的(interpersonal)、モード(伝達様式)に対応するものがテクスト形成的(textual)と呼ばれる。私たちは節ごとに、ある種の経験を解釈構築し、話し手と聞き手、あるいは書き手と読み手との役割関係を遂行し、全体を筋の通ったものとするためにテクストを構成するということを同時に行う。私たちがこれらを行う方法は、状況のコンテクストを構成するフィールド(活

動領域)、テナー(役割関係)、モード(伝達様式)の変動要素に伴い変わってくる。文法のこういった3つの要素は、言語がどのようにして多様なコンテクストを具現するかを明らかにするために分析され得る。つまり、観念構成的な言語資源において具現される談話のフィールド(活動領域)、対人的な資源において具現される談話のテナー(役割関係)、テクスト形成的な資源において具現される談話のモード(伝達様式)である。これらの3つが鼎立した見方は、テクストを解釈構築する意味の視点から、様々な種類のテクストの文法や談話の特徴を詳細に調べるために使用される。このアプローチは、機能と意味を文法的表現と結びつけ、そして、どのようにそれらの言語的特徴が結合し、テクストをまさにそのテクストとするかという視点から、テクスト全体の言語的特徴を説明する。

表3.1は、観念構成的な選択を通して行われるフィールド(活動領域)の具現、対人的な選択を通して行われるテナー(役割関係)の具現、テクスト形成的な選択を通して行われるモード(伝達様式)の具現という3つの具現に関連する特定の言語的特徴の例を提示している(Halliday & Hasan, 1989)。これらの言語的特徴は、学校教育のテクストに限定されず、どのようなテクストにも当てはまる特徴である。

表3.1は、名詞、動詞、その他の「内容」語を分析することにより、話されている内容がどのように明らかになるかを示している。名詞句(名詞群)は節内において参与要素(participants)を表わしており、また、名詞群の様々なタイプや、それらがどのように拡張され、詳細に述べられているかということが、レジスター(言語使用域)の違いとなる[24]。テクストの動詞を過程構成の型(動詞に関連した文法構造)とともに分析することにより、テクストが具現するコンテクストとの関連で解釈構築する過程型(processes)を明らかにできる。そうした過程型では、異なるタイプのテクストが、異なるタイプの意味を表わす動詞をもつ。場所や時間、様態に関する情報を加える前置詞句や副詞的付加詞、その他の資源は、これらの過程型と関連し、状況要素(circumstances)を解釈構築する。これらの参与要素や過程型、そして状況要素は、観念構成的意味の経験構成的(experiential)要素の部分を担う。さらに観念構成的意味には、もう1つの要素がある。それは、テクストの論理的(logical)な繋がりを解釈構築し、経験構成的要素間の関係を具現する接続詞などの資源である。

ほとんどの文法的な枠組みは、フィールド(活動領域)におけるこれらの文法要素に重きを置く。選択体系機能文法の特徴は、フィールド(活動領域)に加え、他の2つの側面、つまりテナー(役割関係)とモード(伝達様式)に同時に

焦点を当てながら、言語資源を理解することである。テナー(役割関係)は、話し手・書き手の姿勢や態度を含み、テクストや対話的やり取りを通じて解釈構築される関係について言及する。表 3.1 が示すように、テナー(役割関係)は、対人的な文法の選択において具現される。具体的には、叙法(叙述、疑問、あるいは命令)、助動詞や副詞(例えば、should, could, may, probably, certainly 等)、会話におけるイントネーション、文法上での態度に関するその他の要素である。

モード(伝達様式)は、テクストが社会活動に関与する方法に関係している。モード(伝達様式)の 1 つの側面は、テクストが活動を構成するか否かである。例えば、ミーティングという場では、話し言葉がミーティングを成立させるし、講義の場では、講義で使用される言語が講義を成立させる。モード(伝達様式)は、その場で行われている社会的な活動に言語が伴うかどうかにも関わる。例えば、人々が今行っていることを話す際の言語使用や、写真や絵を説明するために併記される説明文で文字を使用する場合など、モード(伝達様式)により言語が担う役割は様々である。つまり、言語の役割はコンテクストにより異なるが、言語が互いに共有されたコンテクストの非言語的な側面を補う場合と、言語そのものが主体となり、言語を通じてコンテクストが生成される場合とでは、言語は違った形で構成される。もう 1 つのモード(伝達様式)の側面は、話し手・聞き手、あるいは書き手・読み手との間の距離とフィードバックの有無である。この側面は、書き言葉と話し言葉における一般的な相違を説明している。例えば、ミーティングで使用される言語とミーティングを記録する文書の言語は異なる。またモードの相違は、視覚的なサポートのない書き言葉による記述と比べることにより、画像を伴う書き言葉による記述における言語構造の相違の多くを説明する。これらの相違を具現するテクスト形成的な文法資源は、結束性修辞技法や節結合の方法、主題の構成が関わっている。

観念構成的要素、対人的要素、テクスト形成的(な言語使用)に関連した文法要素は、一体として同時に機能し、特定のテクストが属す状況のコンテクスト、つまりフィールド(活動領域)、テナー(役割関係)、モード(伝達様式)を具現する。異なる配置におけるこれらの要素の組み合わせこそが、異なるレジスターを具現するのである。したがって、この文法の機能的な本質は、約束(promising)や宣言(declaring)といった言語行為の視点による機能(functions)ではないし、学校教育で使用されるような、情報を求めること(asking for information)や助言を与えること(giving advice)といった言語機能を指すものでもない。そうではなく、本書で分析のための枠組みを与えてくれる機能文法は、あ

第3章　学習のレジスター（言語使用域）の言語的特徴　67

表 3.1　文法と状況のコンテクスト

コンテクストの変種	言語的な具現
フィールド（活動領域） （概念の提示）	観念構成的な選択 ・名詞句・名詞群（参与要素） ・動詞（過程型） ・前置詞句、副詞的付加詞、および、時間や場所、 　様態等に関する情報としての 　その他の要素（状況要素） ・論理的な関係を示す要素
テナー（役割関係） （立場の取り方）	対人的な選択 ・叙法（叙述、疑問、命令） ・モダリティ（助動詞や副詞） ・イントネーション ・評価や態度に関わる意味を含むその他の要素 　（e.g. アプレイザルの要素）
モード（伝達様式） （テクストの構造）	テクスト形成的な選択 ・接続詞や文と文をつなぐ語彙を含む結束装置 ・節を繋げる方略 ・主題の構成

注：Halliday（1989, 1994）に基づく。

らゆる英語の節で、3つのことが同時に起こっていると見分けながら、より高い次元のメタ機能に焦点を置く。この3つのこととは、話されていること（観念構成的メタ機能）、社会関係が確立され、維持されること（対人的メタ機能）、テクストが構成されていること（テクスト形成的機能）である。どの特定の文法的選択がこれらの異なるメタ機能的な意味を解釈構築することに関連しているかを、機能文法により理解することができる。文法の選択を様々に布置することで、異なった状況のコンテクストを具現する話し言葉や書き言葉のテクストができ上がり、その結果、異なった言語的なレジスター（言語使用域）を構成することになる。

　私たちが言語を使用する目的は、コンテクストにより変化する。異なるレジスター（言語使用域）の選択肢が、特定の状況において特定のテクスト・タイプを具現する際、より高く評価されるものもあれば、より低く評価されるものもあるし、より効果的であるものもあれば、そうでないものもある。話し手・書き手は、常に何かについて述べたり書いたりし（観念構成的）、聞き手・読み手との対人的関係を遂行し（対人的）、そしてメッセージとして提示された情報に対してテクストに関連したコンテクストを構成する（テクスト形成的）という3

つの作業をいつも同時に行っている。期待されるレジスター（言語使用域）を具現するテクストは、効果的であると見なされる確率が高い。特異性や詳細さの様々なレベルで、レジスター（言語使用域）は記述され得る。第4章と第5章では、それぞれの教科のコンテクストで特定のタスクやジャンルに関する特徴を見ながら、学校教育におけるテクストの特定のレジスター（言語使用域）の特徴を考察する。それぞれの教科で、教科書はその教科の目的や前提に沿った語彙や文法を使用しているが、本章では広いレベルでのレジスター（言語使用域）に焦点を当てる。学校のコンテクストを典型的に具現する言語的特徴を見極め、これらの特徴と生徒が使う会話のレジスター（言語使用域）を具現する特徴とを比較する。日常会話のテクストと学校教育におけるテクストとを比較することで、学校教育で使用される言語に対する重要な課題が明らかになるだろう。

　授業での様々なタスクを行う際、様々な語彙や文法の選択肢から何を選ぶかということは、話し手・書き手により前面に出される機能的な目的と関係している。したがって、書き言葉の学問的な言語に生じる典型的なレジスター（言語使用域）の特性の布置と、日常の話し言葉のレジスター（言語使用域）のそれとを比較するとき、主要な相違点が明らかになる。モード（伝達様式）におけるこうした違いが言語の選択に大きく関係しているので、ここでは、話し言葉・書き言葉の次元に最も焦点が当てられる。しかし、書くことも話すことも、その目的や相手、コンテクストのその他の変動要素に応じて様々な形を取り得る。これらの例において書き言葉を特徴づけるレジスター（言語使用域）の相違は、学校教育における話し言葉、特に情報を要約し提示するために使用される話し言葉の特徴でもある。日々行われる日常のやり取りと学校教育に典型的な言語とを対比することにより、これら2つのコンテクストでは言語を用いて達成されることが大きく異なるので、これらのレジスター（言語使用域）が広範囲にわたり、いかに異なるかということが明らかになる。もっとも明らかなことは、日常のやり取りは同時に、そして協働的に構築されていくので、文法の選択は、こうした談話がもつ協働的な性質にとって機能的な選択であるということである。一方、学校教育におけるテクストでは、文法を選択する際の特徴として、話し手と聞き手、あるいは、書き手と読み手が直接やり取りを行うことはない。そのため話し手や書き手は、何かを考え、修正するために時間を費やすことができる。

　学校教育のタスクにおけるレジスター（言語使用域）がもつ文法や語彙に関する特徴は、学校のコンテクストで言語が達成すると期待されるものと本質的に

関係している。ゆえに、文法の分析は、知識を解釈構築し、生徒が高度な読み書きのタスクに効果的に参加することを支援する際に、そうしたテクストの諸機能に関するより良い理解を提供する。本章では、生徒が学校で実践するよう期待されているタスクにおいて、これらの特徴がいかに機能的であるかを示す。

言語的選択が社会的コンテクストを具現する

　言語使用者にとっての重要な課題は、期待される社会的コンテクストを具現するテクスト、つまりレジスター（言語使用域）と関連し、筋の通った結束性のあるテクストを作成することである。第2章では、効果的に目的を表現できないテクストは、しばしば筋が通っていないと見なされると述べた。例えば、学校で期待されるレジスター（言語使用域）の変動要素に慣れていない子どもが「共有の時間」で発表しても、それが学校で期待されるレジスター（言語使用域）の変動要素を伴わなければ、たとえ理解可能であるにせよ、先生からは否定的に評価される。同様に子どもがくだけた形で定義づけをしてしまうと、正式な形で定義づけをすることにより評価される学校教育のコンテクストに参加できない結果に終わる。このように、言語タスクを行う際、学校という状況における約束事を示すような言語使用を怠ると、言語使用者は状況に適切に対応していないと認識されてしまう。

　以下の節では、フィールド（活動領域）、テナー（役割関係）、モード（伝達様式）という状況の変動要素が、文法における観念構成的、対人的、テクスト形成的な選択においていかに具現されるか、そして、これらの選択が日常でのやり取りのコンテクストと学校教育のコンテクストにおいて、いかに異なっているかを提示する。文法の選択を行うという視点により、状況の変動要素の1つ1つを分析する。ここで言う文法の選択は、ある特定のレジスター（言語使用域）を選択することにより、取り上げた状況の側面がどのように具現されるかを理解することに関連した選択である。例えば、フィールド（活動領域）という変動要素に属する概念の提示は、使用される言語において、日常会話と学校教育とで広く異なった種類の語彙と文法の選択が関わっている。同様に、テナー（役割関係）やモード（伝達様式）に関しても、これら2つの幅広く定義された異なる状況のコンテクストに典型的に見られるような異なる役割関係と異なる種類のテクストが、異なるレジスター（言語使用域）の選択において具現されている。

この点を明らかにするために、本章で扱う話し言葉のテクストは、子どもたちにグループ・インタビューを行って得たものである。グループ・インタビューで、子どもたちは教室での先生と生徒のやり取りについて質問された（Schleppegrell, 1989）。これらのインタビューは学校で行われ、インタビューでは、生徒同士がディスカッションをするよう求められた。そのため、生徒が協働しながらテクストを構築するために今回使用する言語は、生徒が読書の際に目にする言語や、何かを書くように求められた際の言語とは異なるし、日常会話とも、生徒が学校で良い成績を収めるために必要とされる言語とも異なる。一方、本章で例として使用される書き言葉のテクストは、生徒が書いた作文と教科書からの抜粋である（Schleppegrell, 1996a, 1996b; Schleppegrell & Colombi, 1997 を参照のこと）。全てのコンテクストとテクストは、厳密に区別するなら、より詳細に分けられる関連性や特徴があるだろう。本章では、会話のやり取りのテクストと記述されたテクストの相違に焦点を絞ることで、会話のやり取りや学校教育における典型的なテクストに参加するために特に重要となるレジスター（言語使用域）の特徴が明らかにされるだろう。

フィールド（活動領域）：概念の提示

　第1章と第2章では、語彙の明示性が、学校のタスクにおいて良い成績を収めるような形で言語使用の能力を特徴づける1つの方法であるということを示した。第1章において、この「明示性」は認知的な用語として捉えられるものではなく、特定のコンテクストにおいて効果的な語彙資源を使う能力としての用語と捉えられるべきであると示した。そのような能力が必要とするものは、正確に意味を解釈構築するために必要な語彙を使用すると同時に、与えられたタスクについての社会的な期待を知ることである。明示性は、これらの用語において、談話のフィールド（活動領域）の解釈構築に関連した文法的要素からの選択を通じて明らかにされる。談話のフィールド（活動領域）、つまり言語が何に関するもの(about)であるかは、効果的に言葉を使用することが何を意味するかについての通常の概念に一番近い。生徒は、自分達が学んできたことを示すために、「正しい言葉」を使う必要があるということを認識している（Schleppegrell & Simich-Dudgeon, 1996）。表3.1ではフィールド（活動領域）という変動要素を具現するものとして、名詞や動詞、その他の内容語があることを示した。あるテクストが何に関するものであるかということは、かなりの部分で、使用されている語彙に依るところが大きい。学校では多くの語彙が教科により異なり、このことが特定の教科におけるテクストの生成に寄与してい

第3章 学習のレジスター(言語使用域)の言語的特徴 71

る。

　以下のテクスト(1)と(2)は、フィールド(活動領域)の変動要素を具現する際に見られる、学習のレジスター(言語使用域)と会話のレジスター(言語使用域)との相違点を明らかにしている。テクスト(1)は、学校で生徒が使用する教科書の一例である。この教科書は7年生用の自然科学の教科書からの抜粋であり、堆積岩について記述している。

（1）　The formation of sedimentary rocks is closely associated with water. One type forms when water carries soil, pebbles, and other particles to the ocean floor where these sediments become rock. The second method involves chemicals dissolved in water. By evaporation and precipitation of substances like calcim carbonate, sedimentary rocks can form.
堆積岩の形成は、水と密接に関係している。1つの型は、水が土や小石、その他の粒子状物質を海底に運ぶ際、形成される。そこで、これらの沈殿物が岩になる。2つ目の方法は、水中で溶解された化学物質を伴う。蒸発と炭酸カルシウムのような物質の沈殿により、堆積岩は形成され得る。(Morrison, Moore, Armour, Hammond, Haysom, Nicoll, & Smyth, 1993, p.352)

　一方、テクスト(2)は、3年生によるグループ・ディスカッションの一部であり、会話のレジスター(言語使用域)の典型的な特性を示している[25]。子どもたちは、教室で「聞き上手」になるためには何が必要かについて話している。子どもたちは、どうやって先生が指名する生徒を決めているかについて議論している。Matthew が述べた意見は、先生は注意を払っていない生徒を不意打ちにするため、手を挙げていない生徒を指名するというものである。このことから導き出される推論は、生徒が答えを知らないときでも、先生は手を挙げていない生徒を指名するだろうという予測のもと、敢えて手を挙げることも可能だということである。もし先生が、手を挙げていない生徒を指名すると仮定するなら、危険を冒してみる価値はあるだろうと Matthew はさらに付け加えた。いずれにしろ、もし先生が Matthew のことを指名して、答えが分からない場合、彼は「手を挙げていません。ただ伸びをしていただけです。」といったような言い訳をする必要がある。ディスカッションは次のように展開した。

（2）　Matthew:　And um, like um sometimes if, um, like you think that the teacher? Um, if you raise your hand and she says "No" so she'll pick on the people that don't know it? so you raise your hand she picks you and you go "Well, I think, I didn't, um, well."

そして、えー、時々というか、もし、えー、あなたは先生が…と思うみたいな？えー、もしあなたが手を挙げて、彼女が「違います」と言ったら、だから、それ［答え］を知らない人を指名するでしょう？だから、あなたが手を挙げて、彼女があなたを指名したら、そして、あなたが言うんだ「あのー、私は思う、私はわからない、えー、あのー。」

Boyd: I was just stretching
ただ伸びをしていただけです。

Cara: Gosh.
まさか。

Matthew: Yeah
そうだよ。

A little later:
少し後で

Boyd: The other thing is, the teachers usually try to call on people that aren't paying attention =
もう1つのことは、先生は、たいてい注意を払っていない人を指名しようとする。＝

Cara: I know
知ってる

Boyd: = which happens to me a lot.
＝それって、よく僕に起こるんだ。

Justine: And they surprise us.
それに、びっくりするよね。

Matthew: That's what I said like the people raise their hand? and and she-because they think they're going to pick the person who don't know it? and when she picks on you she says, ... "Oh."
それって人が手を挙げるようなって私が言ったこと？そして―、そして、彼女が―なぜなら彼らはそれ［答え］を知

第3章　学習のレジスター（言語使用域）の言語的特徴　73

らない人を指名しようとしていると思っているから？そして、彼女があなたを指名すると、彼女は「まあ。」って言う。

Cara:　　　I know, I used to do that
　　　　　　知ってる。私も昔そうだった。

語彙の選択

　専門的な方法で言語使用を学ぶことは、学校教育の重要な課題の1つであり、フィールド（活動領域）が具現する語彙の選択は、会話のテクストと学校教育におけるテクストとでは異なる。学校教育におけるテクストで使用される語彙は、(1)の例（ここで使用されている語彙は、理科の教科書として特徴づけられている）で見られるように、専門的かつ抽象的であることが多い。テクスト(1)では、地質作用を記述する専門的な語彙（「形成(formation)」、「科学物質(chemicals)」、「炭酸カルシウム(calcium carbonate)」、「堆積岩(sedimentary rock)」）が記載されている。一方、テクスト(2)では、会話のテクストに典型的な語彙が選択されている。テクスト(2)で使用されている語彙は、テクスト(1)よりも日常的で一般的な語彙である傾向が強かった。学校教育に関連した用語であっても、専門的でなく、具体的であった（「先生(teacher)」、「手を挙げる(raise hand)」、「あなたを指名する(pick you)」等）。こうした「日常的」な語彙と「専門的」な語彙との違いは、学校教育のテクストで使用される言語が、日常生活で使用される会話の言語とは異なるという重要な点を示している。

　フィールド（活動領域）が解釈構築されるもう1つの方法は、様々なテクスト・タイプに必要とされる過程型の違いである。機能言語学の視点によると、英語の節には、動詞や動詞群という形で具現される過程型(process)、そして、名詞や名詞群という形で具現される参与要素(participant)、前置詞句や副詞という形で具現される状況要素(circumstance)が含まれる[26]。この分析の例を(3)に示す。

(3)　　In English　each clause　may include　a process,
　　　　　　　　　　　　　　　　　　　　　　participants, and circumstances.[27]
　　　　状況要素　　参与要素　　過程型　　　参与要素

Halliday(1994)は、物質(material)、行動(behavioral)、心理(mental)、発言(verbal)、関係(relational)、存在(existential)という6種類の過程型があると述べている。様々な形で具現される過程型と参与要素の組み合わせは、それぞれ

の過程型によって決まるとしている。節を分析するこの方法を十分に説明することは本書の域を超えているが、表 3.2 に 6 種類の過程型を例示する。異なるレジスター（言語使用域）は、異なる状況のコンテクストを具現するので、異なる過程型の組み合わせを必要とする。異なる過程型のタイプを見分け、異なるタイプのテクストを解釈構築するために、それらの過程型が、いかに機能的であるかを論証する研究上・教育上のアプローチは、Callaghan, Knapp, and Noble (1993); Christie (1998a); Drury (1991); Martin (1993b); Martin and Rothery (1986); Veel (1999) に詳しい。

テクスト (1) と (2) の過程型を比較することで、この種の分析が、これらのテクストが具現する状況のコンテクストの間の相違点をいかにして明らかにするかが明らかになる。表 3.3 では、(1) と (2) で使用された異なる過程型が示されている。表 3.3 の相違点は、(1) と (2) のテクストで典型的な過程型を示している。出来事に関するディスカッション (2) では、物質過程（挙げる、指名する）が出来事を解釈構築し、行動過程（伸びをしている、注意を払っている）が人間の行動を解釈構築し、発言過程や心理過程（言う、知ってる）が、その場にいる参加者の発言や思考を解釈構築している。これらの過程型により、Matthew が自分のクラスの生徒と先生の行動や、彼らに対する Matthew 自身の考えについて話すことが可能となる。そして、存在過程（もう 1 つのことは…だ）

表 3.2　機能文法における過程

過程型	構築する事物	例
物質 Material	行動の過程 Process of "doing"	堆積岩は水中で形成される。 Sedimentary rocks *form* in water.
行動 Behavioral	意識ある行動の過程 Process of conscious behavior	僕はただ伸びをしていた。 I was just *stretching*.
心理 Mental	心的意識の過程 Process of inner consciousness	私は先生がそれについて 知っていると思う。 I *think* the teacher *knows* about it.
発言 Verbal	発言の過程 Process of saying	彼女は自分がそれについてあなた に伝えたと言う。 She *says* she *told* you about it.
関係 Relational	記述・同定の過程 Relationships of description/ identification	2 つ目の方法は化学物質を伴う。 The second method *involves* chemicals.
存在 Existential	新しい参与者の導入 Introduces new participants	もう 1 つのことがある… *There's* another thing...

第 3 章　学習のレジスター（言語使用域）の言語的特徴　75

表 3.3　2 つのテクストにおける過程型

テクスト（1）	テクスト（2）
物質過程（Material Process）	
1 つの型は…する際、形成される One type forms when...	もしあなたが手を挙げて… If you raise your hand...
水が土や小石…を運ぶ Water carries soil, pebbles...	彼女は…人を指名する She'll pick on the people...
これらの沈殿物が石になる These sediments become rock	それって…僕に起こるんだ which happens to me...
堆積岩は形成され得る。 Sedimentary rocks can form.	私も昔そうだった I used to do that
心理過程（Mental Process）	
	もしあなたは先生が…と思うなら If you think that the teacher...
	それを知らない人々 people that don't know it
	びっくりする They surprise us
発言過程（Verbal Process）	
	彼女は「違います」と言う She says "No"
	あなたが言うんだ 「あのー、私は…思う」 You go "Well, I think..."
関係過程（Relational Process）	
堆積岩の形成は水と密接に関係している The formation of sedimentary rocks is closely related with water	
2 つ目の方法は、化学物質を伴う The second method involves chemicals	
行動過程（Behavioral Process）	
	私はただ伸びをしていた I was just stretching
	注意を払っていない人 People that aren't paying attention
存在過程（Existential Process）	
	もう 1 つのことは…だ The other thing is...

により、新しいトピックを導入することが可能となる。一方、(1)において、筆者は、堆積岩が形成される過程を記述するために物質過程を使用し、この自然現象を説明する科学的理論を解釈構築するために、「関連している(is associated)」や「伴う(involves)」といった関係過程を使用している。過程型におけるこのような相違は、2種類のレジスター(言語使用域)間の典型的な相違である。この相違とは、会話では個人の行動や個人の視点に、より頻繁に焦点が当たるのに対し、教科書では情報を提示し、物理的世界について新しい理解を解釈構築し、関係過程がより頻繁に出現し、学校教育におけるレジスター(言語使用域)を特徴づけることに役立っているということである。このことは、第4章と第5章で詳細に述べる。経験構成的視点からいうと、テクストは専門的であれ日常的であれ、語彙を選択し、参与要素や状況要素と合わせて過程型を選択することにより、フィールド(活動領域)のコンテクスト上の変動要素を具現する。

論理的な関係

　もう1つの重要なフィールド(活動領域)の変動要素は、テクスト内の論理的な関係である。フィールド(活動領域)を具現するために必要な論理的な意味には、時間、因果関係、比較、付加等の関係が含まれる[28]。会話のレジスター(言語使用域)と学校教育のテクストを解釈構築するレジスター(言語使用域)において、使用される接続詞の違いに注目することができる[29]。接続詞の使用は、節間や節内の論理的な繋がりを示す体系における選択の1つであり、話し言葉の談話では接続詞が頻繁に使用される。このレジスター(言語使用域)において、様々な論理的な繋がりを具現するためにいくつかの決まった接続詞が頻繁に使用され、その接続詞は多様な意味を解釈構築することができる。一方、学習のテクストでは、より特定の接続詞を選択する必要がある(Schleppegrell, 1991)。

　このことは、(2)の例で明らかだった。話し手であるMatthewが同級生に説明する際、論理的な繋がりを示すために、どのように接続詞を使用しているかを強調するため、もう一度、下記(4)に会話を示す。これは、Matthewが手を挙げることについて説明している最初の部分であり、接続詞は、9つの非埋め込み節[30]のうち3節を除き、6節で使用されている。

(4)　　(a)　And um, like unm sometimes if, um, like you think that the teacher?
　　　　　　そして、えー、時々というか、もし、えー、あなたは先生が…と

思うみたいな？

(b) um, if you raise your hand
えー、もしあなたが手を挙げて

(c) and she says "No"
そして、彼女が「違います」と言ったら、

(d) so she'll pick on the peoples that don't know it?
だから、それ［答え］を知らない人を指名するでしょう？

(e) so you raise your hand
だから、あなたが手を挙げて、

(f) she picks you
彼女があなたを指名したら

(g) and you go
そして、あなたが言うんだ

(h) "Well, I think,
「あのー、私は思う、

(i) I didn't, um, well."
私はわからない、えー、あのー。」

Matthew は、「そして、えー、時々というか、もし、えー、あなたは…と思うみたいな（And um, like um sometimes if, um, like you think…）」という節(a)で説明を始めている。自分が言いたいことを述べている間、幾つかの接続詞を使用している。ここで使用されている「もし(if)」は、仮定の内容を導入する際に使用される接続詞である。しかし、彼が使用している別の接続詞「そして(and)」は、その前の談話と繋がっていることを暗示し、「〜みたいな(like)」は、例の導入を暗示している。次の(b)から(d)の部分は、さらなる仮定節「もし(if)」を導入している。この if 節は、生徒が行うかもしれないことを述べており、その後、この一連の会話で次に起こる出来事、つまり、「先生の考えられ得る反応」が続く。その反応は、「そして(and)」で繋げられ、「だから(so)」によって展開されている。次に、(e)から(g)で、Matthew はある例を挙げている。その例とは、(b)から(d)で述べられたことを生徒が行うということで、この部分は(e)で因果関係の指標「だから(so)」を用いて導入されている。その後、次の出来事が(f)により示され、(g)から(i)により、結果となる出来事が述べられる。ここでは、再び、「そして(and)」で導入されている。節を導入するために接続詞が頻繁に使用されることは、話し言葉の談話では典型的で

78

あり、会話における接続詞の2つの主要な役割を説明している。この2つの役割とは、一般化された意味を提示すること、および、談話指標(discourse markers)とともにテクストの構造を示すことである(Schiffrin, 1987)[31]。

例(2)では、一般化された意味とともに、少しの接続詞しか使用されていない。Matthew は、この会話で節を繋げるために、等位接続詞、特に、「そして(and)」を使用したが、これは、会話で結束性を維持するための主要な方略である(Danielewicz, 1984)。例えば、Lazaraton(1992)の研究によれば、話し言葉において、「そして(and)」により接続される節は、書き言葉の場合よりも5倍多いことが明らかになった。彼女が分析した物語や比較・対照の会話では、「そして(and)」により接続される節は、同じジャンルの書き言葉と比較すると、幅広い意味を表すことができることがわかった。例えば、Lazaraton の話し言葉のコーパスでは、接続詞「そして(and)」が繋ぐ節により、繋がりや付加という論理的な関係性が示されている。しかし、同様のことは書き言葉には当てはまらず、書き言葉では論理的な関係性を示すために、その他の方法が使用される。例(4)において、「そして(and)」で接続された節には、様々な論理的な関係性が存在する。例えば、(c)で使用される「そして(and)」は、先生が「答えを知っている」生徒を指名しないという逆説的な側面を強調するために、本来なら、「しかし(but)」で接続することもできる。このように日常会話における説明では、同じ接続詞が、異なる論理的な意味を解釈構築できる。そして、そういった接続詞が繋ぐ節は、文脈から切り離され、良く考えられた状況で使用されるような接続詞が表わす明示的な意味の繋がりを必ずしも示しているとは限らない(Schleppegrell, 1991, 1992 を参照のこと)。

これらの変動する意味は、接続詞により示された連結関係の側面を見ることによって明らかになり得る。つまり、連結が内的か外的かという側面である。外的な接続詞は、テクストの外の世界に存在する論理的な関係性を明らかにする。一方、内的な接続詞とは、具体的なテクストをテクストとして解釈構築する論理的な関係性を明らかにする。内的な接続詞は、話し手やテクストに基づいた繋がりを示すことができる。例えば、Martin(1992, p.181)は、内的な関係に対する2つの環境について述べている。つまり、相互的なやり取りにおいて、会話の動きや繋がりに対する異議を示したり、様々なテクスト・タイプにわたり、内的な関係がテクストの構造を表す上で役立つということである。内的な接続詞は世界の出来事を繋げることよりも、テクストの修辞的な構成や、話し手の知識の根拠や態度を反映するものである(Martin, 1983, 1992)[32]。例(4)では、Matthew が、(a)で具体例を挙げる際に使用している内的な連結「〜み

たいな(like)」が、それにあたる。一方、Matthew による残りの説明は、外的な接続詞を使用している。この外的な接続詞は、Matthew が提案しているシナリオを描写する一連の節を繋げている。そのシナリオとは、手を挙げている生徒に対して先生がどのような反応をするかというものである。例文(b)から(g)で使用されている接続詞、「もし(if)」や「そして(and)」、「だから(so)」は、出来事の流れを際立たせる条件や因果関係を導入する外的な連結である。一方、内的な接続詞による連結は、テクストの一部分とその他の部分との間の論理的な関係性を解釈構築する。

　接続詞や論理的な繋がりは、レジスター(言語使用域)に応じて大きく異なる英文法の一分野である。会話のテクストであれ学習のテクストであれ、内的な接続詞と外的な接続詞の両方が使用される。会話のテクストでは、多くの目的のために内的な接続資源が使用されるので、繋がりが内的であれ外的であれ、同じ接続詞が何度も頻繁に使用されることになってしまう。例えば、(5)は、先述の子ども同士のディスカッションの一部であるが、Matthew は内的な繋がりにも外的な繋がりにも「なぜなら(because)」を使用している。

（ 5 ）　　We like I have a partner that hardly anybody likes <u>because</u> they make fun
　　　　　of her name <u>because</u> it's Halley like Halley's comet.
　　　　　えー、誰も好きじゃないパートナーを僕がもっているみたいに、<u>なぜ</u><u>なら</u>彼女の名前をからかうし、<u>なぜなら</u>それってハレー彗星のような Halley だからって。

Matthew が最初に「なぜなら(because)」を使用したのは、ほかの子どもたちが Matthew のパートナーを好きではないと Matthew の陳述を正当化するために利用した証拠を口にしたときだった。この「なぜなら(because)」は、Matthew が判断に至る理由を導入する内的な連結として機能している。一方、2つ目の「なぜなら(because)」は、その場にいる生徒が Halley の名前を馬鹿にする理由を説明することで、外的な連結として機能している。Matthew が判断に至る理由を述べる場合にみられたように、内的な連結を表現するために接続詞を使用することは、会話のレジスター(言語使用域)において典型的なものである。日常の会話では、イントネーションや会話のコンテクストが意味の解釈構築に役立っているので、接続詞が担う意味の比重が小さい。この種の接続詞の使用法は、学習のレジスター(言語使用域)には当てはまらない。というのも、学習のレジスター(言語使用域)では、証拠を提示する際、会話のレジス

ター（言語使用域）とは異なる文法上の方略が存在するからである。これは、学校で期待される方法に沿って理由を述べる場合の課題となる。

学習のレジスター（言語使用域）では、より多様な接続詞が、より限定された意味を担って使用される[33]。例えば、「しかし（however）」、「さらに（furthermore）」、「にもかかわらず（nevertheless）」といった接続詞は、日常の会話でみられることは少ないが、学習のレジスター（言語使用域）において、テクスト間の論理的な関係性を明らかにするために使用される。一方、「なぜなら（because）」や「しかし（but）」といった接続詞が使用される場合、日常会話で構築されることのできる意味の広がりとは異なり、一般的に語義の中核に当たる意味を解釈構築することが期待される。このことから明らかなように、学校教育におけるテクストでは、生徒は論理的な関係性を具現するため、日常会話でよく使用される接続詞の使い方とは異なる、新しい方略を学ぶ必要がある。このことは、節の構成や、節と節の繋げ方を含む文を作り出す全く異なった方法を通して典型的に達成される。

日常会話において、接続詞により典型的に表現される論理的な関係性が、学習のテクストでは、別の方法で典型的に具現される。理科の教科書からの例を(1)に挙げたが、もう一度(6)として以下に示す。ここでは、テクストを定性動詞と非埋め込み節に分けてある。

（6） （a） The formation of sedimentary rocks is closely associated with water.
堆積岩の形成は、水と密接に関連している。

（b） One type forms
1つの型は形成される

（c） when water carries soil, pebbles, and other particles to the ocean floor
水が土や小石、その他の粒子状物質を海底に運ぶ際、

（d） where these sediments become rock.
そこで、これらの沈殿物が岩になる。

（e） The second method involves chemicals dissolved in water.
2つ目の方法は、水中で溶解された化学物質を伴う。

（f） By evaporation and precipitation of substances like calcium carbonate, sedimentary rocks can form.
蒸発と炭酸カルシウムのような物質の沈殿により、堆積岩は形成され得る。

第 3 章　学習のレジスター(言語使用域)の言語的特徴　81

　日常の話し言葉の談話では、論理的な繋がりは、接続詞により成り立つことが多い。一方、学習のレジスター(言語使用域)においては、論理的な繋がりを示すために名詞や動詞が多く使用される(Halliday & Hasan, 1976; Martin, 1983)。テクスト(6)では、名詞的あるいは動詞的な表現、つまり、「密接に関係している(is closely associated with)」、「形成する(forms)」、「伴う(involves)」、「蒸発により(by evaporation...)」を使用することで因果関係が成立している。ここでは接続的な関係が、節間で表現されるのではなく、節内に統合されている。このように、学習のテクストでは、「なぜなら(because)」や「だから(so)」といったような因果関係を示す接続詞は、論理的な繋がりを示すために使用されない。

　談話の構成や節構造に関するこれらの問題は、本章の後半、文法に関するテクスト形成的資源についての箇所で詳述する。そこでは、学習のテクスト全体の構造に、どのような接続的な選択がなされるかについて示す。日常会話や学校教育におけるテクストで、フィールド(活動領域)がどのように解釈構築されるかを分析する際、名詞的・動詞的な要素の経験構成的な資源や、論理的な繋がりを構成する資源が、どのように使用されるかに焦点が当てられる。これらに焦点を当てることで、特に、生徒が先生から評価される形で論証できるような、より専門的な語彙や文法の資源を生徒が活用できるようになるだろう。このように、経験的な意味を具現する言語資源に焦点を当てることにより、学校教育の言語が生徒にとって重要な課題となることが明らかになる。

テナー(役割関係)：書き手としての立場を取る

　テナー(役割関係)は、文法の対人的な要素において具現されるコンテクストの変動要素である。話し手や書き手が、生成するテクストで立場を明らかにする場合、コンテクストに特有な役割の関係性を理解した上で、対人的な意味を作る構成要素からテナー(役割関係)を選択する。自分自身を表現するという点において、学習の言語には、日常会話の言語とは異なる期待がある。学習のコンテクストで、生徒に典型的に期待されることは、自分たちの記述や正式な「話す活動」において、読み手・聞き手とは双方向ではない、距離をおいた関係を反映させることである。判断や評価を表現する方法も日常会話と学校教育におけるテクストとでは異なる。様々な役割の関係性を遂行する特定の文法や語彙には特徴がある。なぜなら、情報を提示し評価を具現する方法では、文法や語彙の特徴として、多少なりともテクストに距離を置き、権威ある姿勢を示す必要があるからだ。ここでは、日常会話のテナー(役割関係)に典型的な対人

的特徴と、生徒が学校で使用するテクストに典型的な対人的特徴を比較する。

表3.1で示したように、叙法(mood)はテナー(役割関係)を構築する重要な言語資源である。叙法は文法資源の1つであるが、相互行為や折衝を具現することに役立つ。英語では3つの叙法の選択肢(叙述、疑問、命令)がある。以下(7)にそれぞれの例を示す

(7)　　叙述：You are learning about functional grammar.
　　　　　　　あなたは機能文法について学んでいます。
　　　　疑問：Are you learning about functional grammar?
　　　　　　　機能文法について学んでいますか？
　　　　命令：Learn about functional grammar!
　　　　　　　機能文法について学びなさい！

　叙法のいずれかを選ぶことで、言語使用者は何かを述べ、質問し、命令することができ、それぞれの叙法の選択により、話し手と聞き手、書き手と読み手との様々な関係を提示できる。会話では、話し手と聞き手は、情報や質問を共有しながら互いに会話に参加することを求められるので、叙法の構造が典型的に異なる。一方、学習のテクストでは、話し手や書き手は、情報について知識ある提供者としてふるまうので、典型的な叙法として叙述が使用される。学校教育におけるレジスター(言語使用域)は、典型的に会話参与者の活発なやり取りを通して表れることはない。聴衆に関する話し手・書き手の気づきを解釈構築する要素を備えながら、疑問形や命令形が一般的であるような会話のやり取りとは異なる。

　このことは、学習のコンテクストで相互行為のレジスター(言語使用域)の叙法構造が使用されているテクストにより明らかになり得る。推論の立場を示す場合の文法選択では、疑問や命令は適切でない。テクスト(8)と(9)はWendell Berry(Berry, 1981)[34]による文章に対し意見を求められた女子高生が書いたテクストの一部である。

(8)　　Wendell Berry thinks that escaping nature is what we seek for satisfaction,
　　　　but how can that be so? Today, more than ever, there is a great demand for
　　　　environmental engineers because there has been a tremendous increase of
　　　　interest for the environment. Wendell Berry also believes that we dislike
　　　　confronting with the sun, the air and the temeratures but if that were the

第 3 章　学習のレジスター（言語使用域）の言語的特徴　83

case, then why do so many people insist in migrating to California? He also mentions, "Life will become a permanent holiday." That is impossible! Even if high-tech machinery were invented, human beings would be needed to operate them.

　自然から逃れることは、充足のため私たちが探し求めているものだと Wendell Berry は考えるが、どのようにそうなることができるのか？ 今日、かつてないほど環境工学者に対する大きな需要がある。なぜなら、環境への興味がとてつもなく増しているからだ。私たちは、太陽や大気、気温に立ち向かうことを嫌うと、Wendell Berry は信じてもいる。それならば、どうしてこんなに多くの人がカリフォルニアに移住したいと思うのだろうか？「人生は永遠に続く休日になるだろう」と彼はさらに述べている。こんなことは不可能だ！最新技術の機械が発明されたとしても、人類は、機械を操作するために必要とされるだろう。

（ 9 ）　　Let us not part from nature nor from technology, instead let us carry them both with us into the future!

　　自然からも技術からも離れないようにしましょう。代わりに、その両方を伴い、未来に進みましょう！

　例(8)では、女子学生が、議論を少し展開させながら、反語的問いかけの形で Berry に反論している。テクスト(9)では、勧告的な方法で聴衆に訴えるため、命令的な構造を使用している。この文章は読み手を巻き込み、感情的に訴えるというコンテクストを解釈構築している。しかし、一般的に論証文では、対話形式の立場を取ることは高く評価されない。通常、論証文において書き手に求められることは、読み手をある見方に誘導するため、計算された方法で情報を提示し、疑問や命令の構造よりも巧みな言語資源を使用することが期待されている[35]。例文(10)は、別の学生が書いた文章であるが、学習のレジスター（言語使用域）を使用し、Berry の主張に反対意見を述べている。

（10）　　Although technology has caused many people to lose sight of their own capabilities and talents, we cannot overlook the medical advances and research possibilities that it has allowed us and still allows us.

　　技術の進歩により、多くの人々が自分の能力や才能の芽を摘んできたにもかかわらず、私たちは、医学の進歩や、それがこれまで、今もな

お、私たちに与える研究の可能性を見過ごすことはできない。

この筆者は Berry の主張に対し、(8)や(9)の筆者と同様な立場(Berry のテクノロジーに対する意見に反対の立場)を取っているが、(10)の筆者は、「～にもかかわらず(Although)」節を使い、Berry の意見に譲歩する形で書き始め、その後、Berry の意見に反対であるという筆者自身の立場を導入している。自分の意見を述べる際、「私たちは技術が提供するものを見過ごすことができない(*we cannot overlook* what technology offers)」という節で、傍点の箇所が示すように、疑問形や命令形を使用せず、主張のためのモダリティを使用している。

　モダリティは、蓋然性や確実性、必要性、その他の意味の程度の違う表現を可能にするような断定的でない命題を提示する言語資源である。助動詞や付加詞によって、話し手や書き手の立場を解釈構築する対人的意味の表現が可能となる。例文(8)では、「こんなことは不可能だ！(This is impossible!)」という文で、明確に筆者自身の意見を述べているが、例文(10)では、明確に意見を表明せず、不可能や必要な立場を示す助動詞「できない(cannot)」を選択している。例文(10)の筆者は、議論の相互行為のコンテクストを解釈構築する勧告的な形式に頼らない方法で自分の立場を述べ、助動詞という文法的選択により論点を提示し、Berry の主張に反論している。

　例文(9)の筆者が書いたように、達成されるべきことについて、「指図」で文章を終えることも可能だが、勧告的な側面を前面に出さない方法で文章を終えることも可能である。この例を(11)に示す。

(11)　　　My point is that satisfaction should not come from only working with nature, as Berry believed. People should get satisfaction from helping others, getting good grades, building new inventions, making people happy, etc. The list is endless. Satisfaction should come from accomplishing something useful.
　　　　　私の論点は Berry が信じているように、充足が自然と関わることだけから生じるべきではないというものだ。他人を助け、良い成績を収め、新しい発明をし、人を幸せにすることからも、人々は充足を得るべきだ。充足を得る形に終わりはない。何かを役立たせるよう使命を遂げることから充足は生じるべきだ。

例文(9)の筆者のように、読み手に直接訴えることをせず、(11)の筆者は明確

な意見を述べ、提案している。例文(9)の筆者が選択した、「しましょう(Let us)」の代わりに、(11)の筆者は、何がなされるべきかという提案をするため、助動詞、「べきだ(should)」を使用している。この助動詞の使用は、筆者の考えを、より「推論されている」と聞こえるように提示する語彙的かつ文法的な選択である。

　反語的な問いかけや勧告的な言い回しによる提案は、学習のテクストにおいて適切ではないと言っている訳ではない。しかし第4章で示すように、勧告的な文章には分析的な文章とは異なる目的があり、分析が求められている場合に勧告的な立場をとると、効果的でない文章とみなされ、高く評価されない可能性がある。効果的に配置された反語的問いかけは、アカデミックな文章の質を高める効果もあるが、対話的な特徴に強く依存する学生は、自分が提示したい論点をそらし、減点される可能性のある対人的な立場を取ることになる。例えば(12)では、学生は1人称の使用とともに、反語的問いかけや感嘆詞を用い、様々な叙法構造を使用しているが、このことが文章に主観的な様相を与えてしまっている。

(12)　　How come he also believe that unsatisfaction is achieved by people not doing the things we hate or don't want to do? Is he telling me that I should work in a cold or hot environment? Expose myself under the sun all day? or even expose myself to wind and rain. All these conditions inflict pain on the human body. The pain can be endure, but why would anyone chose too? For satisfaction? I believe not!

　　　　嫌だったり、したくないことをしない人々により、不満足が達成されるなんて、彼が信じるのはどうしてだろうか？寒かったり、逆に暑かったりする環境で働くべきだと彼は私に言うのか？一日中、太陽の下に身体を晒せと？あるいは、風や雨に晒せと？このような状況は、人体に苦痛を押し付ける。その痛みは耐えられるかもしれないが、いったい誰が選ぶだろうか？充足のために？私は信じない！

この筆者は、感情的かつ攻撃的にBerryの主張に反対している。一方、よく考えられた文章のために期待されていることは、会話で使用されるような多様な法構造を避け、3人称の叙述文という客観性を採用することである。そのためには、情報を熟知している客観的な立場として自分自身を表現し、他者に自分の意見を述べると同時に、自分の感情や態度を伝える学習のレジスター(言語

使用域）の特性の使い方を理解する必要がある。論証された意見を提示する際に期待されることは、証拠により裏付けられ、客観的に提示された主張に託された価値を反映させることである。学習のコンテクストにおいて、より高く評価される様式、つまり、自分自身を文章に取り込むのではなく、切り離した存在として扱う様式で議論がなされるような文法的資源を扱えなければ、自分が書いた意見は単に感情的な反応と見なされ、退けられてしまう危険性がある。

　書き言葉では、この目的のためにイントネーションを使用せずに対人的意味を作り出すことが、アカデミック・ライティングを学び始めた書き手にとって重要な課題となる。逆に、話し言葉では、語彙化しなくとも、イントネーションだけによって対人的意味を解釈構築することができる。実際、(2)では、Matthew が、「あのー、私は思う、私はわからない、えー、あのー(Well, I think, I didn't, um, well)」と発言した際、彼は、このエピソードの間に感じていた恥ずかしさと悔しさをイントネーションにより伝えていた[36]。学習のテクストでは、イントネーションを使用せずに意味は構築される。話し言葉でイントネーションにより具現されるような意味は、書き言葉において、句読点や書式の慣習とともに、語彙や文法の選択によって具現される[37]。

　例えば、(1)と同じ教科書から抜粋された(13)では、学習のレジスター（言語使用域）において、テクストが著者の態度や個人的判断を、イントネーションの力を借りずに表現することができるかを示している。

(13)　　Many astronomers now believe that the radio sources inside quasars are objects know as **black holes**. The existence of black holes is more or less taken for granted by many astronomers, although no one has ever seen one. Black holes, if they exist, are in fact invisible!

　　　　A black hole, according to the theory, is the result of matter that has been super-compressed. For example, if the sun were compressed from its present diameter of 1,390,000 km down to a diameter of just 6km, it would become a black hole. The gravitational attraction of such a heavy object would be so great that nothing, *not even light,* could escape from it (Morrison et al., 1993, p.444)

多くの宇宙飛行士は、今や恒星状天体内部の電波源が**ブラックホール**として知られる物体であると信じている。ブラックホールの存在は、誰もその存在を目にしたことはないにもかかわらず、多少なりとも多くの宇宙飛行士によって当然のことと見なされている。もしブラック

第 3 章　学習のレジスター（言語使用域）の言語的特徴　87

ホールが存在しても、実際には目にすることができない！

　理論上、ブラックホールは、超圧縮された物質の産物である。例え
ば、太陽が現在の直径 1,390,000 キロメートルから、たった直径 6 キ
ロメートルに圧縮されたとしたら、太陽もブラックホールになるだろ
う。そのような重い物質の重力は非常に大きいので、いかなるもの
も、光でさえ、そこから逃れることはできない。

　この著者は用語に注目させ、重要なポイントを強調するために、太字や斜体、
感嘆符といったような書体を使用している[38]。これらの資源は、話し言葉にお
けるイントネーションの役割を担っている。しかし、この文章は、別の特徴も
持ち合わせている。その特徴とは、典型的な日常会話とはかなり異なる方法
で、対人的意味を具現するということである。このテクストはブラックホール
について記述しているが、文章全体を通してこの文章が表わす意味は、ブラッ
クホールの存在について不確定さである。著者は、理論的構築物としてのブ
ラックホールの存在を完全に確信しているわけではない。
　このテクストの意味を十分理解するため、読者は「〜にもかかわらず
（although）」から始まる節、「誰もその存在を目にしたことはないにもかかわ
らず（although no one has ever seen one）」と、「もし〜しても（if）」から始まる
節、「もしそれら［ブラックホール］が存在しても（if they exist）」にある疑念
を、ブラックホールの存在についての懐疑論という他の概念と繋げる必要があ
る。こういった懐疑論は、「多くの宇宙飛行士は、今や信じている（Many
astronomers now believe）」や「多少なりとも当然のことと見なされている（more
ore less taken for granted）」、「理論上（according to the theory）」といった表現に
より具現されている。このような資源全てが積み重なり、ブラックホールの存
在について疑問を投げかけている。そして、ブラックホールが実際には目に見
えないという点は、感嘆符により強調されている。天文学者がブラックホール
の存在に懐疑的であるということを理解するため、生徒は筆者が使用した言語
的資源の全ての意味に注意を払う必要がある。ブラックホールの存在は、理論
上の話であり、実際には存在しないかもしれないと読者が理解するために、こ
の点を直接には指摘していない言語資源を手掛かりに、少しずつ紐解いていか
なければならない。
　学校教育における書き言葉のテクストでは、表現される人や事象に対する対
人的態度や個人的な意見についての評価の立場を、暗示的な形で示すという
ことは一般的である。例文(13)のように、テクストの理解に重要な対人的意

味は、暗示的に述べられることも多く、また使用される文法も多岐に渡る。評価を解釈構築する方法に焦点を当てた選択体系機能言語学の枠組みに、アプレイザル（appraisal）分析がある（Martin, 2000; White, 2003 を参照）。このアプローチは、3種類の対人的意味をつくる文法資源からなり、判断を述べる資源、文章内での意味について書き手の立場を定める資源、メッセージの対人的な度合いを加減する資源（評価に関する意味の表現については Lemke, 1998 を参照）である。アプレイザル分析の視点では、これらの文法要素が、評価についての意味を形成することに寄与する。

　例えば(13)で、著者はブラックホールに対する態度を解釈構築し、ブラックホールについて筆者の立場を示すために、様々な構造に関わる要素を使用している（例えば、「当然のことと見なされている（taken for granted）」や「もしそれら［ブラックホール］が存在しても（if they exist）」、「実際に（in fact）」、「理論上（according to the theory）」）。加えて、断言の程度を加減することも同様に行っている（例えば、「多くの宇宙飛行士が今や信じている（*many* astronomers now believe）」や「多少なりとも（more or less）」）。筆者の態度に関わる意味が、名詞や動詞、形容詞、そして節構成という形でテクストに組み込まれているという事実は、話されていることや書かれていることに対する話し手・書き手の態度がテクスト全般に組み込まれるにつれて、話し言葉のイントネーションのパターンのような対人的な意味が、文法の至る所で解釈構築されるということを意味する。

　以上のように、様々な叙法構造やイントネーションといった、会話において対人的意味を具現する資源は、学習のレジスター（言語使用域）において中心ではない。学校教育におけるテクストでは、モダリティや評価態度に関する資源が対人的意味を解釈構築し、話し手・書き手の態度に関わる意味は暗示的に表現されている。

モード（伝達様式）：テクストを構成する

　コンテクスト上の3つ目の変動要素はモード（伝達様式）である。モード（伝達様式）も文法の選択により具現される。モード（伝達様式）に対する文法的な選択は、言語が状況のコンテクストを具現する際に果たす役割に関係しテクストが提示され組み立てられていく様々な方法を反映している。ここでも、テクストはコンテクストにより異なるので、会話のレジスター（言語使用域）と学校教育のレジスター（言語使用域）との間には大きな違いが存在する。日常会話において、会話参与者が相互に意味を構築し、テクストが構成される方法は、こ

第3章　学習のレジスター(言語使用域)の言語的特徴　89

の協働的な構築を具現する助けとなる。一方、学習のテクストでは、会話参与者による協働的な構築をせずにテクストの構築が進む。この違いは、異なる文法の方略を必要とする。どちらの場合でも、必要な箇所で繰り返したり、強調したり、適切な箇所で詳細な内容や余談を導入しながら、文法のテクストを構成する要素により、話し手や書き手は情報の流れをコントロールできる。しかしモード(伝達様式)が異なると、異なる言語資源が使用され、その資源の使用方法も異なる。ここで考慮されることになるモード(伝達様式)を具現する資源とは、結束性を高めるための技巧(cohesive devices)(特に、接続詞)や節構成に果たすそれらの役割、また主題の展開や情報を構成するその他の言語資源である。

結束性、接続詞、節結合の方略

　結束性に関わる(cohesive)要素は、テクストを構成する一連の資源である。結束性(cohesion)とは、節境界を越えて、テクスト内に繋がりが形成される方法のことである(Halliday & Hasan, 1976)。照応(reference)とは、代名詞や「これ(this)」や「あれ(that)」といったような直示詞の表現が、テクストの内外の要素を参照し、結束性を高めるための資源である。第2章では、会話や学習のコンテクストにおいて、これらの資源が違った形で典型的に使用されるということを述べた。会話のコンテクストにおいて、資源は、コンテクストに直接参加している者を指し示す場合の外部照応として使用されることが多い。そこでは、指示物がはっきりしている。一方、学習のテクストでは、「これ(this)」や「あれ(that)」は、より頻繁に、テクストの部分を繋ぐ文脈照応として使用されることが多い。例えば(14)(再度Berryの文章に対する反応からの引用)では、「充足(satisfaction)」という言葉が何を意味しているかを話し合った後、ある女子学生が、前文と次文を繋ぐために使用している。

(14)　<u>That</u> is what society must learn, satisfaction is not having success or money or things handed to you but suffering to attain them and learning from the experience.
　　　<u>それこそが</u>、社会が学ばなければならないことである。充足は成功やお金や物を手に入れることではなく、それらを手に入れるために苦しみ、経験から学ぶことである。

ここで下線が引かれている「それこそが(that)」は、コンテクスト外の何かを

示す「あれ（that）」ではなく、前文を指している。このような方法は、学校教育におけるテクストにおいて頻出するので、学生は様々な方法で照応の使い方を学ぶ必要がある。

　接続詞は、テクストにおける結束性を高めるためのもう1つの資源である[39]。フィールド（活動領域）の項で述べたが、論理的な関係が示される方法は、会話のレジスター（言語使用域）と学習のレジスター（言語使用域）とでは異なる。学校教育におけるテクストでは、明示的に接続的な繋がりを示すことは少ない。なぜなら論理的な関係は、名詞的要素や動詞的要素に統合されることが多いからである。ここでは、モード（伝達様式）を具現するための方略として、談話が構成される方法を通じ、より抽象的に使用される接続詞に焦点を当てる。こういった例では、接続詞自体が、テクストのある部分から別の部分への繋がりを構成する1つの手段にすぎない。

　英語のテクストにおいて、論理的な繋がりを可能とする様々な例を(15)に示す。

(15)　　(a)　Rain ruined the picnic.
　　　　　　　雨がピクニックを台無しにした。
　　　　(b)　The picnic was ruined by the rain.
　　　　　　　ピクニックは雨によって台無しにされた。
　　　　(c)　The picnic was ruined because it rained.
　　　　　　　ピクニックは雨が降ったので台無しにされた。
　　　　(d)　It rained. The picnic was ruined.
　　　　　　　雨が降った。ピクニックは台無しにされた。

　「ピクニック（picnic）」と「雨（rain）」との繋がりが、(a)叙述（「台無しにした（ruined）」という動詞で）、(b)小叙述（「〜によって（by）」という前置詞で）、(c)接続詞「ので（because）」、(d)構造的に関係のない2つの別の文で表現されている（Halliday & Hasan, 1976, p.228; Martin, 1992, p.164）。どの文例も現実世界の同じ事象を示しているが、文法的に違う選択をすることで、論理的な関係が節に統合される度合いの違いとして示されている（Martin, 1992, p.14を参照）。例文(a)では、「雨（rain）」と「ピクニックが台無しになったこと（the ruining of the picnic）」という2つの要素によって、この命題の表現が、1つの節に最も統合された表現である。この例文では、参与要素と過程は節の主要な要素として表現されている。一方例文(b)では、行為者、「雨（rain）」が前置詞

第3章　学習のレジスター(言語使用域)の言語的特徴　91

「～によって(by)」で表現されている。さらに例文(c)では、「雨(rain)」が、別の節で因果関係を示す接続詞「なぜなら(because)」により導入され、動詞的な要素として示される。最後に例文(d)では、出来事が2つの独立した文により示されるが、2つの文を連結する接続詞は文と文の間に存在しない。このように、英文法では、現実世界の同じ事象を様々な手段、つまり、「節構造に統合する方法」や「接続詞を使用する方法」、「節を結合する方法」により表現できる。

　推論を行う様々な方法は、それが接続詞であれ、前置詞句であれ、動詞であれ、名詞であれ、レジスター(言語使用域)の違いの鍵となる側面である。学習のテクストでは、一般的に名詞や動詞、前置詞句を使用し推論する。なぜなら学校教育における言語の機能の多くは、分析し、解釈した考えを提示するので、論証的なものとなるからである。情報量が多く、論理的な関係性がより統合された形で示された学習のテクストが高く評価される。一方、日常会話のやり取りでは、その場で互いに構築していくという性質から、定形節を連結する明示的な接続詞の使用が一般的である。例文(16)では、学習のレジスター(言語使用域)の典型的な接続構造を示す。

(16)　　At one time, socializing and visiting with family and friends was a very common event. Our "advances" in communication have, in a way, set us back. The invention of the telephone has made it more convenient for people to talk with those that they cannot usually see and spend time with, but the telephone has also become a substitute for spending time with loved ones. Instead of getting everyone together and having a picnic or day together at somene's house, the telephone has seemed to replace this. Many spend more time inside away from other people, talking on the telephone or waching television, rather than spending time outside enjoying nature and others' company.

　　　かつて、家族や友人と交流し訪問することは、とても一般的な出来事だった。コミュニケーションにおける私たちの「進歩」は、ある意味、私たちを後退させた。電話の発明が、普段会ったり、時間を共に過ごすことのできない人々と話すことを、より便利にしてきたが、電話は、愛する人たちと過ごす時間の代替物となってしまった。みんなが一緒に集まってピクニックに行ったり、あるいは誰かの家で共に日を過ごす代わりに、電話がこれに取って代わってしまったようだ。多

くの人は、家の外で自然を楽しんだり、仲間と一緒に楽しんだりすることに時間を費やすよりも、むしろ、電話で話をしたり、テレビを見たりして、人々から離れて過ごす時間が長くなった。

例文(16)において、接続詞が主に名詞句を等しく繋ぐために使用されている。これは、「家族や友人と交流し彼らを訪問すること(socializing <u>and</u> visiting with family <u>and</u> friends)」に見られる。節の連結で接続詞を使用した例は、第3文目で使用された「しかし(but)」の一例しかない。一方、多様な論理的な結びつきが文中に散りばめられている。この段落での主要な論理関係は対比であるが、筆者は対比を示すため、「しかし(but)」で節を繋げず、接続的な繋がりを保つため、「かつて(at one time)」や「代わりに(instead of)」、「〜よりむしろ(rather than)」を使用している。例えば、「みんなが一緒に集まってピクニックに行ったり、あるいは、誰かの家で共に日を過ごす<u>代わりに</u>、電話がこれに取って代わってしまったようだ。(<u>Instead of</u> getting everyone together and having a picnic or day together at someone's house, the telephone has seemed to replace this,)」という文では、前置詞句、「代わりに(instead of)」が対比関係の合図となっている。日常会話では、「私たちは、かつて一緒に集まってピクニックにいったが、電話がこれに取って代わった(We used to get everyone together and have a picnic, but the telephone has replaced this.)。」といったような言い回しが使用されるだろう。その他の論理的な結びつきも動詞の使用により示されている。例えば、「電話の発明が、普段会ったり、時間を共に過ごすことのできない人々と話すことを、より便利に<u>した</u>(The invention of the telephone <u>has made</u> it more convenient for people to talk with those that they cannot usually see and spend time with,)」という文では、動詞、「した(has made)。」により、原因の接続的な結びつきが示されている。これが日常会話であれば、「電話が発明された。だから、より便利になった…(The telephone was invented, *so* it is more convenient...)」といったような言い回しが使用されるだろう。こういった異なる選択により、テクストの全体の構造や密度がかなり変わる。生徒にとって重要な課題は、日常会話で行われるように接続詞を使用して節と節とを繋げていくのではなく、論理的な関係性を統合し、話し言葉よりも密度の高い節構造へと意味を圧縮させることである。このような接続詞の使用法は、学習のレジスター(言語使用域)で多く使用され、接続詞の代わりとなる方略であり、形式は異なるが論理的な繋がりを示す手段の1つである。

　節と節は、異なる方法で互いに連結され得る。そして異なる節結合の方略

は、異なる種類のテクストを生成するために機能する。会話のテクストを生成するために、話し手は継続して情報を追跡する必要がある。会話が進むに従い、必要であれば、背景となる情報を加えることもできる。話し手は、聞き手と一緒になって考えを展開させ、接続詞により繋げられた談話を構築する。一方、学習のテクストでは1文に多くの情報を詰め込むため、埋め込み節や名詞的構造が使用され、その構成は会話のテクストよりも階層的であることが多い。節を結合する多様な方法は、話し手や書き手がテクストを用いて情報を構成する資源の役割である。

　節が結合され得る異なる方法に対して機能的なアプローチを取ることは、節が、より幅広いテクスト形成的なコンテクストに属する方法について考慮することを意味している。「書く活動」や「話す活動」において、結束性のあるテクストを構成するため、節間の多様な結びつきや、どのように節が互いに連結するかを分析する際、依存した(dependent)や従属の(subordinate)、独立した(independent)という分類では不十分である。なぜかといえば、従属節(subordinate clause)は、機能的に全く異なる2つのタイプの節を含んでいるからである。従属節には、談話の構造に関わる従属節もある。従属結合(hypotactic)節と呼ばれるものもあるし、名詞群や名詞群の一部として機能し、談話構造において独立した節として扱われない埋め込み節(embedded clause)と呼ばれる節もある。従属結合節は従属しているが、別の節の構成要素ではない。従属結合節は、前後の節と連結しているので、「もし(if)」や「〜のとき(when)」「なぜなら(because)」といったような従属接続詞によって導入されることもある[40]。一方、埋め込み節は別の節内で機能する。一例としては、名詞群による後置修飾節がある。この機能を(17)に記すが、前述の自然科学の教科書から抜粋したブラックホールの説明を再掲したものである。

(17)　　　A black hole ... is the result of <u>matter that has been super-compressed.</u>
　　　　　ブラックホールは、…<u>超圧縮された物質</u>の産物である。

　関係詞の制限用法となる「超圧縮された(that has been super-compressed)」は、「主要部」として「物質(matter)」という名詞群の中に埋め込まれている。この節は、談話構造で従属的な役割を果たさず、名詞群の一部として機能している。埋め込み節の他の用例は、主語や補語として機能する比較の節と名詞化された節である(Halliday, 1994, p.242; Mann, Matthiessen, & Thompson, 1992)。
　これらの2つの従属節のタイプに加え、節は並立結合(parataxis)という同格

の関係で連結され得る。並立結合節は、等位接続詞や単なる並立された関係により前の節に連結され、直接引用を含む。会話では、節と節を連結する場合、並立結合による結びつきが多い。並立結合や従属結合、埋め込みという節結合というこの3種類は、談話構造(並立結合と従属結合)に独立して寄与する節と、節の一部(埋め込み)として機能する節とを明確に分けている[41]。

　節が構成される際の異なる選択は、異なるレジスター(言語使用域)を特徴づけ、日常会話のテクストと学習のテクストにおける語彙密度の違いを生む。語彙密度は、テクストの非埋め込み節ごとの内容語の数を計測したものである(Halliday, 1994, p.350)[42]。Halliday(1998)によれば、「日常の会話で、語彙密度の平均は、節につき2語をわずかに超える程度である」(p.207)。表3.4が示すように、(1)と(2)の語彙密度の数値はかなり違うことが分かる。具体的には、(1)は(2)の3倍以上の語彙が1つの埋め込み節に含まれている。そのような違いは、これらの2つのタイプの談話に典型的に表出される(Halliday, 1993f)。学校教育におけるテクストは、その性質上、熟考した上で構成されており、それが語彙密度とも関連している。学習のレジスター(言語使用域)では、語彙密度を通してテクスト内に効果的に情報を組み込み、築き上げることができるので、1つの節により多くの情報が含まれる。このように、接続詞は結束性を高める資源として相互行為的なテクストや学習のテクストと様々な方法で関係している。入念に構成される学校教育におけるテクストでは、節の連結のために接続詞に頼ることは少なく、埋め込み節を使用することが多い。

主題と情報の構成

　主題の展開は、テクストにおける構造的な違いと関係するテクスト形成的資源の1つである。主題(Theme)は、どのように英語の節がメッセージとして構成されるかを明らかにする機能文法の構成物である。英語の節における主題は、節において最初に表れる言語的要素であり、全体として節に対する「出発点(point of departure)」(Halliday, 1994, p.37)、つまり起点とされる。一方、節の残りは題述(rheme)と呼ばれ、「主題を展開させる部分」である(Halliday, 1994, p.37)。例文(18)の下線部が示すように、多様な言語的要素が節の主題となり得る。

第 3 章　学習のレジスター(言語使用域)の言語的特徴　95

表 3.4　2 つのテクストにおける語彙密度

テクスト(1)	テクスト(2)
1. The formation of sedimentary rocks is closely associated with water. 堆積岩の形成は水と密接に関係している。	1. And um, like um sometimes if, um, like you think that the teacher? そして、えー、時々というか、もし、えー、あなたは先生が…思うみたいな?
2. One type forms 1 つの型は形成する	2. um, if you raise your hand えー、もしあなたが手を挙げて
3. when water carries soil, pebbles, and other particles to the ocean floor 水が土や小石、その他の粒子状物質を海底に運ぶ際	3. and she says "No" そして、彼女が「違います」と言ったら
4. where these sediments become rock. そこで、これらの沈殿物が岩になる。	4. so she'll pick on the peoples that don't know it? だから、それ［答え］を知らない人を指名するでしょう?
5. The second method involves chemicals dissolved in water. 2 つ目の方法は、水中で溶解された化学物質を伴う。	5. so you raise your hand だから、あなたが手を挙げて、
6. By evaporation and precipitation of substanes like calcium carbonate, sedimentary rocks can form 蒸発と炭酸カルシウムのような物質の沈殿により堆積岩は形成され得る。	6. she picks you 彼女があなたを指名したら、
	7. and you go そして、あなたが言うんだ
	8. "Well, I think, 「あのー、私は思う、
	9. I didn't, um, well." … 私はわからないと、えー、あのー。」
	10. That's what I said それって私が言ったこと、
	11. like the people raise their hand? 人が手を挙げるような?
	12. and-and she-because they think そして−、そして彼女は−なぜなら彼らは思っているから
	13. they're going to pick the person who don't know it? 彼らは、それ［答え］を知らない人を指名しようとしている?

14. and when she picks on you
そして、彼女があなたを指名するとき、

15. she says, .. "Oh."
彼女は「まあ」って言う。

語彙密度 = 5.0
（6 非埋め込み節において 30 内容語）

語彙密度 = 1.5
（15 非埋め込み節において 24 内容語）

(18)　Themes are often the subject of the clause.
主題は、節の主語であることが多い。

But conjunctions can also be part of the theme.
しかし、接続詞も主題の一部分になり得る。

Naturally, elements that contribute interpersonal meaning also occur first in the clause and contribute to the expression of theme.
本来、対人的な意味を提供する要素も節の最初に生じ、主題の表現に貢献する。

In some clauses, prepositional phrases or other experiential elements occur in initial position and serve as themes.
いくつかの節において、前置詞句やその他の経験構成的要素が最初の位置に生じ、主題として働く。

例文(18)では、主題は、経験構成的な要素（「主題(Themes)」や「接続詞(conjunctions)」、「対人的な意味を提供する要素(elements that contribute interpersonal meaning)」、「いくつかの節において(In some clauses)」）、対人的な要素（「本来(Naturally)」）、テクスト形成的な要素（「しかし(But)」）により具現されている。主題の分析について紙幅の都合上、十分に説明できないが(Halliday, 1994, pp.37-67 を参照)、本書の目的のためだけに説明するならば、主題は、節の最初に生じ、最初の経験構成的な要素までと、最初の経験構成的な要素を含む要素として特定され得る[43]。動詞で始まる節においては、動詞が主題となる。節の参与要素が主題の場合は、名詞群全体が主題として分析される。接続詞が節の最初に表れる場合は、接続詞が主題の一部となり、付加詞である「本来(naturally)」のような対人的要素も主題となる。

　節の起点に何を置くかで、話し手や書き手の視点を示すことができるので、テクストの主題構造を分析することにより、テクストの話題が展開する体系が明らかになる(Fries, 1981; Mauranen, 1996; Ghadessy, 1995 も参照)。様々な主

題は、様々なテクストの構成に対するアプローチを提示し、レジスター(言語使用域)における違いにも関係する。表3.5は、教科書からの例文(1)と、クラス内での会話からMatthewが最初に話し始めた場面である例文(2)の主題を分析したものである。

表3.5　2つのテクストにおける節の主題

主題	陳述
テクスト(1)	
The formation of sedimentary rocks 堆積岩の形成は	is closely associated with water. 水と密接に関係している。
One type 1つの型は	forms 形成される
when water 水が…際	carries soil, pebbles, and other particles to become the ocean floor 土や小石、その他の粒子状物質を海底に運ぶ
where these sediments そこで、これらの沈殿物が	become rock. 岩になる。
The second method 2つ目の方法は	involves chemicals dissolved in water. 水中で溶解された化学物質を伴う。
By evaporation and precipitation of substances like calcium carbonate, 蒸発と炭酸カルシウムのような物質の沈殿により、	sedimentary rocks can form. 堆積岩は形成され得る。
テクスト(2)	
if you もしあなたが	raise your hand 手を挙げて
and she そして、彼女が	says "No" 「違います」と言ったら、
so she だから、彼女は	'll pick on the peoples that don't know it? それ［答え］を知らない人を指名するでしょう？
so you だから、あなたが	raise your hand 手を挙げて
she 彼女が	picks you あなたを指名したら
and you そして、あなたが	go 言うんだ

"Well, I	think,
「あのー、私は	思う、
I	didn't, um, well."
私は	わからない、えー、あのー。」

　節の主題は、この2つのテクストで異なる。テクスト(2)では、Matthew が発話した節の主題は、接続詞や主格の代名詞、さらに先生が Matthew を呼んだことに対する自分の意見の引用を導入するため「あのー(Well)」が続く。これらの主題は、接続詞が先生と Matthew の反応による一連の行為を繋げているので、Matthew が展開しているシナリオを具現する上で機能的である。一方、(1)において著者は、どのように堆積岩が形成されるかについての理解を順序立てて構築するために、主題の位置を利用している。最初の主題「堆積岩の形成(the formation of sedimentary rocks)」により、堆積岩が形成される概念を提示し、その後の主題は、形成における型「1つの型(one type)」や「2つ目の方法(second method)」を明らかにしている。「そこで(where)」から始まる節の主題は、その節内の題述となる「土(soil)」や「小石(pebbles)」、「その他の粒子状物質(other particles)」で提示される要素を取り上げ、まとめて「これらの沈殿物(these sediments)」と呼んでいる。最後に、最終節の主題「蒸発と炭酸カルシウムのような物質の沈殿により(by evaporation and precipitation of substances like calcium carbonate)」で、次節の出発点として前文で導入された「2つ目の方法(second method)」の詳細を述べることが可能となり、全体としての段落の要点、つまりどのように堆積岩が形成され得るかを再度言い換え、段落を終えている。

　学習のレジスター(言語使用域)では、前述のように、情報を圧縮し、既に述べられたことを提示する名詞句を主題化することが多いので、それについての更なるコメントが加えられる。上述の例では、「これらの沈殿物(these sediments)」が節の主題として取り上げられた。学習のテクストを制作する者は、テクストの展開方法をコントロールするために、主題の機能を利用することができる[44]。この例は(13)に記載されている2番目の文に見られるが、それを(19)に再掲する。

(19)　Many astronomers now believe that the radio sources inside quasars are objects know as black holes. The existence of **black holes** is more or less taken for granted by many astronomers, although no one has ever seen

第 3 章　学習のレジスター(言語使用域)の言語的特徴　99

one.

多くの宇宙飛行士は、今や恒星状天体内部の電波源が**ブラックホール**として知られる物体であると信じている。ブラックホールの存在は、誰もその存在を確認したことは無いにもかかわらず、多少なりとも多くの宇宙飛行士によって当然のことと見なされている。

　この 2 番目の文は、主題の要素「ブラックホールの存在(The existence of black holes)」で始まる。この主題は、前文の題述において新出だった情報(ブラックホールとして知られる物体)を選んでいる。そして、それがブラックホールについてさらに議論するための出発点として、2 文目においては名詞化された要素として再提示されている。

　節の主題は、節の主語であることも多いが、主語と主題の機能は同じではない。機能文法では、主語(subject)は「情報の妥当性を根拠づける…要素」であり、「命題が、それの参照により肯定され得る」名詞群である(Halliday, 1994, p.76)。主語(subject)は、節内で中心となる参与要素を見分けるための軸となる要素であるが、全ての節が主語で始まる訳ではない。分析する際、主題の概念を文法の分析に組み込むことは、学習のテクストにおいて、どのように情報が構成されるかを、より良く理解するための手段である。節の主語を単独で見ると、日常会話のテクストと学習のテクストの 2 つのレジスター(言語使用域)における相違が明らかになるが、それは、展開についての情報を明らかにするものではない。テクスト(1)と(2)における主題と主語を比較したものを表 3.6 に示す。表 3.6 が示すように、主語が単独で主要な参与要素を明らかにしている。接続詞や始まりの句が構成の足がかりとなりながら、どのようにテクストが展開しているかを示すものが主題である。

　会話のテクスト(2)では、代名詞による主語を多用している。一方、学習のテクスト(1)では、語彙による主語を使用している。テクスト(2)の主語は、「人」を意味する 3 人称単数の代名詞の典型的な代用としての「あなたは(you)」や「彼女(先生)は(she(the teaher))」、「私は(I)」といった代名詞である。そのような選択は、相互的なやりとりの談話において一般的であり、Chafe(1986)は「軽い主語」と定義している。これは、会話の参与者がやり取りに参加しているという事実を反映している。そのやり取りにおいて節は、その場で共有される人物を示す代名詞による主語から始まり、節の残りで、その代名詞が指示した人についての新しい情報を加えている。そのような代名詞による主語としては、会話の参加者を参照し、関与を生成する直示詞(「あなたは

（you）」や「私は（I）」）が使用されることが多い。会話では、代名詞による主語が一般的だということが多くの研究で明らかになっている（Chafe, 1992; Halliday, 1994; Scott, 1988）。一方、教科書の文章における主語は、語彙化され、拡張された名詞群に含まれる。教科書には、会話を特徴づける「あなたは（you）」や「私は（I）」は登場せず、代わりに語彙化された主語が使用される。こういったテクストの目的は、「あなた（you）」や「私（me）」で導かれる命題についてではなく、「形成（formation）」や「型（types）」、「方法（methods）」によって導かれる命題が論じられている。

　組織的な構造や情報の展開を分析するために、主題と主語を区別することは有効である。日常会話のテクストでは、代名詞による主語が主題の位置に提示されることが多く、新しい情報が節の題述で徐々に積み重なっていく。一方、学習のテクストでは、それぞれの節が議論を展開していくので、テクスト内で既出の談話を要約し、要点を繰り返しながら議論を次第に構築することが求められる。この目的のために学習のテクストでは、出発点として与えられた情報を圧縮する名詞句を使用するので、その後、さらに記述を加えることが可能となる。ある節の題述からの情報が、次の節の主題として再びテクストに登場す

表 3.6　2 つのテクストにおける主題と主語

テクスト（1）	テクスト（2）
The formation of sedimentary rocks 堆積岩の形成は	if **you** もしあなたが
One type 1 つの型は	and **she** そして彼女は
when **water** 水が…時	so **she** だから彼女は
where **these sediments** そこで、これらの沈殿物が	so **you** だからあなたは
The second method 2 つ目の方法は	**she** 彼女は
By evaporation and precipitation of substances like calcium carbonate, **sedimentary rocks** 蒸発と炭酸カルシウムのような物質の沈殿により、堆積岩は	and **you** そしてあなたが "Well, **I** 「あのー、私は **I** 私は

注：主語は**太字**にて記す

第 3 章　学習のレジスター（言語使用域）の言語的特徴　101

ることは、学習のテクストの密度や（より複雑なものとして記述されることが多い）テクストの構成に寄与する。

名詞化と文法的比喩

　新しい考えを節の題述で提示し、次に続く文の主題が、既出情報の再提示になるという流れは、名詞化（nominalization）が使用されるアカデミックな文体（prose）の特徴である。名詞化は、『『傾向がある（tend）』や『好む（like）』、『話す（speak）』、『参照する（refer）』、『使う（use）』といったような動詞や、『抽象的な（abstract）』といったような形容詞が、他の動詞の項や前置詞の目的語になり、名詞句を形成する」過程である（Chafe, 1985, p.108）。名詞化は、学習のテクストや自然科学のテクストに広く見られる特徴であり、話し言葉では、別の形で、より自然に提示される内容を名詞や名詞句として表現したものである（Martin, 1991）。例えば、（1）の著者は「蒸発する（evaporate）」や「沈殿する（precipitate）」という概念を使用しているが、実際のテクストではその概念を名詞化し、「蒸発と物質の沈殿（evaporation and precipitation of substances）」という形で表現している。名詞化を使用しなければこの過程について長い説明を必要としてしまう内容を、1つの名詞句に圧縮している。

　学習のテクストは、このように1文が密度の濃い構成になっているが、一部は、名詞化に由来している。名詞化により、「多くの情報を主題・主語の位置に入れ込むことができる。名詞化を使用しなければ、適切な表現のために、節全体を必要とすることになる」（Harvey, 1993, p.36）。これは、生徒が学習のテクストの節では、より多くの考えを節内に入れ込まなければならないということである。Vande Kopple（1992）は、自然科学の研究論文を分析し、全体の80パーセント以上が名詞句として表現されていると論じた。Ravelli（1996）は、「名詞化は、他の語彙文法事項と関連している。具体的には、複合名詞群構造や前置・後置修飾語句の多用、毎日使用しているような語彙よりも権威があり、専門的で正式な語彙の使用といったような言語的特徴に関することである」（p.380）と指摘している。

　名詞化は文法的比喩（grammatical metaphor）でもあり、これは学習のレジスター（言語使用域）の本質を理解する鍵となる。文法的比喩は一致しない（incongruent）形で概念を表現するものである（Halliday, 1994, 1998）。一致する表現（congruent expression）は、「日常」使用されるような言語によく見られ、この表現形式では、「物事」は名詞で、「出来事」は動詞で、「状況」は副詞か前置詞句で具現され、「要素間の関係」は接続詞で具現される。一方、文法的

比喩については、これらの文法的範疇の選択が一致せず、他の範疇で使用される。以下に例を示す。

(20)　**一致する表現**　　　　　　**一致しない表現**
　　　（日常の）　　　　　　　　（専門的な）
　　　The telephone was invented　The invention of the telephone
　　　電話が発明された　　　　　　電話の発明
　　　（節）　　　　　　　　　　（名詞句）

　例(20)において、一致する表現では、行為、つまり、過程である動詞、「発明する(invent)」が、一致しない表現では、名詞、「発明(invention)」に形が変わっている。「比喩(metaphor)」という用語は、一般的に語彙の比喩を指すために使用されるが、その時は、同じ用語が、比喩の適用（例えば、簡単なタスクを意味する「朝飯前(a piece of cake)」）において、異なる意味をもつ。一方、文法的比喩は、同じ意味(meaning)に言及するための異なる言い回し(wording)である。異なるのは、語彙項目ではなく文法範疇である(Halliday, 1998)。文法的比喩は、本来の形とは異なる形で意味が文法において解釈構築される言語的過程であるため、学校教育の言語に関わる重要な課題を理解することが鍵となる。文法的比喩を通して、高度な読み書きのタスクを特徴づける抽象性や専門性、そして議論の展開を可能にさせる新しい方法で、「日常」の意味が解釈構築される。Halliday(1993g)は、「文法の一般化は、言語を知る鍵であり、体系づけられた一般常識的な知識にとっての鍵となる。また文法の抽象性は、読み書き能力を知るための鍵であり、初等教育における知識にとっての鍵となる。従って、文法的比喩は次の段階を知る鍵となる。ここでいう次の段階とは、中等教育の段階であり、教科を基盤とした専門性の高い知識の段階である」と示唆している(p.111)。

　Halliday(1993d)は、文法的比喩をテクスト形成的資源として使用することで、科学的な発見というコンテクストに寄与すると主張する。科学者は、科学的問いに対する結果を名詞的な用語に凝縮し、専門的な分類を創り出す。このような名詞的な要素を使用することで、科学者は一連の推論の繋がりを展開する。その後、推論し、科学者が観察したことから結論を導き出し、ある段階から次の段階へ進む明確に導き出された一連の主張を明らかにし提示するという連鎖を展開する。名詞的な要素の使用により、書き手は、典型的に、つまり「一致して」提示する場合には、節全体を必要とするような内容を名詞群とし

第 3 章　学習のレジスター(言語使用域)の言語的特徴　103

て解釈構築される別の要素と連結することができる。例えば、(21)は、(20)で提示された「一致していない」表現の続きである。

(21)　The invention of the telephone created many opportunities for enhanced communication.
　　　電話の発明がコミュニケーションを高めるための多くの機会を創出した。

ここでは、「創出した(created)」という動詞が、2つの名詞群、「電話の発明(the invention of the telephone)」と「コミュニケーションを高めるための多くの機会(many opportunities for enhanced communication)」を繋げている。名詞化を通じてこの文法的比喩は、主題の位置によりテクストの情報を構造化することができる。

　文法的比喩は、過程を事象に変えることに加え、他の種類の再解釈にも関係する。接続的な関係が、過程や状況要素として具現されることを可能にし、推論が節間よりも、むしろ節内で可能となる。例えば、(21)の「同じ出来事」を、より「日常」の会話で使用するような言葉遣いで言い換えれば、「電話が発明されたので、より良いコミュニケーションのための多くの新しい機会が存在した。(Because the telephone was invented, there were many new opportunities for better communication.)」となるだろう。ここでは、接続詞、「ので(because)」が、(21)では動詞、「創出した(created)」で具現されている因果結合を提示している。前述したように、接続詞ではなく動詞や前置詞句により推論されるということは、学校教育におけるテクストに見られる特徴である。動詞は、節内で論理的な関係を解釈構築できる。具体的には、因果的な動詞(例、「妨げる(prevent)」、「増加する(increase)」)や時間的な動詞(例、「続く(follow)」)、同一であると見なす(同定の)ための動詞(例、「である(be)」、「構成する(constitute)」)、表象する動詞(例、「特徴づける(signal)」、「示す(mark)」)、考えを投影する動詞(例、「証明する(prove)」、「示唆する(suggest)」)、付加的な関係を示すための動詞(例、「補足する(complement)」、「伴う(accompany)」)である(例は、Halliday, 1998, p.219より抜粋)。さらに文法的比喩は、学習のレジスター(言語使用域)を特徴づける専門性や推論を具現し、理論や説明の構築を可能にする。

　モード(伝達様式)(mode)を具現する文法的資源は、フィールド(活動領域)やテナー(役割関係)と同様に、学校教育におけるテクストのレジスター(言語

使用域）と日常の会話のレジスター（言語使用域）とでは典型的に異なる。これらの異なる種類のテクストが具現される様々なコンテクストにおいて、接続詞は異なる種類の役割を果たすので、様々な手段が結束性を創出し、節を繋げるために使用される。考えを連結するための異なる方法は、これらの異なるモード（伝達様式）において典型的なテクスト構造に反映される。主題の選択において具現されるテクストの展開方法は、相互的なやり取りのコンテクストや学校教育のコンテクストにおいて、テクストが満たす異なる目的を反映している。学校教育に典型的なテクストにおいて、情報をより凝縮した形で提示することは、節内での名詞化や推論を通した文法的比喩に依存する。学校教育において期待される方法でテクストを構成することは、発達段階にある書き手にとって、こういった全ての言語的な資源を新しい方法で用いるという挑戦的な課題となる。

要約

　本章ではテクストの言語的特徴を分析することにより、意味が作られる状況のコンテクストを明らかにした。日常会話で使用される言語は、日常的な意味や親しさ、交渉のコンテクストを創出する。一方、学校教育のタスクのために使用される言語は、情報の提示や権威的な姿勢、そして高度に構造化されたコンテクストを典型的に具現する。学校教育でのタスクにおいて、言語はそれ自体、意味を作る重要な役割を担うので、アカデミックな知識を解釈構築するために必要とされる専門的かつ抽象的な意味を帯びる。そのため学校教育における言語資源は、日常会話に必要とされる資源を超えて拡大されなければならない。このことは、学校教育の言語が、日常の言語とは異なる方法で構成されるということを意味している。

　学校教育のコンテクストにおいて、状況のコンテクストの中で最優先される特徴は、生徒が高度に構成されたテクストにおいて知識を権威的な形で提示することである。表 3.7 において、これらの目的を達成する上で機能的である言語的な諸要素について、本章での議論を要約する。表中では、併せて、学校教育のコンテクストにおいて文法的要素が具現する状況的な期待に、いかに文法的要素が関係しているかを示す。学校教育におけるテクストにおいて、文法の観念構成的な構成要素から、論理的な意味を示す専門的かつ抽象的な語彙や過程型を使用した複合名詞構文が典型的に選択される。これらの文法を選択することで知識を提示することが可能となり、これにより、最も一般的な意味で豊富な情報を必要するコンテクストとして、テクストが学校教育のフィールド

第 3 章　学習のレジスター（言語使用域）の言語的特徴　105

表 3.7　学校教育の言語におけるレジスター（言語使用域）の特性

状況の期待（Context）	文法的特徴（レジスター（言語使用域））
知識を提示すること	観念構成的メタ機能 ・専門的で、テクニカルかつ抽象的な語彙を伴う複合名詞構文 ・接続詞ではなく、物質過程や関係過程が、名詞や動詞、前置詞を伴い節内の論証を可能にする
権威的であること	対人的メタ機能 ・叙述文や助動詞が理由づけられた判断を具現する ・評価はアプレイザルの資源により暗示されることが多い
期待された方法でテクストを構成すること	テクスト形成的メタ機能 ・圧縮と埋め込みという節結合の方略 ・組織的な構造を示すために利用された主題の位置 ・節の語彙密度を高める名詞化やその他の文法的比喩

（活動領域）が具現される。知識の提示は、これらの文法的選択を通じて具現される。次に、文法の対人的な構成要素を選択することにより、会話と学校教育のコンテクストが構築される。学校教育のコンテクストでは、発言に対する話し手・書き手の立場を伝える場合、イントネーションではなく、叙述法の選択やモダリティ、態度に関わる資源の使用により、学生は権威ある「専門家」と見なされる。文法のテクスト形成的な構成要素を選択することにより、学校教育におけるタスクで期待されている高度な構造が具現される。この高度な構造は、内的接続やその他の結束性を高めるための資源を通して、また主題の位置の効果的な使用とともに、凝縮や埋め込みといった節結合の方略を通して構成される。そして、拡張された名詞句や名詞化、その他の文法的比喩の使用を通して、テクストの組織的な構成を強調する。

　文法の選択についてのこれら 3 つの領域は、話し手・書き手が異なるタイプのテクストを創出する際、相互に作用し合う。それぞれのメタ機能的な構成要素は別々に扱われてきたが、それぞれの節は、観念構成的、対人的、テクスト形成的意味を同時に解釈構築すると覚えておくことは重要である。観念構成的な構成要素における様々な語彙の選択が、同時に、対人的、そしてテクスト形成的な構造のための文法的な含意を併せもつ。さらに対人的意味のための資源は、発言に対する書き手・話し手の様々な立場を具現するので、文法の観念構成的な、そしてテクスト形成的な構成要素とは異なる資源を使用する。テクスト形成的要素の構造は、同様に、観念構成的や対人的な意味のために選択された資源が、異なる主題の構成や異なる情報の提示の方法に寄与するので、こ

れらの資源により影響される。特に、文法的比喩は、節の異なる部分において同様な意味を具現する手段として、主題の構造を強調する名詞化や、接続詞よりも動詞において論理的な意味を具現する節内の推論を通じて、テクストを構造化する主要な資源となる。

結論

　本章では、言語とコンテクストとの関係を明らかにする言語のレジスター（言語使用域）という概念を使用しながら、日常会話の言語と学校教育のテクストで期待される言語との相違点に焦点を当てた。様々なコンテクストを特徴づけるフィールド（活動領域）、テナー（役割関係）、モード（伝達様式）の違いは、話し手や書き手により使用される文法の観念構成的、対人的、そしてテクスト形成的な文法資源において具現される。異なる目的を具現する際、結束性の高い効果的なテクストを創出するために、3つの要素をもつこれらの文法資源が様々な方法で使用される。文法の選択を通して、異なる意味が解釈構築され、異なるコンテクストが具現される。様々な方法で情報を提示し、対人関係を遂行し、テクストを構成することは、節レベルにおける言語的要素の選択を通じて行われる。

　学校教育におけるテクストの本質を理解することにより、研究と授業の両方に対する示唆が得られる。言語発達についての研究では、生徒を評価する際、高度な読み書きの作業に関連する言語的特徴に焦点を当てることが重要である。生徒が授業で期待されるレジスター（言語使用域）をアカデミックな課題に取り入れ、使用するために、教師は文法を新しい方法で巧みに使い分けることを学ぶ必要があると理解することは大切である。学校教育で期待される方法において推論するため、日常会話を構成する一般的な方略とは異なる書き言葉の談話に対する方略を、生徒は発達させる必要がある。これは、学校教育という新しい状況のコンテクストを具現する相互的な文法や談話の特徴の布置を学ぶことである。

　本章では、日常会話のテクストと学校教育におけるテクストとの典型的な相違点を特定し、幅広い観点からレジスター（言語使用域）の違いを見てきた。第4章では、学校教育のコンテクストにおいても、異なる種類のタスクを行うために、異なる文法的な方略がいかに機能的であるかを示す。さらに、どのように書く技術が発達するかを述べ、学習のレジスター（言語使用域）を書こうとする際に生徒が直面する重要な課題を精査するため、学校教育におけるジャンル

第 3 章　学習のレジスター(言語使用域)の言語的特徴　107

の特徴について探求する。

注

20　本書においてテクストとは、話し言葉と書き言葉の両方をカバーする。

21　レジスター(言語使用域)は、研究者によって様々に解釈されてきた。例えば、Kin-
　　neavy(1971, p.36)によると、レジスター(言語使用域)は、4つの談話の類型・様態
　　(物語、分類、批評あるいは評価、記述)について論じている。Kinneavy は、レジス
　　ター(言語使用域)の特徴を理解することに最も関連するのは、談話のもつ目的であ
　　ると指摘している。Biber(1995)によるレジスター(言語使用域)の概念は、選択機能
　　文法研究者がジャンルに類似している。つまり、異なるテクスト・タイプ(第 4 章
　　を参照)間の区別である。レジスター(言語使用域)を指定するときの詳細さの度合
　　いは、明らかに変わり得る。ここでのゴールは、学校で使用される言語と日常会話
　　の言語とを対比するために、十分に幅広くレジスター(言語使用域)の特徴を具体的
　　に明らかにすることである。

22　Halliday(1964)は、レジスター(言語使用域)と方言とを区別しているが、方言は、
　　その使い手が属する社会により、同じ物事を異なる形で表現する。一方、レジス
　　ター(言語使用域)は、言語が構成する活動のタイプを反映し、異なる物事を述べる
　　方法である。学校では様々な方言が話されるので、生徒は方言を知ることになる
　　が、同時に様々な言語的レジスター(言語使用域)を経験することにもなる。

23　訳者注：フィールド(活動領域)、テナー(役割関係)、モード(伝達様式)は、レジス
　　ター(言語使用域)の**変動要素(variable)**として扱われる。

24　訳者注：機能言語学では、存在する出来事や状態を過程、参与要素、状況要素から
　　構成されていると解釈構築する。描写された出来事や状態は節として表現される。
　　つまり、節における経験描写の部分は、過程、参与要素、状況要素の組み合わせで
　　できているということである。節が経験描写をする例を 1 つ挙げる。まず、描写の
　　対象となる出来事や状態を、動詞的な要素である過程(process)、名詞的な要素であ
　　る参与要素、そして副詞句や前置詞句に相当する状況要素(circumstances)に分析す
　　る。例えば、「ジョンはホームでメアリの頬にキスした。(John kissed Mary on the
　　cheek on the platform.)」という節を構成する要素は以下のものである。John(参加要
　　素)、kissed(過程)、Mary(参加要素)、on the cheek(状況要素)、on the platform(状
　　況要素)。参与要素は、「行為者、対象、感覚者など」の意味を受けもつ。

25　もちろん、話者が口頭の談話を構築する方法は、文化的背景により大きく異なる。
　　ここで分析される特性は、主流の社会階層出身の子どもによる通常の会話であり、
　　学校教育におけるジャンルの構造を前提としている。学習のレジスター(言語使用
　　域)と会話のレジスター(言語使用域)との隔たりは、他の文化に属するコンテクス
　　トでは、より大きいと仮定される。

26　全ての節において、これらの 3 つの要素が必ず含まれるわけではなく、「行け！
　　(Go!)」という例文に見られるように、過程型だけから構成される節や、状況要素

108

を持たず、過程型と参与要素だけから構成される節も存在する。

27　(3)の例文は、「英語では、全ての節は、1つの過程、複数の参与要素、および、状況要素を含む可能性がある。」という意味である。

28　Martin(1983)は、接続詞を、「時間的な順序、因果関係、比較、付加という観点から、話者が節を繋げる意味的な体系である」と定義している(p.1)。一方、本質的には同様な定義となるが、異なる用語を使用する研究者もいる。例えば、Halliday and Hasan(1976, p.242)による定義では、4種類(時間、因果関係、逆接、付加)を使用している。

29　この違いは、以降で説明するように、モード(伝達様式)の違いとも関係する。(それぞれの節は、フィールド(活動領域)、テナー(役割関係)、モード(伝達様式)を同時に解釈構築するので、これらの言語変動要素は、多くの機能を同時に備えているからである。)しかし、ここでは論理的な繋がりを解釈構築する意味に焦点を当てる。

30　埋め込み節は他の節の構成要素として機能するので、ここでは、独立したものとしては扱わない。

31　訳者注：話し言葉では、少ない種類の接続詞が使われ、それぞれは文脈により様々な特定の意味に解釈できるような、広がりをもった一般的な意味で使われることを指している。後の議論で示されるように、「それから(then)や「そして(and)」が文脈により異なる様々な論理的な意味を担う。

32　訳者注：テクストの修辞的な構成とは、論点の提示、主張の正当化、論点の評価など、テクストで説明や議論を組み立てるための動きを指す。

33　訳者注：ここでいう接続詞は、接続副詞を含む幅広い意味で使用される。

34　Berry の文章に対する意見についての例は、データベースから引用されており、詳細は第4章にて述べる。

35　もちろん、学問的な決まり事として、勧告的な形式に価値が置かれるかどうかということは、特定の規律とその慣習によるところが大きい。例文(8)と(9)の文章は、採点者のアカデミック・ライティングに対する期待に適っていなかった。採点者は、大学のライティング・コースのクラス分けを目的としたライティングの評価を実際にしている者である。一方、例文(10)と(11)の筆者は、クラス分けのテストで、アカデミック・ライティングの能力が高いと判定されていた。

36　イントネーションは、対人的意味を構築する資源であるのに加え、話し言葉のテクストを構築することに役立つ。創発的な会話の型においては、節が次々と繋げられるので、通常の会話では、構造が韻律的に示されることが多い。例えば(2)では、先生(teacher)やそれを知っている(know it)の後で疑問を示す上昇調のイントネーションにより、話者が説明を主要な3つの部分に分けることに役立っている。この3つの部分とは、主題の導入(シナリオの設定)、学生が期待する結果(先生が手を挙げていない誰かを選ぶだろうということ)、実際に起こったこと(手を挙げている生徒が先生によって指名される)である。しかし、学校教育のテクストでは、典型的には、態度に関する意味のような情報構造は韻律的には示されず、語彙や文法の資源を通して示される。

37　学習のタスクは、韻律的な枠組みに対して特有な期待があるので、イントネーショ

ンのパターンは通常の会話と同様な意味を伝えない。学問的なテクストを口頭で述べる場合でさえ、期待されるイントネーションは、通常の会話とはかなり異なる。例えば、Collins(1987)によると、小学生の音読の活動は、特徴的なスタッカートのスタイルがあるという。「共有の時間」での発表と関連する韻律的な形式は、特徴的なイントネーションのパターンを具現し、日常会話よりもゆっくり、かつ、はっきりとした発話を必要とする有標の学校におけるレジスター(言語使用域)を具現する(Michaels, 1986; Michaels & Foster, 1985)。

38 本章の訳出に当たっては、原著の斜体表記を傍点で示している。

39 Halliday and Hasan(1976)により提案されている他の結束性のための資源、つまり、代用(substitution)、省略(ellipsis)、語彙的結束性(lexical cohesion)をここでは詳しく扱わないが、語彙的結束性(lexical cohesion)や結束調和(cohesive harmony)を使用して語彙結束性を分析する際の道具に発展させる説明については、Halliday and Hasan(1989)やHasan(1984)が詳しい。

40 このような従属結合副詞節(hypotactic adverbial clauses)の他に、従属結合(hypotaxis)は、発言過程や心理過程を使用して投射される節も含む(Halliday, 1994, p.220)。発言や思考に関する動詞に続く節についてのこういった扱いの論理的根拠は、Halliday に詳しい(1994, pp.250-273)。Halliday が述べるところによると、そのような節の関係は、構成素の関係ではなく、むしろ、論理的な従属関係である。直接引用を使用する際は並立的であり、間接引用を使用し報告する際は従属的である。そのような節は報告のような名詞を修飾する際、埋め込み節として分析される。例えば、「彼が去ったという報告(The report that he was gone)」という文で、「彼が去ったという(that he was gone)」部分は埋め込み節として分析される。一方、「彼は自分が去ったと報告した(He reported that he was gone)」という文で、節間の関係は従属的である。さらに、「彼は自分が去ったと報告した(He reported, "I'm going")」という文で、節間の関係は並立であると分析される。

41 この見方は、別の機能的な分析によっても立証される(e.g., Chafe, 1985; Finegan & Biber, 1986; Matthiessen & Thompson, 1987; Schleppegrell, 1991; Thompson, 1984; Thompson & Longacre, 1985)。例えば、Thompson(1984)は、関係代名詞節の副詞的用法や分詞的用法、非制限用法がテクストを生成する際の構造的な選択肢をどのように示しているかを述べている。発話された話し言葉の談話では、同様な節は一般的に考えの単位やイントネーションの単位として示される。一方、関係節や補文節、前置詞の目的語となる節が、名詞や動詞、前置詞と共に構成素で文法上の役割を担い、一般的に、埋め込まれた構造として同様なイントネーションの単位の一部となる。

42 語彙密度を測定する別の方法は、De Temple, Wu, and Snow(1991)を参照。

43 主題がどのように定義され、何が節の主題に含まれるかという議論については、Rose(2001)を参照。

44 学問的なテクストの型の中で、高度に主題が展開した形は学術論文である。Fries(1981)によると、学術論文では、1つ1つの連続する考えは、拡張され、前文での考えに依存するような複雑な議論となる傾向がある。

第4章
学校教育における作文のジャンル

「学び」とは意味の仕方を学ぶことであり、その人が意味化できる潜在能
力を拡げることである。　　　　　　　　　—Halliday(1993g, p.113)

　第3章では、学校教育において典型的なレジスター(言語使用域)の特徴を
いくつか取り上げ、一般的な用語の説明を述べた。本章では、これらレジス
ター(言語使用域)の特徴を生徒の作文における上達の指標とみなす研究を概観
し、それらの特徴が学校教育におけるテクストにどのように反映されているの
かを示す。第3章で述べた学習のレジスター(言語使用域)の特徴を使用する
ことは、書き手である生徒にとって重要な課題となる。生徒は、使用すべき文
法的特徴を知っていなければならないだけでなく、様々なコンテクストでの
様々な課題に関して、これらの特徴をいつ、どのように使うと効果的であるの
かも知っている必要がある。こうした知識は、コンテクストや目的を具現する
ような文法的選択に関する知識と同様に、それらの特徴が実際に機能するよう
なコンテクストや目的を伴った経験に依っている。ここでの焦点は文法的選択
についてであるが、言語を合目的的に使用するということは社会的な経験や機
会に相当し、そういった経験や機会においてこそ、文法的選択がいかにして意
味をなすのかを理解できるようになるのだということを意識しておくことが重
要である。

　教師と生徒は、学校教育の様々なレベルや様々な教科領域の必要性に応じ
て、書記や口頭による多様なタイプのコンテクストの中で活動している。本章
では、様々な種類の作文課題を説明するために、特定の個人に宛てたテクス
ト、事実に基づくテクスト、分析的なテクスト(Martin, 1989a)の明らかな違い
を使ってジャンル(genre)の概念を紹介する。事実に基づくジャンルと分析的
なジャンルは、高度なリテラシーが求められる課題で評価や評定に用いられる
場合が多いため、本章では特に説明的文章に焦点を当てる。説明的文章は、生
徒が学校教育のあるレベルから次のレベルに移行する際に越えなければならな
い道標となる分析的なジャンルに属する。本章では、効果的な説明的文章の構
成を可能にする言説や文法的な特徴について説明し、幾人かの生徒が、アカデ
ミック・ライティングにおいて、書記言語のレジスター(言語使用域)を採用し

ないで、口語的な対話のレジスター(言語使用域)にどのように依存し続けたかを示す。

文法と作文の発達

　一般に生徒は、書くことを通して言語を構造化し、表現する新しい方法を学ぶとき、すでに知っている言語資源、すなわち口語的な対話で用いられる言語の資源を使用する。第3章で述べた学習のレジスター(言語使用域)の特徴は、子どもたちの作文に徐々に現れる。ここで使われるのが、情報が詰め込まれた節構造で、この節構造は子どもが青年期に移行したときに初めて完全に発達する学習のレジスター(言語使用域)の特徴的なものである。子どもの初期の作文は、口頭言語にきわめて近いように思われる。子どもは、学習におけるテクスト特有の文法や体系的構造を使うことを学ぶ前に、まず「and(そして)」や、口頭の談話に見られるその他の一般的な接続詞を使って連鎖節のように節をつないでいく(Kress, 1994)。文法の観点に立った子どもの作文における発達に関する研究は、連鎖的つまり等位接続された節構造から、熟達度の高い作文に特有のより情報が凝縮された節構造への移行に焦点を当ててきた。この過程で、子どもはまず等位構造のみを使用するが、次に従属節を取り入れ、構文を変化させ、語彙を拡げ始める(Hunt, 1965, 1977; Lindfors, 1987; Scott, 1988; Weaver, 1996)。

　文相互の接続に関するHunt(1977)の実験は、子どもの作文が熟達するに従って、これらの手順が発達することを示している。Huntは、小学4年生と成人が、どのようにして接続詞を使って6つの簡単な文を結びつけ、より複雑な構造を作るかという観点に立って両者の作文を比較した。(1)は、年齢の異なる書き手が6つの文をどのように結びつけたかを示す代表的な例である。

（1）　　小学4年生：Aluminum is a metal and it is abundant. It has many uses and it comes from bauxite. Bauxite is an ore and looks like clay.
アルミニウムは金属で、それは豊富にあります。それにはたくさんの使い道があり、それはボーキサイトから作られます。ボーキサイトは鉱石で、そして粘土のように見えます。

　　　　成人：　　　Aluminum, an abundant metal with many uses, comes from bauxite, a clay-like ore.(Hunt, 1977, p.95)

多くの用途をもつ豊富な金属であるアルミニウムは、粘土様の鉱石ボーキサイトから作られます。

　小学 4 年生は、「そして（and）」を使って 6 つの文を結びつけ、等位接続構造を作っている。一方、成人は 6 つの文全てを、接続詞を全く使わず 1 つの文にまとめている。Hunt（1977, p.97）は、「十分に年齢の高い生徒は、かなり多くの数の単純な文を 1 つの T ユニットにまとめることができる」と結論付けた（T ユニットとは「1 つの主節に全ての従属節を付帯させたもの、または組み込んだもの」をいう；Hunt, 1965, p.141）[45]。熟達した書き手たちは、第 3 章で示したように名詞化などの縮合のための方略を用いて、文を句または 1 つの単語に変換する。この縮合という方略は、学習のレジスター（言語使用域）において典型的に見られる方法である。

　子どもの作文において Hunt（1965）が指摘した最初の節結合法は、小学 4 年生ぐらいから始まる複数の T ユニットや述部を等位接続する方法である。小学 4 年生が叙述形容詞を前置形容詞に転換することは稀だが、経験を積むにつれ、書き手は叙述形容詞から前置形容詞への転換を行うようになり（例：「金属は豊富にあります（metal is abundant）」が、「豊富な金属（abundant metal）」になる）、中学 2 年生ぐらいになると、調査対象である書き手は、叙述形容詞よりも前置形容詞を多く使うようになると Hunt は指摘している。年少の書き手は述部を等位関係で使用するが、主語の省略による等位関係の接続は小学 4 年生では稀であり、経験とともに増加する（例：「それ〔アルミニウム〕にはたくさんの使い道があり、それはボーキサイトから作られます（It has many uses and it comes from bauxite）。」が、「それ〔アルミニウム〕にはたくさんの使い道があり、ボーキサイトから作られます（It has many uses and comes from bauxite）。」になる）。中学 2 年生も関係代名詞に導かれる節を使用し、（例：「ある男がいて、彼は歌手だった（There was a man and he was a singer）」が、「歌手だった男、…（The man who was a singer,...）」になる）。同格語（例：「隣に住んでいる女の子、ステイシー…（The girl next door, Staci...）」）や、非定性的分詞（例：「カボチャを彫って作ったジャック・オー・ランタン…（Carved from a pumpkin, the jack o'lantern...）」や、「窓から入って来たら、泥棒は…（Coming through the window, the burglar...）」を使い始める。中学 2 年生では文法的比喩という概念は使用していないが、述部を修飾語に転換したり（例：「馬が疾走した（The horse galloped）」が、「疾走する馬（The galloping horse）」になる）、節

を前置詞句に転換したりする（例：「多数の用途をもつ鉱石（an ore that has many uses）」が、「多数の用途がある鉱石（an ore with many uses）」になる）といった統語範疇の転換を容易に行えるようになるのは、年長の書き手のみだとHunt は報告している。

　子どもの書く物語や議論においても、年齢が上がるとともに、原因を表す接続詞や時を表す接続詞が減少する（Crowhurst, 1987）。Crowhurst（1990, p.203）は、高校 3 年生の方が小学 6 年生よりも、議論の展開の指標となる接続語の類（「第一に（first of all）」、「次に（next）」、「1 つには（for one thing）」、「全体を通して（all in all）」、「最後に（finally）」）をよく使うこと、また、逆説の接続詞（「しかしながら（however）」、「しかし（but）」、「一方（whereas）」）をよく使うことを析出した。Nelson（1988）は、年長の生徒が接続詞をあまり使わないことを見出した。これは、動詞を使ってより有効に考えを表現するからである（ここでも、第 3 章で述べた文法的比喩が使用される）。

　生徒たちが学校で教えられる作文のレジスター（言語使用域）を身につけるときには、より説得力を感じさせるような方法で自分の意見や姿勢を表明することも同時に学ぶ。学習のレジスター（言語使用域）における文法的特徴を使えば、より理路整然とした議論のスタイルが可能になるからである。Crowhurst（1990）が述べているように、「11 歳のとてもよく書けている作文でも話し言葉の決まりが反映されているのに対して（確かに 15 歳のよく書けていない作文でも同様だが）、能力の高い 15 歳は、書き言葉による主張の仕方と、言語がもつテクスト形成のための手段の両方について、はるかに多くのことを学んでいる。これらの生徒は、切迫感や強調を伝えるために多様な言語的手段を自由自在に使いこなすことができるので、年少の子どものように熱心に個人的な文章を使い、修辞的な質問を投げかける必要があまりない」（p.212）。よく書けていない作文に目立つ特徴は、直接的な表現を避ける文章、冗長さ、言い直し、曖昧さ、あるいは省略である。これらは会話では許される特徴である（Horowitz & Samuels, 1987）。書き言葉における学習のレジスター（言語使用域）を伸ばすということは、対話的なレジスター（言語使用域）において無自覚に行う語彙と文法の選択とは異なる選択を学ぶことを意味する。

　こういった研究の全てが示すのは、アカデミック・ライティングの発達には、節を鎖のように結びつけた話し言葉の並列的な構文から、節が少なく、高度な命題内容をもつ学習のレジスター（言語使用域）への移行が必要だということである。作文が熟達するにつれて、書き手は 1 つひとつの節に、より多くの情報を詰め込むことを学ぶ。子どもが書くことをきちんと学んでいくと、学

習のレジスター（言語使用域）と学校における日々の課題とでは、言語がどのように違う構造になるのかを理解するようになり、学習のレジスター（言語使用域）の構造的特性や意味的特性を取り入れることが次第にできるようになる。子どもは節を短くまとめ、語彙を拡げ、新しい方法で論理的関係を表現することを学び、自分が有能なアカデミック・ライティングの書き手であることを示せるようなレジスター（言語使用域）を選択するようになる。

　このことにより、子どもは後の教育で要求されるような言説のレベルに達することができるようになる。後の教育では、より学問的な書き方を取り入れる必要がある。Perfetti と McCutchen（1987）は、年長の子どもは「語彙や文法的な手段を生産的にコントロールする能力」を伸ばす必要があると述べている。「書き手が1つの文の中で多くの考えを表明しようと試みるのは、熟達度があるレベルに到達してからである」と彼らは指摘する。そのために必要なのは複雑性と洗練された構文だが、多くの年長の書き手にとってはそれが非常に大きな問題であることがわかっている。Perfetti と McCutchen は、書き言葉で作文を書く必要性に対応しようとしても、できなかった生徒は、自分の意図することを表現するための文法的な特徴を使用できないからそうなったのだと記している。より困難で複雑なタスクを仕上げるように求められた生徒は、新しい文法的資源と語彙的資源を使用しなければならない。生徒の語彙や文法における能力の向上が学校の期待に追いつけない場合、その生徒は専門分野の学習で求められるレベルの読解力や作文力に到達することができない。

　作文力がなかなか伸びず、こうした学習のレジスター（言語使用域）の問題に直面する生徒の多くは、英語を第二外国語または第二方言として話す生徒である。出身地の言語が標準英語ではない生徒は、書き言葉において口頭言語の特徴に大きく頼ることがわかっている（Kutz, 1986; Shaughnessy, 1977; Whiteman, 1981）。第二言語の書き手も同様である（Hinkel, 2002; Schleppegrell, 1996a）。英語を第二言語とする生徒は、多様な背景を持ち、様々な年齢で英語学習を開始し、母語でのリテラシー経験もそれぞれ異なるため、彼らを一般論として一括りにすることは困難である。彼らの第一言語の構造と経験の相違も、第二言語による作文のばらつきの一因である（Hinkel, 2002）。

　しかし、ESL の書き手と非 ESL の書き手の作文プロセスと、書き言葉の特徴 [46] を比較した 72 件の調査報告書を検討したところ、全体として、成人の第二言語による作文は、第一言語による作文と比べて単純で印象が薄いことが判明した（Silva, 1993）。「第二言語の書き手のテクストは流暢さに欠け（単語が少なく）、正確さに欠け（間違いが多く）、印象が薄い（総合的評価が低い）」（1993,

p.668)。第二言語の書き手の文は、Ｔユニットの数は多いが、その長さは短い。また、節の数は少ないがその長さは長く、等位接続が多く、従属節や名詞修飾、受動化が少ない。同時に、第二言語の書き手においては、結束性修辞技法の使用に明らかなパターンが存在することがわかっている。特に接続語が多く、語彙的結束が少なく、全体として語彙的コントロールや語彙の多様性、語彙の洗練性に欠ける。これらは、熟達度の低い第一言語の書き手においても、典型的に共通する特徴である。

　Hinkel（2002）においても、同様の結論が報告されている。Hinkel は、大学レベルでの英語を第二言語とする書き手のテクストにおける 68 の言語学的特徴を、1 年生向け作文コースを受講した母語話者が示す特徴と比較した。Hinkel は、接続語、特に原因を表す接続詞、例証を示すマーカー、テクストの結束性を確立するための指示代名詞の多用と、語彙的結束性の少なさといった、第二言語を用いた作文の口頭言語的な特徴について説明している。その中で Hinkel は、この点と、第二言語の書き手が作文の中で主張を裏付ける証拠よりも、個人的な話を書くという研究結果とを機能的に結びつけ、これらの学生には「高い質の学問的なテクストの作成を可能にする統語的手段と語彙的手段が欠けている」と結論づけている（p.160）。

　第一言語での学問的な言語経験をもつ生徒にとって、第一言語であれば駆使できる複雑な構文と語彙を使って英語で自分を表現できないのは、大変もどかしいことだと思われる。今日の学校において、第一言語で学習のレジスター（言語使用域）を拡げる機会のなかった移民の子どもの前には、それ以上に大きな問題が立ちはだかっている [47]。それは、英会話が相当流暢になっていても、学習における言語を使用する課題では困難を感じる場合があることである。英語における方言を話す人々が、学習のレジスター（言語使用域）が意味をどのように解釈構築するかを学ぼうとするときにも同様の問題にぶつかる。当然のことながら、こうした多様な学習者が直面する問題もそれぞれ異なる。第二言語を学び始めたばかりの学習者は、全く新しい文法と語彙を学ばなければならない。一方、移民の生徒や方言を話す人々は、話し言葉のレジスター（言語使用域）をすでにコントロールしているかもしれない。同様に、生徒が表面的な文法をコントロールできるようになるまでに必要な時間も、第一言語やリテラシーについての背景、社会経験など、多くの要因に左右される可能性があるが、全体的に見て、第二言語の学習者、第二方言の使用者、および言語を学問的な背景で使用した経験が少ないその他の生徒は、作文の上達について似たような問題に直面する。学習のレジスター（言語使用域）という概念をまだよく知

らない生徒にとって、書くことの学習は重要な挑戦であり、そのもっとも重要な側面は言語学的なものである。

　上で検討した研究は、分析対象の特徴を機能言語学の視点に立って見ているわけではないが、その研究結果は機能的な解釈を裏付けている。例えば、Christie（2002b）は、選択体系機能言語学という手段を用いて、副詞の使用は生徒の作文において遅い時期に現れると指摘している。そして、それは「ほぼ（nearly）」や「常に（constantly）」といった様態の副詞やモーダル副詞が、生徒が成長するに従って発達していく判断の表現に取り入れられるためだと示唆している。Christie（1998a, 2002a）は、より高度な作文に必要な文法的特徴を明らかにしながら、生徒が中学校のより複雑な要求に進んだときに学ぶリテラシーの新しい側面について論じている。Christie は、高度なリテラシーの発達のために、埋め込み節その他の名詞群の拡張手段における使用がいかに重要かを示している。なぜならば、生徒が書くことを要求される類のテクストは、テクストを構成することに役立つ主題として、名詞的な要素の拡張を必要とするからである。また、学習のレジスター（言語使用域）の特徴を用いることによって、生徒は分析的な作文に必要な抽象化と汎化を構成することができる。Christie（2002b）は、文法的比喩のコントロールを含め、自身の分析した特徴が上手な書き手の能力を創出し、その能力によって「経験についての汎化、抽象化、議論、考察が構築できるようになる」と指摘している（p.46）。しかし、これらの特徴の発達はゆっくりで、「書き言葉の多くの側面を統御できるようになる発達は、児童期の後半から青年期の特徴として見られる」と、Christie（1998a, p.69）は述べている。

　Christie の研究は、本章において検討した他の研究の結果を機能的に説明している。構造的分析と機能的分析はともに、生徒が高度なリテラシーを背景として文章を書くためには、接続詞と定性節への依存を少なくして、埋め込み節、論理的関係の名詞表現と動詞表現を多く使用する節結合法を含め、文法的機能と語彙的機能の集合を活用する必要があることを示している。生徒がこれらの発達的な変化を経て、後の学校教育における専門分野の要求から生まれた新しい種類の知識を解釈構築し、新しい事柄をどのように意味化できるようになるのかを、機能的な分析は示している。

　こうした専門分野の要求を理解するためには、一般に教師が生徒に対して読み書きを要求する、様々な種類のテクストを認識することが重要である。生徒が拡げて行く新しい知識と新しい意味の仕方は、学校教育の特定のジャンル（genre）において認識されている。文法的な特徴や語彙的特徴は、それらが生

じたテクストのコンテクストにおいてのみ効果的に関心の中心となりうる。各科目にはそれぞれ好ましいテクストのタイプがある。このテーマについては、第5章においてさらに詳しく考察する。次項では、一般的な学校教育におけるジャンルを概観し、次に学習のレジスター（言語使用域）がこの重要な1つのジャンルである論証文に、どのように典型的に具現されるのかについて焦点を当てる。

学校教育におけるジャンル

　ジャンルは、特定のテクストまたは言説のタイプを指す際に用いられる用語である。本項では、学問的なテクストがもつ重要なレジスター（言語使用域）の特徴を論じるための枠組みを提供するため、学校教育におけるいくつかのジャンルを概観する。ジャンル自体の説明は、単にテクストの種類を示唆するだけのものと理解してもらいたい。ジャンルは、多様な形で実現される社会的構成概念だからである。各ジャンルには無限の表し方があるかもしれず、また、ジャンルは常に変化し進化しているので、そういう意味では本来ジャンルの呼称と説明は自由裁量に任されるものだが、学校教育というコンテクストに付随する典型的なテクストの特性について考察することは有益である。言語は、我々の社会的経験における共通性と個別性という両方を常に解釈構築する。よって、どのジャンルも実際の具現には大きなばらつきがある。同時に、テクストが表す様々なジャンルという観点でテクストを見ることは、生徒たちが学習のレジスター（言語使用域）をコントロールできるようになるにつれて示すことが予想される、流動的な変化や発達を理解する上で役に立つ。

　ジャンルは、特定の社会的目的に資するために存在する。よって、特定の社会的コンテクストの特徴を示すジャンルを具現する能力をもつことによって、これらのコンテクストに参加し、相互に理解することが可能になる。学校は、特定の言語使用法に関して独自の期待事項をもつ1つの文化であるから、生徒は学校教育のジャンルとそれを活用する目的を学ぶ必要がある。生徒が、それらの価値と目的を現実的に理解するためには、多様なジャンルが期待される活動に参加する経験を積む必要がある。しかしながら、生徒がこれらのジャンルの構築への参加を成功させようとするのであれば、上記の経験に加えて、言語の語彙的資源と文法的資源によって典型的にこれらのジャンルがどのように構築されるのかに明示的に焦点を絞らなければならないことが多い。

　特定のジャンルの特徴を定義してしまうと問題も抱えてしまう。どのインス

タンス(ジャンルの例示、具体例)も、より抽象的な記述としてのジャンルを特定の場面で具現するので、ジャンルを包括的に定義通りの形で具現するわけではないからである。ジャンルは、その目的が達成される文化的コンテクストに対応する。従って、様々なコンテクストの中で新しい形が形成されるたびに、ジャンルの具現は変化し進化する。しかし、学校教育における重要な課題を理解するためには、生徒たちが書くことを期待される型のテクストが存在すること、また、それらのテクスト・タイプは、そのテクストを期待される種類のテクストにする働きをもつ語彙的資源と文法的資源で構成されるということを認識することが重要である。学校教育に適しているとされるいくつかのジャンルを分析した結果、語彙的な問題と文法的な問題が明らかになった。

あるジャンルのインスタンスを作ることは、言語を使用して、そのジャンルに特有の一連の段階を進むことを意味している(Christie, 1985, p.24; Halliday & Hasan, 1989; Martin, 1992)[48]。例えば、物語のジャンルは、任意の要素あるいは必須の要素として「要約(Abstract)」「導入(Orientation)」「複雑化(Complication)」「評価(Evaluation)」「解決(Resolution)」「終結(Coda)」の諸段階を含むことが、その特徴である(論考については Rothery & Stenglin(1997)を参照のこと)。論証的なテクストは主張を提示し、それを議論で裏付ける。これらの様々な種類のテクストの具現に用いられる言語を分析すれば、学校教育の様々なジャンルの読み書きにおいて、何が言語学的な課題なのかが明らかになる可能性がある。

表4.1では、Martin(1989a)が提案した3つのカテゴリー(私的(Personal)、事実に基づく(Factual)、分析的(Analytical))を使って、学校教育における7つの典型的なジャンル、すなわち経時的な再話(Recount)、物語(Narrative)、手順(Procedure)、報告(Report)、因果的説明(Account)、説明(Explanation)、論証(Exposition)の各々の目的と文法的特徴をまとめている。これら3つのカテゴリーは、ジャンルの一般的な目的を表す。すなわち、私的体験について報告するかまたは生成するもの、事実に基づく情報を提示するもの、分析を加え主張を展開するものである。表4.1は、各ジャンルの社会的目的を説明し、研究の結果、ジャンルを具現させる働きがあることが判明した文法的特徴のいくつかを示したものである。

表4.1は、多様なレジスター(言語使用域)の特徴が、様々なジャンルを具現させる働きをもつことを示している。ジャンルの3つのカテゴリーの各々には、独自の発達の順序がある。また、各カテゴリーの中で、生徒が例えば経時的な再話(Recount)を書くことから物語(Narrative)を書くことへ、または手順

（Procedure）を書くことから報告（Report）を書くことへ、あるいは因果的説明（Account）を書くことから説明（Explanation）や論証（Exposition）を書くことへと移行する過程で、学問的使用域の特徴を増やす必要性が増していく。文法的必要性の増大は、より高度なテクスト・タイプに含まれるより複雑な段階から生じる。

　Christie（1998a, 2002b）は、生徒がこれらの様々な方法で文章を書く能力には発達の道筋があると指摘している。小学校低学年の子どもが一般に書くのは経時的な再話であり、それは物語を書くことへの発達の第一歩だと Christie は述べている（Rothery と Stenglin が「物語（story）」ジャンルと呼ぶテクストの詳しい類型については、Rothery & Stenglin（1997）を参照）。経時的な再話は私的体験の再現であり、人称代名詞と何らかの行為を行う動詞型を使って活動および活動の参与要素について語ることを特徴とする。また、接続詞、特に添加の接続詞と時を表す接続詞で節を連結することや、過去形を使用することが多い。（2）は、英語を母語としない小学 1 年生が書いた、基本的な経時的な再話の一例である。

（2）　　　One day I played with my friends outside to played soccer. When we done to play soccer we cleaned up the house together. The house was beautiful. When we finish we go outside again to play soccer. I liked the fun day.

　　　　　ある日、ぼくはともだちとそとでサッカーをしてあそびました。ぼくたちはサッカーがおわったとき、みんなでクラブハウスをそうじしました。クラブハウスはきれいでした。そうじがおわると、もういちどそとにでてサッカーをしました。たのしい 1 日でした。

　このテクストでは、人称代名詞（ぼく（I）、ぼくたち（we））、動詞の過去形（サッカーをしました（played）、そうじしました（cleaned））で表される物質過程、およびテクストの中で事象の順序を確立するための「〜したとき（when）」（時を表す接続詞）が使われている。2 つの評価的な節（クラブハウスはきれいでした（the house was beautiful）、たのしい 1 日でした（I liked the fun day））は、この書き手が、さらに複雑な、ストーリー性のあるテクストを書く技能を身に付けたときに発達する評価と価値づけの方向に向かっていることを示す。Christie（1998a）は、生徒が発達するにしたがって、経時的に再話をするテクストだけでなく、経験から示唆を引き出すテクストを書くようになると述べている。経時的な再話から「そしてそれは〜を示す（and that shows）」等の表現を

用いた示唆へのリンクを形成するためには、文法的な進歩が必要である。また、経時的な再話の一部ではなく、時間を超越した意味を提示するために、過去形から現在形に移行することが必要となる。

　これらの発達を経て、生徒は物語(Narrative)を最後まで書けるようになる。すなわち、問題を含んだ出来事とその結果を含むテクスト、そしてストーリーの全体的な要点を導く複雑な言動を書けるように準備を整えていく。動詞の様々な時制変化は、生徒が参与要素の役割パターンの変化や多様な接続関係、評価を表す語彙を使って、多様な時間と視点の変化の間を行き来する上で役に立つ。Christie(2002a)は、単純な経時的な再話から、状況要素の拡充、様態の副詞、文法的比喩の使用による、より複雑な物語に生徒が移行する過程で生じる文法的な発達について考察している。これは、書き手が自分のストーリーに複雑性と評価の段階を取り入れようとするにつれて、「意味と一致しない方法(incongruent)」で経験的な情報を構築するためである[49]。

　手順(Procedure)は、学校教育の初期の段階でしばしば書かれる、事実に基づくジャンルである。一般に手順は、一連のステップを通じて他者の行動を指示する。例えば、命令を与えることは1つの手順を示すテクストを生み出す。ここでは、一般化された行動について述べるために、動詞の現在形を使った叙述法を用いる場合が多い(例：「階段を上まで上って右に曲がって…(you go to the top of the stairs and turn right...)」)。また、手順では、他者の行動を指示するために動詞の命令形が用いられる場合もある(Christie, 1998a；例：「紙を一枚取って自分の名前を書きなさい(Take out a piece of paper and write your name on it)」)。

　中学生や高校生になると報告(Report)を書くようになる。報告では、分類することと描写することが必要である。ここでの現在形は、書き手が個別の記述ではなく一般的記述をするための機能を果たす。例文(3)は、中学生が書いた絵の説明である。このテクストには報告ジャンルの特徴がいくつか現れている。

（3）　　The egret is ver large and slendar. It fishes for food so his eyes in the picture look determined. The egret lives in the rain forest because it looks like that in the background of the picture. The egrets live on the Long Island coasts's. They use there long stiff beaks and legs to hunt there prey.
シラサギは大変大きくすらりとしている。シラサギは食糧を求めて魚を捕るので、この絵に描かれたシラサギの目はきりっとして見える。

表 4.1 学校教育における代表的ジャンル

ジャンル	目的	レジスター(言語使用域)の特徴
私的ジャンル		
経時的な再話 Recount	私的体験を引合いに出し、時間的な順を追って出来事を再話する。	物質過程と行動過程の節。特定の参与要素、人称代名詞、一般に行為者は一人。添加の接続詞と時を表す接続詞。過去形。(Christie, 1998a, 2002b; Martin, 1989a; Rothery & Stenglin, 1997)。
物語 Narrative	問題を含んだ事象とその結果を報告し、評価する。ストーリー全体に及ぶ要点に帰結するような複雑なアクションを含む。問題に対処する際の、複数の参与要素のアクションに焦点を当てる。	過去の事象を報告するための多様な過程型と動詞の時制、および時を意識しない一般化。複数の行為者による参与要素の役割変化のパターン。埋め込み節が名詞群を拡充。物語の段階に応じて接続関係が変化。副詞が様態に関する情報を示し、行動についての判断を表明。主題が時間の経過を示し、物語の構成を助ける(Christie, 1986, 1998a; Rothery & Stenglin, 1997)。
事実に基づくジャンル		
手順 Procedure	一般的な参与要素を伴う事象を、順序立てて述べる。命令と指示は手順のサブジャンルである。	物質過程の節。時間を意識しない。単純な現在形または命令形。命令は、一般化された行為者として「あなた(you)／私たち(we)／人(one)」を使用し、単純現在形の平叙節を使用する傾向。指示は命令形を使用(Martin, 1989a)。
報告 Report	一連の事実を、特定の陳述を使って一般的な陳述に関連付けるように説明する。分類、または部分と全体の関係によって整理する。個々の事象ではなく、事象の集合に焦点を当てる。	関係過程と存在過程の節で、特徴や現時点での一般化を説明。物質過程と行動過程の節で活動を説明。一般的な参与要素。単純現在形の時間を意識しない動詞(Kress, 1994; Martin, 1989a; Martin & Rothery, 1986; McCarthy & Carter, 1994)。
分析的ジャンル		
因果的説明 Account	経時的な再話に因果関係を加える。物事がなぜ起きたのかを順序立てて述べる。	事象の名詞化。因果関係を具現する関係過程の動詞(Coffin, 1997)。
説明 Explanation	現象を説明し解釈する。	時間的な構造ではなく論理的な構造。関係過程。時間を意識しない動詞。名詞群の拡張。多様な節主題(Martin, 1989a; Coffin, 1997)。

| 論証
Exposition | 判断を裏付ける論拠を1つ以上使って、その命題を掲げた理由を論じる。一般化、分類、カテゴリー化に依拠する。 | 抽象化を用いながら、使用された論拠を名詞表現で表す。モダリティは、主張を可能性として表す。名詞や動詞、前置詞を使用した論法で、従属や縮合を要する。対比、分類、論理的順序のマーカー (Applebee, Durst, & Newell, 1984; Christie, 1986; Coffin, 1997; Crowhurst, 1980; Durst, 1987; Martin, 1989a)。 |

シラサギは、絵の背景とそっくりな熱帯雨林に生息する。この種のシラサギはロングアイランド沿岸に生息する。それらは、そこで長くて堅いくちばしと脚を使って獲物を獲る。

(3)の書き手は、総称的な呼称「シラサギ(the egret)」を使用すると同時に、自分が説明しようとする特定の絵に言及するという方法で、自分が説明しようとする対象を紹介する名詞群でテクストを書き始めている。この節の主題は、総称的なシラサギに焦点を終始絞っており、シラサギ全般に関する報告としてテクストを構成し、この鳥に関する情報を節の題述として紹介している。しかし、この生徒は同時に、説明しようとする絵画にも言及している(例:「この絵に(in the picture)」や「絵の背景とそっくりな(looks like that in the background of the picture)」)。従って、このテクストには、比較的離れた立場からの報告と、絵との関係に基づく描写の両方の特徴が含まれる。1つのテクストの中に異なるジャンルやレジスター(言語使用域)の特徴が見られるケースは珍しくない。これは、生徒がより学問的な書き方に移行しようと努力しているからである。

　生徒は分析的な作文に移行するにつれて、因果的説明(Account)や説明(Explanation)、論証(Exposition)を書くようになる。因果的説明(Account)は、経時的な再話や物語と同じように時間の順番で構成されるが、同時に因果関係も取り入れる。これは、何が起きたのかだけでなく、その理由を書き手が述べるからである。次のステップは説明(Explanation)である。ここでは、経時的な順序付けは使わずに現象を提示し説明する(例えば「我が国の政府はどのように構成されているか(How our government is structured)」など)。その代わりに、効果的な説明において、何らかの形の論理的な構成を展開させることができるようにならなければならない(「政府には3つの部門がある(There are three branches of government)」)。説明では、関係過程、専門用語、多様な接続関係

が用いられる。名詞群の拡充と状況要素的な情報の頻繁な使用は、こうした発達に伴って進むので、節の多様な主題をコントロールすることが重要となる。加えて、書き手が第三者を一貫して意識するようになると、より権威ある意見を表出できるようになる（Christie, 1998a）。

　説明を超えて進むと、生徒たちは論証的なテクストを書き、その中で立場を主張したり、様々な見解を比較評価したりするようになる。書き手は、展開し主張すべきポイントを挙げるために名詞群を拡充し、抽象概念を創り出す。節の配置方略を上手に使いこなせるようになると、書き手は文法的比喩を使って論理的な主張をしやすくなる。文法的比喩は、因果関係と立場を、より簡潔に客観的な方法で表現するための重要な資源である。モダリティは、可能性や必要性の解釈構築に役立つ。また、主張の足場づくりのために、論理、態度的な接続詞（「しかしながら（however）」、「〜にもかかわらず（nevertheless）」）が主題としてしばしば用いられる。本章の次の項では、これらのポイントを詳しく取り上げ、これら全ての機能が効果的な論証にどのように貢献するかを論じる。

　表 4.1 の各カテゴリーのジャンルにはいくつかの共通する機能がある。例えば、私的ジャンルには、経時的に時系列でまとめられ、具体的事象について報告するという共通の特性がある。このことは、経時的な再話や物語などの私的な作文では、まとめる技能はあまり必要ないことを意味する。なぜなら次々と展開するテクストでは、事象自体が 1 つの構造を創り出すからである（Kress, 1994, p.79）。また、事実に基づくジャンルと分析的ジャンルにも、時系列でまとめられたタイプが含まれ、事実に基づくジャンルの場合は手順（Procedure）、分析的ジャンルの場合は因果的説明（Account）が含まれる。しかし、生徒が進級するに従い、情報を提示したり、主張を展開して判断や評価で裏付けたりするために、テクストを経時的にではなく論理的にまとめる必要が生じる。学校教育におけるジャンルは、根底にある文法的期待という点でますます高度になってくる。生徒が経時的で物語的な表現方法から先に進むためには、節レベルの選択と書き言葉の文章構成の両面で変化を起こすことができなければならない。1 つの命題を提示し、それを裏付けるためには、名詞化や、内的連結関係、その他のより高度な文法的方略の使用が必要である。

　当然のことながら、これらのテクスト・タイプの呼称や説明の仕方はいくつもあるが、論拠（Argument）や議論（Discussion）、要約（Summary）などの用語も、学校教育におけるジャンルの名称として使用される。本項においては、これらのジャンルをテンプレートとしてではなく、学校教育という背景の中で認識可能な、文化的に期待される文章の書き方の一般的な説明として紹介する。

第 4 章　学校教育における作文のジャンル　125

これらのジャンルのいくつかは、他のジャンルにおいてもステージとして登場する[50]。例えば、論証的な作文においては、私的体験の再話や一般的な情報の報告が、出来上がっていく論証の一段階を形成する場合がある。学校教育において生徒のレベルが上がるにつれ、作成が期待されるジャンルの種類はより複雑さを増す。一般に、高校卒業した優秀な生徒に期待される目標ジャンルは論証である。論証的な作文は、上級レベルの学校教育で成功するために重要なジャンルであるため、以下の項では、論証的な作文に期待される事項をより詳しく探り、経験の浅い生徒がこのジャンルをマスターする際に直面するいくつかの問題を提示する。

論証的な文章

　高等学校やその先に進学すると、生徒は論証的な文章を書くことを期待される。書き手は、このジャンルを通じて自分の視点を提示し、事例や証拠でそれを裏付ける。1つの論点をそこに含め、その論点を提示した理由を示す論拠で裏付けることが求められる（Martin, 1989a）。すなわち、生徒はあるトピックを効果的に導入し、そのトピックに関係する立場または論点を記述し、他者の論文を取り入れたり認めたりして、テクストの展開を通じて複数の考えをつなげることができなければならないということである（Gadda, 1991）。生徒は、自己と他者の体験から引き出された一般化を行う必要がある。書き手が権威ある姿勢をとり、自分が客観的で知識豊富であることを示そうとするのであれば、具体的な証拠と事例によって判断を裏付ける必要がある。経験の浅い書き手は、論証のもつこれら全ての側面に困難を覚える。また、その困難は、彼らがこの種の文章を書く際に使用する語彙的特徴と文法的特徴に現れる。本項では、学習のレジスター（言語使用域）の特徴が効果的な論証文の構築にどのように貢献するか、また、論述において相互作用的なレジスター（言語使用域）の特徴を使用する発達途上にある書き手が、評価の高いテクストの構築にどのようにして失敗する可能性があるかを示す。

　論証的な文章が書けることは、学校で使用される言語を生徒が習得したことの証しであり、大学の合否や論述プログラムのクラス分けでしばしば評価基準として用いられる。大学1年生向けの論述プログラムの多くは、発達途上にある生徒の論証的な作文に重点を置いている。入学者の作文力の評価を目的として主要な大学システムが作成したガイドライン（Gadda, 1995）では、内容面と表現面の両面が重要視されている。学生は「自分の見解を、理路整然と具体

的に高度な表現で示すこと」、「大学 1 年生にふさわしい語彙範疇をコントロールし、多様な構文を正確かつ適切に駆使し、標準的な英語の書き言葉の規則を守る能力」を実証することを期待される(p.2)。「理路整然として、具体的で、高度な」文章への期待は、学習のレジスター(言語使用域)全般の特徴である情報提示における権威性と、テクスト構造の明確な意図への期待と呼応する。学生がこれらの特性を使って文章を作成することを可能にする言語学的特徴としては、精緻化された名詞句、専門的・抽象的語彙、名詞構造を連結する関係過程、論理な結合子の効果的使用、自分や他者の見解を記述する際の態度的な意味を示すモーダル付加詞、その他の資源の効果的使用などが挙げられる。加えて、名詞化と埋め込みを使用した情報編成の方略は、節の主題の効果的使用とともに、論証的テクスト展開の方法を際立たせる。

　発達途上にある書き手にとっては、熟達したバランスのとれた論証を書くことは難しい。多くの場合、学生のテクストの効果を薄れさせるのは、学生の考えではなく、考えの表し方である。学生が取り入れた複数のトピックを精緻化し、互いに関係づける際に、文、段落、さらにはそれより大きなテクスト構成の単位がどのように関係するかを示すためには、学生の考えの展開を効果的に表せるような語彙、文法、言説の構造的方略が必要である。英語で使用可能な統語構造は多様なため、書き手は様々な形で見解や、議論、説明を表明し展開することができる。発達途上の書き手は、様々な文法的選択における言説・語用論的な機能、及び自分の論述において情報を導入または強調し、権威的な立場を表現するために特定の要素を用いる方法を理解する必要がある。学生は文法的機能を知っていても、特定のジャンルに関して効果的な語彙的選択、文法的選択を行えないことがありうる。

　Crowhurst(1980)が指摘するように、論証または議論(を書くこと)は難しい課題である。「物語や描写を書くことに比べ、議論を書く際には統語的複雑性が高いことが明確に論証されている」。「例えば、関連する内容の位置づけや、その内容の構造、論理的な使用に関して」、議論を書く際には「認知的な要求度が高い」と、Crowhurst は言う。議論を書いて展開する際には、まだ習得していない言語的形式を使用することが特徴であり」(p.229)、「人が説得的な言説または議論を要する言説を書くときには、複数の意見の論理的相互関係を本質的に必要とする活動に関わることになる」(p.229)と Crowhurst は指摘する。ここでは、従属化および複数要素の従属節構造への縮合が必要である。Crowhurst(1990)は、自分の主張を裏付ける論拠と一般化の導入の仕方を多くの学生が分かっていないと指摘する。Crowhurst が言うように、「唐突に始まり唐

突に終わる作文の多くは、充分に詳しく述べられていないことが理由である。その代りに期待されていない種類のテクスト(物語、会話、描写)を書いている学生が多い」(p.218)。何年もの間、学校教育を受けた後でも、多くの学生は、適切に構成された文章の提起を可能にするような文法的特徴や語彙的特徴を習得していない。学生たちの考えは複雑で高度かもしれないが、その表し方によって、学習における期待に応えられないようなテクストが出来上がる場合がある。

　本項では、論証的な文章140例のコーパスを使い、発達途上にあるアカデミック・ライティングの書き手による、このジャンルの構成の仕方を実例で示す。書き手には、英語を母語とする生徒と第二言語とする生徒の両方が含まれる。これらの文章は、米国の大学に入学する際のライティング・プログラム(作文のコース)のクラス分けを決定するために高校3年生が書いたものである。書き手は、随筆家 Wendell Berry(1981)が書いた文の一節を読み、これに対して答えるよう指示された。書き手はこの文章の中で、「充足感」は努力から得られるが、技術が我々の今日の仕事の多くからその充足感を奪ってしまったという主張を展開する。生徒たちにはこの課題に取り組むための時間として、2時間が与えられた。作文は手書きで、下書きや推敲の過程を経ていない。それらの文章を経験豊富な作文講師が評価し、6点満点の総合評価で生徒を普通クラス、準備クラスまたは ESL 作文クラスに振り分けた。本項では、これらの作文を用いて、Berry の読み物と添付された作文の指示に対して、生徒たちが示した様々な反応を分析する(この言語資料の詳細な分析については、Schleppegrell(1996a, 1996b, 2000)、Schleppegrell & Colombi(1997)を参照)。

　この特定のトピックについて書かれたこれらの事例は、書き手が論証的テクストを書くときに使う可能性のある全ての選択肢を網羅的に示すものではない。各事例は1つの例に過ぎず、本項で述べるジャンルの構造を近似的に例示しているというだけである。また、これらの事例は、本項が焦点を当てるレジスター(言語使用域)の特徴を個別的な方法で取り入れている。従って、こうしたコーパスは、学習のレジスター(言語使用域)の選択に関する期待を書き手がどのように満たすか、あるいは満たさないかを示唆するに過ぎない。それでも、本項のポイントは、きわめて一般的なレベルで学習のレジスター(言語使用域)の特徴に焦点を当てることであるから、生徒の論述を集めたこのコーパスは、(効果的なものと、あまり効果的でないものの両方を含めて)生徒の書き手が下す言語学的選択の豊富な事例になるはずである。

第一に注目すべきは論証文のマクロ構造（全体的な構造のあり方、様々なステージで前景化される語彙的資源と文法的資源）である。次に文法に焦点を移し、生徒たちの文法的選択と語彙的選択において具現される観念構成的意味、対人的意味、テクスト形成的意味を探る。そこでの事例と議論の中心は文法と構造に置かれる。これは、文法的選択によって「内容」や考えが具現されるからである。この事例は、これらの生徒の多くが自分の論点を裏付けるために、もっと適切な事例を取り入れたり、この課題を仕上げなければならないような短い時間の中では思い浮かばない他の問題を検討したりする必要があることを示すが、内容に関わるこれらの考慮事項は、文法的・語彙的特徴と不可分に関係している。英語の文法体系から選択された一式の選択肢としてテクストを見るこの観点は、そのテクストが生成された「状況」や、書き手と読み手との間に打ち立てられる「関係性」、そしてそのテクストが採る「形式」から意味を引き出し、知識とその知識が解釈構築される言語とが不可分であることを認めるものである。特定の言語学的特徴が、書き手に意味の解釈構築と、論証文において高く評価される構造の具現を可能にさせるのである。

マクロ構造

論証的な文章においては、導入部でそのテクストの方向性と目的を述べる。一般には、それは主題文（thesis statement 論点を提示する文）において表明される。テクスト本文では主張が展開され、事例や論拠を通じて詳述される。最後に、主張してきた論点を結論で概括し、評価する。よって、文章のマクロ構造は、展開の予表（前触れ）・主張・概括という構造をとる。同時に、論証の各論拠において同様の構造がしばしば生じる。ここでも、各論拠に関して提示される証拠とともに論拠が述べられ、提示された後、概括される。Martin（1996, 2002）は、このテクスト構造が、論証の主要な文法的資源としての節の主題（theme）および名詞化にどのように依存しているかを示している。

例文（4）は、これを評価した専門家の読み手が、大学1年生に期待される要件を満たしていると判断した文章の例である[51]。この作文において、生徒は基本的にBerry（1981）の主張を採用し、自分の私生活から取り上げた事例や『すばらしい新世界』の読書経験でそれを裏付けている。

（4） According to the novelist, poet, essayist, and farmer, Wendell Berry, people should receive satisfaction from accomplishments, from completing a job and completing it well. Berry also thinks that people are already on their way to a world of "efficiency," "production" and "comsumption" with little satisfaction. I completely agree with Berry and have experienced both satisfaction from accomplishment and dissatisfaction from having a task done for me.

I personally have gained satisfaction from washing and waxing a thirty-six foot Motorhome. In the process I began to understand why the person paying me would rather have someone else do the job for them. The job was difficult and time consuming and made my body sore. Although it was hard work, once I was done, I felt proud. I could then step back and say, "I did that." From this accomplishment, I received great satisfaction knowing that I did a job well done. Of course the question of whether or not my employer received satisfaction needs to be answered.

My father helped me with my science project in Junior High. I could have probably done it myself but I was too lazy and just thought of it as a waste of time. After the project was completed and ready to be presented, that feeling of accomplishment didn't come to me. I was happy to have it done and out of the way but in no way did I feel satisfied. My employer most likely felt the say way. Happy to have his motorhome clean but not really having any satisfaction.

Science is now quickly coming up with new ways to make people happy with little satisfaction. As Berry pointed out in "Home of the Free," "What these people are really selling is insultation—cushions of technology, 'space age' materials, and the menial work of other people—to keep fantasy in and reality out." Another author that would agree with this statement is Aldous Huxley, the author of *Brave New World*.

In *Brave New World* Huxley uses William Shakespeare's Hamlet to show that it is better "to suffer the slings and arrows than to just remove them and not have to deal with them. Huxley also points out that "Happiness is never Grand" as compared to the struggling and overcoming of a difficulty and the satisfaction received. Huxley's Novel is based on Berry's same idea that this 'World of the future' is already established among us, and is growing.

In this "world of the future" satisfaction is becoming a thing of the past and is being overcome by what science says should make people happy and comfortable. I agree with Wendell Berry that true satisfaction comes from accomplishment and that both are being pushed out by scientific and futuristic comfort. People need to realize that satisfaction doesn't come from removing anything considered uncomfortable or tedious. Only from accomplishing something for one's self will true satisfaction come.

　小説家であり詩人であり随筆家であり農夫である Wendell Berry によれば、人は物事の達成や仕事の完遂、そしてそれを首尾よく完遂したことによって充足感を得るべきである。Berry はまた、人はすでに、ほとんど充足感のない「効率」「生産」「消費」の世界に向かって進んでいると考えている。私は Berry の考えに全く同感である。私は、物事の達成によって得られた充足感と、自分の代わりに誰かに仕事をしてもらったことで感じた欠乏感との両方を経験している。

　私自身は、36 フィート（約 11 メートル）もあるキャンピングカーを洗車し、ワックスをかけることで充足感を得た。この過程で、私に報酬を払う人が、誰かにこの仕事をしてもらう理由を、私は理解するようになった。この仕事は大変で時間がかかった。そして、体のあちこちが痛くなった。これは重労働だったが、終えたときには誇らしく感じた。その時、私は一歩下がって眺めながら「僕がやったんだ」と言えた。この仕事を達成したことで私は大きな充足感を得た。私がこの仕事を立派にやり遂げたことがわかったからである。もちろん、私の雇い主が満足したかどうかという疑問には答える必要がある。

　中学時代に科学の課題を父に手伝ってもらったことがある。おそらく自分でも出来たのだろうが、私はとても怠け者で、そんなことは時間の無駄だと単純に考えたのだった。課題が完成し、発表する段になったとき、私に達成感はなかった。課題が終わり、その課題から解放されたことは嬉しかったが、充足感は決して得られなかった。私の雇い主もおそらく同じように感じているだろう。彼はキャンピングカーがきれいになって嬉しいだろうが、本当の意味での充足感は得られない。

　今や、科学は、ほとんど充足感を与えずに人々を喜ばせる新しい方法を次々と生み出すようになった。Berry が「自由の故郷」で指摘するように、「これらの人々が本当に売っているのは、空想を取り入れ、現実を排除しておくための絶縁材—技術のクッション、『宇宙時代』の素材、そして他人の単純労働—である」。この言葉に同意しそ

うな作家がもう一人いる。それは『すばらしい新世界』の著者 Aldous Huxley である。

　『すばらしい新世界』の中で、Huxley はウィリアム・シェークスピアの『ハムレット』を引用し、「暴虐な運命の矢弾」をただ取り除き、それに対処しなくて済むようになるよりも「矢弾を受けながらじっと耐え忍ぶ」ほうがよいことを示した。Huxley は同時に、困難に苦しみ、それを克服することや、得られた充足感と比べて「幸せというものは、決して壮麗なものではない」と指摘している。Huxley の小説は、「未来の世界はすでに我々の中で出来上がっており、どんどん広がっている」という Berry の考えに基づいている。

　この「未来の世界」の中では、充足感は過去のものになり、人々を幸福かつ快適にするはずだと科学が主張するものによって圧倒されつつある。本当の充足感が物事の達成から得られるという点、またどちらもが科学的な快適さや未だ経験したことの無い快適さによって排除されるという点で、私は Wendell Berry に同感である。不快と思われることや退屈と思われることを取り除いても充足感は得られないことを人々は認識する必要がある。自分自身のために何かを成し遂げることによってのみ本当の充足感が得られる。

　この作文の導入部で、生徒はこの作文で何を論じるかを前触れの形で予表し、これを裏付けるために充足感と欠乏感に関する個人的な経験を用いて、自分がベリーの見解に同調することを示唆している。この生徒が(4)の導入部で、テクスト形成的資源をどのように採用しているかを、表 4.2 の主題／題述の分析において示した。表 4.2 は、節の主題が「ベリー(Berry)」と「私(I)」にどのように焦点を当て、生徒の出発点を示唆したかを示す。生徒は、Berry のものの見方と Berry への同意で作文を書き出している。特に最後の文の、新しい情報を加えた節の題述は、この作文が同意を裏付けるために用いる2つの重要な例を指している。この目的のために、名詞化と、名詞化を通じた文法的比喩が用いられていることに注意してほしい。「物事の達成によって得られた充足感(satisfaction from accomplishment)」と、「自分の代わりに誰かに仕事をしてもらったことで感じた欠乏感(dissatisfaction from having a task done for me」の部分である。名詞化によって、生徒はこの作文が何について書かれているかを示しやすくなる。これは論点に名前を付けられるからである。文法的比喩は、節に含まれる情報の縮合を可能にする。作文の次の段落で、それを拡

表 4.2　生徒の作文における導入部の主題／題述分析

主題	題述
According the novelist, poet, essayist, and faormer, Wendell Berry,	people should receive satisfaction from accomplishments, from completing a job and completing it well
小説家であり詩人であり随筆家であり農夫であるウェンデル・ベリーによれば、	人は物事の達成や仕事の完遂、そしてそれを首尾良く完遂したことによって充足感を得るべきである。
Berry	also thinks that people are already on their way to a world of "efficiency," "production," and "consumption" with little satisfaction.
ベリーは、	また、人はすでに、ほとんど充足感のない「効率」「生産」「消費」の世界に向かって進んでいると考えている。
I	completely agree with Berry
私は、	ベリーの考えに全く同感である。
and (I)	have experienced both satisfaction from accomplishment and dissatisfaction from having a task done for me.
そして (私は)	物事の達成によって得られた充足感と、自分の代わりに誰かに仕事をしてもらったことで感じた欠乏感との両方を経験している。

張したり、精緻化したりする。生徒はここで、導入部において目立たせた「充足感(satisfaction」と「欠乏感(dissatisfaction)」の例を挙げている。

　例文(5)は、(4)の作文において生徒が示した「物事の達成によって得られる充足感(satisfaction from accomplishment)」の例が、作文全体のマクロ構造(展開の予表、主張、概括)をある意味で反映した修辞的構成を、どのように使用しているかを示したものである。ここでも、様々な段階で異なる文法的方略が求められる。

（5）　I personally have gained satisfaction from washing and waxing a thirty-six foot Motorhome. In the process I began to understand why the person paying me would rather have someone else do the job for them. The job was difficult and time consuming and made my body sore. Although it was hard work, once I was done, I felt proud. I could then step back and say, "I did that." From this accomplishment, I received great satisfaction knowing that I did a job well done. Of course the question of whether or not my employer received satisfaction needs to be answered.

　私自身は、36 フィート（約 11 メートル）もあるキャンピングカーを洗車し、ワックスをかけることで充足感を得た。この過程で、私に報酬を払う人が誰かにこの仕事をしてもらう理由を私は理解するようになった。この仕事は大変で時間がかかった。そして、体のあちこちが痛くなった。これは重労働だったが、終えたときには誇らしく感じた。その時、私は一歩下がって眺めながら「僕がやったんだ」と言えた。この仕事を達成したことで私は大きな充足感を得た。私がこの仕事を立派にやり遂げたことがわかったからである。もちろん、私の雇い主が満足したかどうかという疑問には答える必要がある。

　(5)において、第 1 文は「達成」を節が名詞化された参与要素（「36 フィートもあるキャンピングカーの洗車とワックスがけ(washing and waxing a thirty-six foot Motorhome)」）として導入し、段落のポイントをあらかじめ示している。これは、作文全体への導入部が今後の展開を同時に前触れするやり方を反映した典型的なトピック・センテンスである。第 2 文は心理過程（「私は理解するようになった(I began to understand)」）を用いている。生徒は重労働の苦痛とそこから得られる爽快感を対比させながら、この段落全体に広がる評価を導入した。キャンピングカー洗車の実体験の描写は、意味と一致した（「日常的」）文法を使用して体験（「この仕事は大変で時間がかかった(the job was difficult and time consuming)；重労働だった(it was hard work)」）を経時的に語り、それを評価している（「誇らしさを感じた(I felt proud)」）。誇りは、達成感を表す経時的な節で表されている（「その時、私は一歩下がって眺めながら『僕がやったんだ』と言えた(I could then step back and say, "I did that")」）。この段落のこの部分は接続詞による単純な結合を用い、名詞化を使用していない。評価を表す言葉は、大変な仕事について述べるときも、書き手の達成感を表現するときも明確である。しかし、この段落をまとめる時、この生徒はもう一度名詞化された「この達成(this accomplishment)」を使用し、第 1 段落で取り入れた「充足感(satisfaction)」を繰り返している。これにより、はじめに暗示された結束的な結合が生じる。日常のものに近い文法を使用した、名詞化が少ない作文のこの部分は、名詞化と概括において用いられるより抽象的な言語の部分と対照的である。

　例文(6)はこの作文の結びの段落である。生徒はここで再び、（上級の読み

書き能力を示す)「意味と一致しない文法」を使用している。

（6） In this "world of the future" satisfaction is becoming a thing of the past and is being overcome by what science says should make people happy and comfortable. I agree with Wendell Berry that true satisfaction comes from accomplishment and that both are being pushed out by scientific and futuristic comfort. People need to realize that satisfaction doesn't come from removing anything considered uncomfortable or tedious. Only from accomplishing something for one's self will true satisfaction come.

　　この「未来の世界」の中では、充足感は過去のものになり、人々を幸福かつ快適にするはずだと科学が主張するものによって圧倒されつつある。本当の充足感が物事の達成から得られるという点、またどちらもが科学的な快適さと未だ経験したことの無い快適さによって排除されるという点で、私は Wendell Berry に同感である。不快と思われることや退屈と思われることを取り除いても充足感は得られないことを、人々は認識する必要がある。自分自身のために何かを成し遂げることによってのみ本当の充足感が得られる。

　ここでもまた、節の主題がここでの展開方法を示している。生徒は、Berry の随筆を引用し、Berry の論点を想起させ(この「未来の世界」において…(In this "world of the future"...))、自らの見解を取り入れ(「同感である(I agree)」)、次に１つの特定の見方を促すにあたって勧告的な立場を取り入れている(「人々は…を認識する必要がある(People need to realize...)」；「自分自身のために何かをやり遂げることによってのみ…(Only from accomplishing something for one's self...)」)。複雑な名詞群(「人々を幸福かつ快適にするはずだと科学が主張するもの(what science says should make people happy and comfortable)」；「不快と思われることや退屈と思われること(anything considered uncomfortable or tedious)」)は、それまでに紹介した考えを要約している。こうして、それらの考えは、この評価の結びの段落において節の参与要素として働くことができる。従って、この作文の概括にも、それまでの部分で与えられた情報を、要約するための文法的要素が必要となる。
　生徒たちは、自分が読んだ文章に関し、その文章の作者が導入した話題に対して、自分の立場を表明する論証的な文章で応答するよう要求されることが多い。これには、作者の立場を述べ、十分に展開された議論でそれに応答する技

能が必要である。その議論の展開を支える上手に展開されたマクロ構造が提示できるかどうかは、節レベルの言語的選択によって左右される。学問的なテクストにおいて期待されるレジスター（言語使用域）の特徴としては、複雑な名詞群、評価的特徴の埋め込み、接続詞や節結合によって高度に構造化されたテクストを生み出す縮合方略などが挙げられる。さらに主題を用いてこれらが構成する構造に足場を与える。Halliday(1982)は、テクストと節には類似した特徴があると指摘する。「1つの節でテクスト全体を要約することはできないが、どの節も全体に貢献し、中には完全な類似を具現する節もある。何故なら節のシステムは、意味的な構成要素の全てを具現しており、その構成要素から無限の多様さを可能にするかたちでテクストが構築されているからである。」(p.230)と述べている。生徒たちは節レベルで選択を行う必要がある。これにより、談話レベルで期待される高度に構造化されたテクストを実現することができる。

節構造：レジスター（言語使用域）の選択

　機能言語学の手法は、発達途上にある書き手が、効果的な論証的文章を構成するための文法的選択や語彙的選択を下す際に直面する課題を明らかにすることができる。Jones、Gollin、Drury、Economou の共著書(1989)を引用した表4.3 は、表 4.1 の論証についての説明を詳しくしたものである。この表には、観念構成的、対人的、テクスト形成的選択において、フィールド（活動領域）、テナー（役割関係）、モード（伝達様式）を具現する際の言語学的資源の役割という観点から、論証的論述のための機能を果たす言語学的資源が列挙してある。表 4.3 に示される論証の特徴は、第 3 章の表 3.7 において一般的に示された学習のレジスター（言語使用域）の文法的特徴を用い、さらにこれを深く掘り下げたものである。以下の項では、発達途上の書き手が直面する課題が明らかになるような事例を示しながら、表 4.3 に示された特徴について論じる。これらの作文を書いた生徒たちは、しばしば相互作用的なレジスター（言語使用域）の特徴を使用する。こうした選択は、生徒が意図した意味の解釈構築という点で論述の効果をしばしば薄れさせてしまう。口頭の対話的言語方略に頼ってしまうと、生徒の作文の論理的構造や組織的構造に影響を及ぼし、彼らの論述課題は往々にして不適切なテクストとして具現されることになる。

観念構成的資源における活動領域の具現

　書き手が観念構成的意味を解釈構築する際に知識を披歴できるいくつかの文

表 4.3　論証的な論述において機能する文法的特徴

知識を披歴する観念構成的資源

・主張を列挙する抽象的名詞群
・情報を縮合する拡充された名詞群
・複数の名詞構造を結合し、抽象化と一般化を構築する動詞
・適切なコロケーション（連語）および過程構成の構造とともに使用される専門的で抽象的な語彙

権威性を具現する対人的資源

・客観性を具現する叙述法及び三人称
・評価を可能にする名詞化および関係過程
・立場を表すための資源（コミットメントのよりどころをある命題に帰するための明示的および暗示的目的語の選択のコントロールを含む）
・態度的意味を形成するためのモダリティおよびその他の資源のコントロール

テクストを構成するテクスト形成的資源

・キーポイントを強調できるように情報を構成する主題選択
・情報の縮合を可能にする節結合の選択
・文法的比喩を通じた語彙密度の高さ
・結束性連結を形成するための接続的資源の使用
・命題の提示と主張における抽象から具体へのシフトのための資源

法的特徴を、表 4.3 に挙げた。専門的で抽象的な語彙と名詞要素の拡充は、論証文に必要な情報の縮合を可能にする。当然ながら、名詞化が主題の展開を可能にするので、語彙も評価を提供する言語的選択を通じた役割関係の対人的具現と、作文のテクスト形成に貢献する。3 つのメタ機能は各節において同時に具現されるため、実際には学習のレジスター（言語使用域）の全ての特徴が学校教育のテクスト構築において協働し合いながら働く。しかし、それとは別に各メタ機能の構成要素に注目することも、様々な文法的選択と語彙的選択が意味の仕方にどう貢献するかを分析する方法として優れている。本項では、特に語彙的選択がもつ文法的意味への影響を考察する。

　生徒である書き手は、語彙を発達させる必要性が非常に大きいと一般に理解されているが、機能的分析によって、語彙的意味と文法的意味の相互作用に注目すると、この理解にもう 1 つの次元が加わる。生徒が語彙を学ぶ過程において、語彙的選択が働く文法的コンテクストの学習は、名詞群（名詞句）を拡充し、節構造を減らすために不可欠である。前置修飾と後置修飾を用いて名詞句を拡充する能力は、論証的文章の重要な資源である[52]。論証においては、名詞群（名詞句）を拡充し、関係過程において抽象的な参与要素を作ることが必要だからである。例えば、この作文例において「彼はそれが重要だと信ずる（He believes it is important)」と書かずに、「その重要性に対する彼の信念は、全体に及ぶ主題である(His belief in its importance is a pervasive theme)」と書くことによって、書き手は、関係過程において2つの名詞構造を連結することができる。書き手の分析と、Berryの主張についての説明が1つの節の中に取り込まれる。名詞化を通じて、書き手は論点を強調し、論拠を提示し、結論をまとめることができる。論点を裏付けるために用いられる論拠を列挙した名詞群は、特に重要である。例えば、(7)においてはBerryの意見を統括した後で、生徒は次のように書いている。

（7）　Laziness and the demand for carefree products, foods, and housing prove his assumptions are correct.
怠惰な気持ちと、手間の要らない商品・食品・住宅への需要は、彼の仮説が正しいことを証明している。

　書き手が、これらの名詞群（「怠惰な気持ち(laziness)」、「手間の要らない商品・食品・住宅への需要(the demand for carefree products, foods and housing)」）を通じ、この文章で展開される論拠を列挙した主題文(thesis statement)を提示することで、文章の構成を明確にすることができる。次に、この文章の続きでは、事例と議論を用いてこれらのポイントをさらに掘り下げる。
　(8)の書き手は、抽象的な名詞化を用いて1つの命題を提示している。

（８）　The real folly of human nature lies in people's failure to realize the real value of the world that they live in and their constant fight to try and change it.
人間の真の愚かさは、自分たちが住む世界の本当の価値を人々が認識せず、常に世界を変えようと抵抗していることの中に存在する。

　この書き手は、複雑な名詞句「人間の真の愚かさ(the real folly of human nature)」を文の主題に選んだ。この女生徒は「…に存在する(lies in)」という関係過程を用いて、自分の文章の中で展開する2つの主張を提示することができた。それは、人々が世界の本当の価値を認識していないことと、世界を常に変えようとしていることである。これらの主張は名詞句で表されている。3つの重要な名詞構造「人間の真の愚かさ(the real folly of human nature)」「人々が自分たちの住む世界の本当の価値を認識していないこと(people's failure to realize the real value of the world that they live in)」「常に世界を変えようと抵抗していること(their constant fight to try and change it)」を用いることによって、書き手は自分の論旨を提示し、それを主張するために用いる論点を挙げることができる。

　複雑な名詞句は、書き手が強調したことをまとめる場合にも有効である。(9)の書き手は、バースデーカードを手作りすることは、ただ店でカードを買ってくるよりも満足感があるという意見を提示した。この女生徒は、次に名詞構造を用いてその論点をまとめた。

（9）　Taking the time to do things yourself is a challenge and challenges always offer greater rewards.
　　　自分で何かをするための時間をかけることは大変だが、大変なことは必ずそれ以上に大きな見返りをもたらす。

　文の主題として、すでに強調したことを捉えた名詞表現「自分で何かをするための時間をかけること(Taking the time to do things yourself)」を用いることにより、同じ節の中でその意見の評価(「それ以上に大きな見返りをもたらす(offer greater rewards)」)を示すことができる。書き手がこのジャンルにおいて評価される論証的なテクスト提示を具現することを可能にするのは、言いたいことを述べ、その論点を1つの名詞句に縮合したり、論点をまとめる名詞句を拡充したりする能力である。これは、抽象的な語彙を含む様々な種類の語彙のコントロールに依存する。

　関係過程を示すための資源の拡充も重要である。生徒は、抽象化と一般化の構築に役立つ多様な動詞(例：「示唆する(indicate)」、「反映する(reflect)」、「示す(show)」、「影響を及ぼす(influence)」、「生じる(cause)」、「…につながる(lead to)」、など)を学ぶ必要がある。しかしながら、生徒は、単語の知識とともに、特定の語彙の選択に関する文法的制約、特に特定の動詞型と参与要素に付随する過程構成の構造(特定の種類の主語と補語)に関するコロケーション(連語)の情報を知っておく必要がある。特定の名詞または動詞の選択は、その選択に続く残りの節に対する予想を伴う。発達途上にある書き手にとって大きな問題は、語彙的選択の文法的意味を理解することである。(10)の例をみると、生徒の論述においてしばしば生じる過程構成の構造の問題がどのようなものかがわかる。

第4章　学校教育における作文のジャンル　139

（10）　（a）Realizing from personal experience, Berry believed that the hard
work and the time it took to complete the work doesn't really matter
as long as Berry and his helpers（neighbors, son, and daughter）gave
some effort in completing his spring job.

個人的な体験から気付いて、Berry は、自分と助けてくれる者（近
所の人たち、息子、娘）が Berry の春の（農）作業を終わらせるた
めに、何らかの労力を費やしてくれている限り、重労働とその作
業の完成までに要する時間は全然問題じゃないと考えた。

（b）Berry's point of view toward "satisfaction" does incorporated with
what I thought of satisfaction.

「充足感」に対する Berry の考え方は、私が考えていた充足感を
まさに具体化したものである。

（c）People will do anything to achieve their goals without concerning the
safety of other species, their environment, and their life.

人は、他の種とその環境、生命の安全を気遣うことなく、自分の
目標を達成するために何でもする。

　特定の名詞と動詞による過程構成の制約は、特定の構造が特定の語彙的選択
に付随することを意味する。これらの制約に気付かない生徒は、意図された意
味の解釈構築が不適切になる恐れがある。（a）において、この生徒は必要な目
的語（「何を［気づいたのか］（realize what?）」）をつけずに「気づく（realize）を
使っている。これに関しては、おそらく「…に基づいて（Based on）」などの表
現と差し替えることが可能だと思ったのであろう。また、（a）においては、く
だけた表現または口語的表現が使われている（「全然問題じゃない（as is doesn't
really matter）」）が、これは「何らかの労力（some effort）」とのコロケーション
（連語）における「与える（give）」の使用とは別の問題である。（b）においては、
「具体化する（incorporated）」は文法的に誤っている。このコンテクストにおけ
る「具体化する（incorporate）」は名詞補部をとる（例：Berry の意見は、私も同
感する多数の点を具体化している（Berry's point of view incorporates many
aspects that I also agree with））。（c）において、この生徒はこの種の節構造で「関
係する（concern）」を用いる方法を学ぶ必要がある。（例：without concern
for...）。

　（10）の例は、こうした述べ方に慣れた誰かが読み返し、知的に「編集する
（edited）」ことが可能だが、効果的に自分の意見を伝えるためには、生徒は単

語の意味や、単語の使用に関わるコロケーションの制約と文法的制約について知識を十分に深める必要がある。これらの文章を書いた生徒たちは、意味論や、自分たちが使用した特定の種類の主語、動詞、補語に付随する節構造に不案内である。意味論的な考慮事項と構造的考慮事項は、どちらも単語の選択と切り離すことができない。節の構造が文法的に誤っていた場合、意図された意味が具現できないことがありうるからである。生徒は、豊富な語彙を必要とするだけでなく、特定の語彙を選択することが文法的に何を意味するかも理解する必要がある。対話のレジスター（言語使用域）では滅多に生じない語彙が、学問的テクストでは当たり前のように用いられる。また、「認識する（realize）」、「含む（incorporate）」、「関係する（concern）」などの動詞を選択した場合には、生徒は、たとえその語彙は知っていたとしても、その構造には馴染みのないような過程構成を要求される。

　上記の論証的論述の観念構成的資源の再検討によって、発達途上の書き手が、専門的・学問的語彙のコントロールを拡充する必要がある一方で、文法の観念構成的資源の効果的使用には、単なる単語の知識以上のものが要求されることが実証された。専門的語彙を正しく使用するためには、語彙の選択の文法的意味を書き手が理解し、論証的テクストの効果的編成が可能になるような節構成の方略を採用する必要がある。以下の項で示すように、こうした方略の採用によって、対人的意味とテクスト形成的意味のより効果的な解釈構築が可能になる。

対人的資源における役割関係の具現

　文法の対人的資源は、談話の役割関係を具現し、読み手と書き手との関係、書き手の姿勢と判断を解釈構築する。第3章において、学問的論述の重要な課題の1つは、評価の埋め込みだと指摘した。そのことによって、テクストは論証性や権威を感じさせるようになる。すなわち、評価のために様々な資源の組み合せを用いることは、むしろくだけた対話でよく見られる。本項では、表4.3で概説した論証的な論述で重視される権威性を具現するための文法的資源のいくつかについて論じる。これには、非人格的な論述を可能にする叙法構造および第三者、節における主題の位置から筆者を引き離し、暗に権威的立場を表明する方略、ならびにモダリティおよびその他の態度的意味のための資源のコントロールなどが含まれる。

　学問的環境で文章を書く生徒は、一般的に自らが提示する情報に対して権威的姿勢を維持することを期待される。このような姿勢の表明を可能にするレジ

スター(言語使用域)の選択を行うことは、権威性を表明する文法的資源の使用に関する知識や経験のない生徒にとっては難題である。これは決して、全ての論証的文章が必然的に感情移入をしない、非人格的な執筆者を表現するという意味ではない。論証的テクストにおいては、様々な表現やスタイルが見られる。書き手の姿勢を明確に表現することによって説得力を持ち、複数の考えに異議を唱え、それに代わる考え方を提示するような論証のスタイルもあるが、その時は異なる文法的選択が勧告的なテクストを具現する。例えば、勧告的なテクストにおける主張は、一般には陳述ではなく命令である。また、勧告的テクストは示唆を与え、疑問を投げかけるので、読み手を参加者、対話者として扱う一人称代名詞を用いることが多い。こうした勧告的なテクストは、論説、投書、教会の説教、政治家の演説、討論によく見られる(Martin, 1989a)。一方、分析的なテクストは、感情や姿勢を明示的には表明せず、その主張が上手に構成されていることを読み手に納得させようとする。分析的なテクストは一般に三人称で書かれ、読み手を情報の提供先として扱う(Martin, 1989a)。生徒が論証的文章を書くためには、別の人が提案した主張に対して答える形で、対話者との相互やり取りに依存して意味をすり合わせることをせずに、意味と見解を構築しなければならない。第3章では、命令節や疑問節の多用によって、相互作用的レジスター(言語使用域)や非常に勧告的なレジスター(言語使用域)に多く見られる関与のコンテクストが具現される場合があることを示した。生徒は、レジスター(言語使用域)が解釈構築する意味がもたらす結果を考慮せずに、馴染みのある相互作用的レジスター(言語使用域)の特徴に頼るのではなく、様々なスタイルを認識し、目的が反映されるような選択を下すことができなければならない。

　その他の文法的資源も、論証的論述の権威性の具現に貢献する。生徒は、ある資料に対する立場を示すとき、そこでの論拠を総括し、それらの論拠への賛否を表明するという形で、その書き手の見解を提示しなければならない場合が多い。本項における分析のもとで文章を書いた生徒たちは、何が充足感をもたらすのかに関する Wendell Berry の立場をまとめ、次にこのトピックについての自分自身の見方を示さなければならない。生徒たちが自分自身と Berry の見解をどのように表現するかは、彼らがそこに持ち込む権威性と大きく関係する。表4.2の主題／題述の分析は、(4)の書き手が Berry の発言内容と Berry の随筆に対する自分の見解を紹介するために、「考える(think)」や「同意する(agree)」などのような動詞とともに、主語／主題の位置において「ベリー(Berry)」や「私(I)」をどう用いたかを示している。この書き手が論証的論述

の技能をさらに伸ばすためには、節の出発点として様々な主題を用いる手法を取り入れる必要があるだろう。それは、それらの見解に対して責任を負う個人にではなく、提示された、または異議が投げかけられた情報や見解に重点を置く手法である。例文(11)はその好例である。

(11)　Satisfaction of the state of our world today is an issue that everyone will probably never agree on. Many are not satisfied with the amount of work that is necessary to achieve something and we are constantly in search of ways to make everyday life easier. It is a common belief that if we find conveniences and ways to make life easier on us, then we will have a perfect world.

今日の我々の世界の状態に対する充足感は、恐らく全員の意見が決して一致することのない問題である。多くの人は、何かを達成するために必要な仕事の量に満足していない。そして、私たちは日々の生活を楽にする方法を常に探している。我々が便利なものや、生活を楽にする方法を見つければ、完璧な世界が手に入れられるというのが一般的な認識である。

　表4.4は、テクスト(11)の主題／題述の分析を示したものである。表4.4の主題選択と表4.2の主題選択を比較すると、(11)の節の主題は、(4)の文章の書き手が用いた節の主題ほど主観的ではなく、個性が強調されていないことがわかる。

　テクスト(11)の書き手は、この文章の出発点として複雑な名詞群「今日の我々の世界の状態に対する充足感(Satisfaction of the state of our world today)」を用いている[53]。こうした名詞化は、Berry の随筆の焦点を書き手が概括し、抽象化(「問題(issue)」)によってこれを存在・状態・関係を表す節と連結することを可能にする。また、抽象化は、論点を一般化し、書き手が議論の余地の有無について意見を述べることを可能にする。このような形で書き始めることによって、書き手は「恐らく全員の意見が決して一致することがない」理由へと進み、論旨を展開することができる。書き手は私的見解を表明するのではなく、「私は(I)」を使うことによって、満足していない「多くの人(many)」を指し、「私たちと同じ多くの人たち(many as we)」と解釈することによって、ここでも一般論を述べている。導入部の最後の文において、書き手は、この小論においてその時点で論じ、批評していたものの見方を示す複数の条件節を導

第4章　学校教育における作文のジャンル　143

表 4.4　テクスト（11）の主題／題述分析

主題	題述
Satisfaction of the sate of our world today	is an issue that everone will probably never agree on.
今日の我々の世界の状態に対する充足感は	恐らく全員の意見が決して一致することのない問題である。
Many	are not satisfied with the amount of work that is necessary to achieve something
多くの人は	何かを達成するために必要な仕事の量に満足していない。
and we	are constantly in search of ways to make everyday life easier.
そして、私たちは	日々の生活を楽にする方法を常に探している。
It	is a common belief
それは	一般的な認識である。
that if we	find conveniences and ways to make life easier on us,
我々が…すれば	便利なものや、生活を楽にする方法を見つける。
then we	will have a perfect world.
そうすれば、我々は	完璧な世界を手に入れられる。[a]

a　ここでは、この生徒が提示した命題の主題／題述構造を明らかにするため、「一般的な認識（a common belief）」の後置修飾としての埋め込み節を分析した。

入するために、非人格的な構成「一般的な常識である（It is a common belief）」を採用している[54]。

　生徒である書き手が、学問的課題において期待されるレジスター（言語使用域）で、自分自身や他人の見解を上手に表現するためには、主張と立場を列挙する名詞構造を用いる必要がある。「課題（issue）」、「確信（belief）」、「理由（reason）」、「問題（problem）」、「主張（argument）」、「見解（point of view）」、「疑問（question）」などの名詞は、そのために役立つ資源である。書き手が、自分自身の確信への言及に依拠しない節構造の中で意見や議論を評価するときに、これらの名詞要素は、「重要な（siginificant）」「効果的な（effective）」「根本的な（essential）」などの形容詞で修飾できるからである（Jones et al., 1989）。名詞語や、「…は一般的な認識である（it is a common belief）」などの非人格的構造を用いることにより、書き手は、より非人格的な姿勢が具現されるように、自分自身や他人の見解について述べることができる（例：この文章の「筆者は概説し、確信し、そして分析している（the author of this essay outlines, believes, or analyzes）」は、「筆者の概説（her outline）、筆者の確信（his belief）」「分析（an analysis）」に置き換えることができる）。

Halliday(1994, p.355)は、命題へのコミットメント、または彼が「責任叙法（modal responsibility）」と呼ぶものの特性の表し方を4種類挙げている。これら4つの文法的選択は、明示的または暗示的、客観的または主観的として分類できる。(12)に例を挙げる。

(12)　　(a)　明示的・主観的：I think that Berry has a good point...
　　　　　　　私はBerryが良いところを突いていると考える。
　　　　(b)　暗示的・主観的：Berry's view should be accepted...
　　　　　　　Berryの見解を認めるべきである。
　　　　(c)　明示的・客観的：It is clear that Berry's view is correct...
　　　　　　　Berryの見解が正しいことは明らかである。
　　　　(d)　暗示的・客観的：Berry is cleary correct in saying...
　　　　　　　Berryが…と言っていることは明らかに正しい。

　上記のケースでは、解釈構築される観念構成的意味は似ているが、対人的意味は異なる。それは、これらの選択が各々読み手や評価されるテクストに対して、異なる関係性を表すからである。選択肢(a)は、書き手の主観性を明示的に表しながら、心理過程を通した投射として著者の見解への同調を示している。(b)では、助動詞を使って節に主観性が取り入れられているため、著者の見解への評価は明示的でなくなっている。(c)および(d)においては、評価が意見としてではなく客観的なものとして示されている。選択肢(c)は、非人格的な「…は明らかである」を通じて明示的にそれを提示している。一方(d)は「明らかに(clearly)」というモーダル付加詞を通じて節に判断を取り入れている[55]。

　これらの選択のそれぞれの状況は明らかに異なる。また、異なる課題とジャンルにおいて、それぞれの選択肢は異なる評価を受ける。いくつかのコンテクストにおいては、過度に客観的な選択肢は非人格的すぎるとみなされ、主観的な選択肢が好まれるが、力のない書き手は、客観的な方法でこれらの意見を説明したほうが高い評価を受けられるにもかかわらず、「私(I)」を使った明示的に主観的な形式を用いるか、あるいはモーダル動詞に強く依存するかのどちらかによって、主観的な選択肢(a)と(b)に頼る傾向がある(例：Hyland & Milton, 1997; Schleppegrell, 2002)。効果的と判断されたコーパスの小論から拾った(13)の例でわかるように、非人格的構造をコントロールすることで、書き手は、より客観的にみえる方法で見解を示すことができるようになる。

（13）　(a)　It is disappointing to think that it will always be like this.
　　　　　今後も常にこのような状態だと考えると残念である。
　　　　(b)　It is inevitable that the "future" way will grow and dominate our work, but one can always choose not to employ the gadgets of the future to do our bidding.
　　　　　「未だ経験したことのない」やり方が拡がり、それが私たちの仕事を支配することは避けられないが、その仕事で、人は未来の道具を採用しないという選択をいつでも行うことができる。

　「私はがっかりである（I am disappointed）」や「『未来的な』やり方が広がると私は思う（I think the 'future' way will grow）」と言わないことによって、これらの書き手は、明示的に客観的な方法で見解を示し、より権威を感じさせる態度で見解を表明することができる。「私は考える（I think）」、「想像する I imagine」、「推測する（I guess）」あるいは「思う（I suppose）」ではなく、「…の可能性が高い（it is likely）」、「…はありうる（it is possible）」、「…は一般的である（it is usual）」、「…は確かである（it is certain）」あるいは「…は必要である（it is necessary）」と書くことによって、心理過程を非人格的にすることができる。「…と主張されている（It is claimed that...）」あるいは「…と言うことができる（It can be said that...）」のように、発言過程を用い、非人格的に聞こえるように表明や主張を行うことができる。暗示的に客観的な方法で評価を説明するために、「ことによると（possibly）」や「確かに（certainly）」などのモーダル付加詞を主題／主語の位置において具現することができる。
　可能性、必要性、およびその他の様相的な意味を説明する言語学的選択はきわめて多様なため、これは文法の中でも難しい領域になる。これらの意味は、すぐ上で論じたモーダル動詞、モーダル付加詞、非人格的構造や、文法のその他の諸要素において具現することができる。異なる文化的背景をもつ生徒にとって、ある事柄が「…かもしれない（may）」あるいは「…するべきだ／…のはずだ（should）」と生徒の様々な考えを説明する際に、文化的価値観や名詞を反映させることができるという意味で、これらの選択肢は難題である（Hinkel, 1995）。生徒が表そうとする意味を教師が明確に把握しているという使用のコンテクストにおいて、モダリティに対するコントロールを習得する必要がある（Hasan & Perrett, 1994）。例えば、助動詞は主題文の重要な資源であり（Christie, 1986）、モーダル動詞の不使用は、明確な命題または主張が展開されないことを示す場合がある。生徒が自分の主張を展開するときに、助動詞をどのよ

うに用いるかを示す例を(14)に挙げる。

(14)　　(a) People should be interested in working to achieve the end result, instead of taking shortcuts to get things done faster or easier.
人は、短時間で、あるいは簡単に何かを済ませるために近道をするのではなく、最終成果を得るために努力することに関心をもつべきである。

(b) While it may be more productive to have scientific machines or other people do the work, it also takes away the values of work.
科学的な機械を持ったり、他の人に仕事をさせたりすることは生産性が高くなるかもしれないが、それは同時に仕事の価値を奪い去る。

(c) Everyone must experience their own form of satisfaction.
誰もが自分なりの形の充足感を経験しなければならない。

(d) Contrary to popular belief, satisfaction can only come from working for it.
一般的な考え方とは逆に、充足感はそれを得るために努力することによってしか得られない可能性がある。

　これらの論述は続いて「何が起きるべきか(should)」「起きるかもしれないか(may)」「起きなければならないか(must)」「起きる可能性があるか(can)」を主張し、証拠を提示する。

　論証的論述では、評価を表す言葉を効果的に使用することが重要である。評価を表す言葉は、書き手がある立場を解釈したり、支え主張したりすることを示すからである。第3章で示したように、評価と態度を示す意味をもつ選択は節全体に現れ、レジスター(言語使用域)の効果的な(または非効果的な)具現に大きく貢献する。主に対話的コンテクストを通じて英語の経験を得た書き手にとって、これは特に難題である。例えば、(15)の書き手は、ややくだけた対話的な選択と、論証的論述において評価される構造が同時に生じる混合型レジスター(言語使用域)を創り出している。

(15)　　In conclusion, satisfaction is to feel good and proud of your own accomplishment. To see the finish work of your own hand without advising or remote-controlling others. But like I said in the beginning, it's alright to use machinery as a helping hand but don't take advantage of that help. Nothing would makes you feel better than your own work. You have to sacrifice a bit of pain and suffering to achieve the goal, the goal of being proud and satisfy.

結論として、充足感とは、自分自身の成果を気持ちよく感じ、誇りをもつことである。忠告したり、他人に遠くから指図したりせず、自分自身の手で仕事を成し遂げたことを見届ける。しかし、冒頭で述べたように、助けとして機械を使うことは全く問題ないが、その助けを乱用するな。自分自身の努力ほど、気持ちよく感じることはない。あなたは目標、すなわち誇りと充足感を感じるという目標を達成するために、ちょっとの痛みや苦しみを犠牲にしなければならない。

　書き手は、論述を通じて展開された「充足感(satisfaction)」の定義で結論部を書き始めている。書き手は、名詞化された不定詞節を参与要素として、関係過程を使用しているので、この姿勢は学問的である。動詞としての「…である(is)」の使用は不適切であり、教師はこの文についてこれ以外の改善点も指摘するかもしれないが、この節の構成全体は学習のレジスター(言語使用域)の特徴への気づきを示している。しかし、このレジスター(言語使用域)はこの時点で、「しかし、冒頭で述べたように(But like I said in the beginning)」などの表現を通じて対話的姿勢をとっている。また、人称代名詞(あなた(you))や命令形(「その助けを乱用するな(don't take advantage of that help)」)は、読み手に対して向けられている。書き手は、このジャンルにおいて評価される権威的で非人格的な態度の具現を可能にする資源を、さらに拡げる必要がある。

　書き手が、学問的論述において期待される権威性を具現するテクストを構築できるような文法的資源を用いるためには、評価を表す意味を非人格的に説明するための手段を考えることが必要である。これらの手段には、責任叙法の属性を決定するための多様な選択肢のコントロールだけでなく、一般化と評価を同時に可能にする名詞化や関係過程が含まれる。これらの「意味の仕方」は、より短く要約された学習のレジスター(言語使用域)の節構造のコントロールに深く依存している。この要約された節の構造は、次の項で詳述する文法のテクスト形成的要素の資源にも依存している。

テクスト形成的資源における伝達様式の具現

　論証の特性である高度に系統立てられた形で情報を構成するために、多用な

資源を使用できることを第3章で示した。書き手である生徒は、くだけた対話の特性である節の連結に依存せず、名詞化され凝縮された構造の学問的な論述で、自分の考えを表現できなければならない。くだけた対話では、定性動詞を使った単文を接続詞で連結し、副詞節で詳しく述べる傾向がある。表4.3が示すように、論証的論述のテクスト形成的資源には、キーポイントが強調されるように情報を構成する主題選択、節の情報の要約を可能にし、語彙密度を高める節結合の選択、結束性の連結を形成する接続資源、書き手が命題を提示し、主張を展開する際に抽象から具体へ移行するための資源が含まれる。

　結束性の高いテクストを書くためには、書き手が小論の論点を明確にし、関連する一連の論点の焦点を定め、これを維持し、主張を展開する際の構成を示す必要がある。先に述べたように、階層的な議論構成で活用できる節の配置の1つの特徴は、主題構造である。書き手は情報構造を強調し、テーマ展開を維持するために、節主題の選択を通じ、英語の語順選択を活用することができる。

　例えば(16)の筆者は、導入部で何を主張するかを体系化し、強調するために、語順に変化をつけている。

(16)　　"Home of the Free," as presented by Wendell Berry, attempts to display the advantages and pleasures one can derive from" ... the natural conditions of the world and the necessary work of human life." From the aspect of a farmer, Berry shows how a life with hard work and dignity is more desirable than one with advanced technology and little self-fulfillment. American society's trend toward efficiency and movement away from communication will contribute to man's downfall. What may save man and "free" him from his own self-destruction is accepting the "hassles" of mortality. Ultimately, satisfaction comes from enjoying life, work and people.

　　　　Wendell Berry が発表した『自由の故郷』は、世界の自然な状態と人間生活に必要な仕事から引き出すことができる利点と楽しみを表そうとしている。Berry は農業従事者の視点から、重労働と尊厳のある生活が、先進技術を取り入れた自己達成感のほとんどない生活よりも、望ましいことを示している。効率化へ向かい、コミュニケーションからの脱皮を求めるアメリカ社会の傾向は、人類の崩壊をもたらすだろう。人類を救い、自己破滅から「解放」できるのは、死ぬべき運命と

いう「面倒な問題」を受け入れることである。最終的に、充足感は生活、仕事、そして人間関係を楽しむことによって得られる。

　表 4.5 は主題選択を示したものである。これを見ると、例文(16)の書き手が様々な種類の主題を用いて、これから論じるポイントを強調するために、導入部の節をどのように構成したかがわかる。最初の 2 つの主題は、Berry の随筆（「自由の故郷(Home of Free)」）と、Berry がそれを（「農業従事者の視点から(From the aspect of a farmer)」）書いたときのものの見方を挙げている。これらの節の題述は、複雑な名詞群(名詞句)で節を構成するため、動詞「…しようとする(attempts)」と「示す(shows)」を用いて、Berry の論点を概括している。第 3 節と第 4 節の名詞化された主題により、書き手はこの文章で取り上げる論点を強調することができる。名詞化「効率へ向かい、コミュニケーションからの脱皮を求めるアメリカ社会の傾向(American society's trend toward efficiency and movement away from communication)」は、書き手がこの完結された考えを節の主題・主語として用い、この傾向が人類の崩壊をもたらすという論点に焦点を当てることを可能にしている。この女生徒の次の文も、名詞群として機能する名詞節（「人類を救い、自己破滅から「解放」できるのは(What may save man and "free" him from his own self-destruction)」）を主題として用い、英語の語順選択を活用している。この主題は、文章の中で展開される「不安(死ぬべき運命という面倒な問題(the hassles of mortality))は人生の一部である」というものの見方を取り入れている。前節の題述の「崩壊(downfall)」を想起させる「破滅(destruction)」を使ったこの主題の語彙的結束性は、書き手が最大の強調とインパクトを与えるように論点を構成することを可能にしている。対人的主題（「最終的に(Ultimately)」）と、この文章の中心的関心事（「充足感(satisfaction)」）を明示する話題的主題が、この導入部の最後の節を導き、論述の続きの部分の出発点が書き手のものの見方になることを可能にしている。

　次節の主題に前節の題述を用いるのは、(17)でもう一度示すように、論拠を構築するための有益な方略である。

(17)　　The true satisfaction of work is not in the reward or price that one receives, but rather it is in doing a task that one loves to do. If one truly loves to do something, he will do it regardless of what others think or the conditions which he does it under.

　　　　仕事の真の充足感は、人が受け取る報酬や対価ではなく、するのが大

好きな仕事をすることにある。その人が何かをすることを本当に好きであれば、他人にどう思われようと、条件がどうであろうとその仕事をするだろう。

　この生徒は、最初の文における最後の節の題述（「…は、するのが大好きな仕事をすることにある（is in doing a task that one loves to do）」）から情報を取り出し、その考えを次の文の出発点として用いることにより、主張を進めるための結束性の連結を作りだしている。発達途上の書き手は、構造化のツールとして主題／題述構造を利用することに困難を感じる場合が多い。発達途上の生徒は、節から節へと主張を構築し、次の節で名詞化された参与要素として情報をもう一度まとめて提示していくことをせず、論証的論述よりも物語によく見ら

表 4.5　テクスト（16）の主題／題述の分析

主題	題述
"Home of the Free," as presented by Wendell Berry,	attempts to display the advantages and pleasures one can derive from "... the natural condition of the world and the necessary work of human life."
Wendell Berry が発表した『自由の故郷』は	自然な状態の世界と人間生活に必要な仕事から引き出すことができる利点と楽しみを表そうとしている。
From the aspect of a farmer,	Berry shows how a life with hard work and dignity is more desirable than one with advanced technology and little self-fulfillment.
農業従事者の視点から	Berry は、重労働と尊厳のある生活が、先進技術を取り入れた、自己達成感のほとんどない生活よりも望ましいことを示した。
American society's trend toward efficiency and movement away from communication	will contribute to man's downfall.
効率へ向かい、コミュニケーションからの脱皮を求めるアメリカ社会の傾向は、	人類の崩壊をもたらすだろう。
What may save man and "free" him from his own self-destruction	is accepting the "hassles" of mortality.
人類を救い、自己破滅から「解放」できるのは、	死ぬべき運命という「面倒な問題」を受け入れることである。
Ultimately, satisfaction	comes from enjoying life, work and people.
最終的に、充足感は	生活、仕事、そして人間関係を楽しむことによって得られる。

れるように、同じ参与要素に焦点を当てたままであることがしばしばである。

　節結合の方略も、情報構造に寄与する。また、多様な語彙的方略と統語的方略を使いこなす能力は、評価が高まるように書き手の論証的論述の構成能力を高める。節結合方略の違いにより、論述の執筆課題に対して全く異なった談話・構成アプローチが生じる（Schleppegrell & Colombi, 1997）。しっかりと構成された論述は、明らかな形で論理的に連結された考えを書き手が提示できるような節構造を必要とする。こうしたスタイルは、埋め込み文と拡充された名詞句を使用する。これらの資源がない場合、書き手は次々と定性節をつなぎ、ある考えから別の考えへと移るという形で、より創発的なテクスト構造を作る。こうした、より創発的なスタイルは、設計と実行が杜撰と思われる論述を作るのである。

　例えば、（18）の生徒の導入部は、構造的な構成に関して設計がほとんど行われていないことを示す。筆者は、導入部において期待される形で、これから主張する内容の根拠を述べず、論述が進むにつれて、いちいち新しい論点を取り入れている。叙法構造において、生徒の文法的選択が、くだけた対話のコンテクストを表す様子を示すため、この文章の抜粋を第3章でテクスト（8）として取り上げた。ここでは、導入部全体を考察することにする。この女生徒の節連結構造が、勧告的で私的なスタイルを形成していることは明白である。

（18）　　"What we want to be set free from are the natural conditions of the world and the necessary work of human life," is not true. Wendell Berry thinks that escaping nature is what we seek for satisfaction, but how can that be so? Today, more than ever, there is a great demand for environmental engineers because there has been a tremendous increase of interest for the environment. Wendell Berry also believes that we dislike confronting with the sun, the air and the temperatures but if that were the case, then why do so many people insist in migrating to California? He also mentions, "Life will become a permanent holiday." That is impossible! Even if high-tech machinery were invented, human beings would be needed to operate them. Another argument is that if he disagrees with the new, improved machinery that John Deere has to offer and if he so much loves working out in the field, under the sun, in the hot weather, then I suggest he cancels the use of tractors and goes back to working with the same farming-equipment our ancestors used, one upon a time.

「私たちが自由になりたいと考えているのは、自然状態の世界や人生の必要な仕事からである」というのは真実ではない。自然からの脱出は、我々が充足感を得るために求めることだと Wendell Berry は考えているが、どうしてそんなことが言えるのだろうか。昨今は、これまでにも増して環境エンジニアの需要が増大している。これは、環境への関心が著しく高まったためである。また、Wendell Berry は、私たちが太陽や空気、熱と向き合うことを嫌っているとも考えているが、もしそうであれば、なぜ多くの人たちがカリフォルニアへの移住にこだわるのだろうか。Berry はこうも言っている。「人生は永久の休日になるだろう。」それは不可能だ！ハイテク機器が発明されたとしても、それを操作する人間が必要だろう。もう1つの論点は、John Deere が提供する新しい改良型の機械に Berry が賛成せず、太陽の下で暑い中、畑で外仕事をするのがそれほど好きなのならば、トラクターを使うのを止めて、その昔、祖先が使っていたような農具での作業に戻るべきだという点である。

　この女生徒は作文の中で用いる論拠を同定して、読み手が論拠に注目するようにこの段落を構成するということをしていない。逆に、薄弱な証拠に基づく反論で、提起する問題のそれぞれに対応しながら論点を次々と移している。生徒がこの段落で用いた統語的構造は、この勧告的なスタイルを具現している。この事例を、Berry への不賛同を示すときに、より学習のレジスター（言語使用域）を採用した生徒の事例と比較すると、この点が明らかになる。その例を(19)に示す。

(19)　Berry's view of satisfaction does not fit the views of growing trends. His views also causes inefficiencies which a successfully thriving civilization cannot afford to have. With the development of technology, more efficient productivity provides more time and energy for us to further use our skills and creativity instead of wasting it in drudgeries such as "manure hauling."

充足感に関する Berry の見解は、増加傾向にある見解と合致しない。また、Berry の見解は、順調に反映している文化が、支えきれないような幾つもの非効率を生む。技術の発達によって生産性が高まったことに伴い、私たちは「肥料運搬」のような単純労働に技能や生産性を

無駄に費やすことがなくなり、より多くの時間とエネルギーを、技能や生産性の更なる活用に充てられるようになった。

　この例にはいくつかの文法的な誤りが見られるが、選択肢を構成する節は、整然と情報を提示する機能を果たし、ある論点から次の論点への連結ができている。(18)の最後の文を(19)の例文と比較すると、アプローチの違いは明らかである。(18)の最後の文は61の単語と8つの節で構成され、これらが「…のなら(if)」「そして…のなら(and if)」「…ならば(then)」「そして(and)」という接続詞でつながれている。一方、(19)の書き手は3つの文を58の単語で表した。節の数は合計わずか4つである。さらに(19)の書き手は、同じような数の単語と半数の節を使い、Berryの見解は現代生活にそぐわないと主張する。我々は効率的な生産技術によって、Berryが称賛する昔ながらの技術では不可能だったことを成し遂げられるというのである。前置詞句と非定性節を用いることにより、書き手は学習のレジスター(言語使用域)の期待事項への精通を示すような節構造を採用することができる。口頭言語を想起させる(18)の節結合のスタイルは、見解を裏付ける証拠を権威的に提示する、知識豊富なエキスパートのコンテクストを読み手に対して形成していない。また、このスタイルは、一般的な論点からその論点の具体的裏付けに移る情報の編成を反映していない。

　同時に名詞化も、例文(19)の密度の高い節構造に貢献している。例えば、(18)はBerryの考え(Wendell Berry thinks、Wendell Berry also believes)を伝えているが、(19)は、充足感に関するBerryの見解(Berry's view of satisfaction)や「彼の見解(His views)」に言及している。これは(19)の書き手が同じ節を使ってBerryの見解を提示し、評価できることを意味している。(20)で示すように、節構造では具現した情報の要約を活用できるので、名詞化を節構造に取り入れるのである。比較のため(18)と(19)の文を(20)に示した。

(20)　　(a)　(18)から：Today, more than ever, there is a great demand for environmental engineers because there has been a tremendous increase of interest for the environment.
昨今は、これまでに増して環境技術の需要が増大している。これは、環境への関心が著しく高まったためである。

　　　　(b)　(19)から：With the development of technology, more efficient productivity provides more time and energy for us to further use our skills and creativity instead of wasting it in drudgeries such as "manure hauling."

技術の発達によって生産性が高まったことに伴い、私たちは「肥料運搬」のような単純労働に技能や生産性を無駄に費やすことがなくなり、より多くの時間とエネルギーを、技能や生産性の更なる活用に充てられるようになった。

　(20)(a)において、書き手は、「著しい高まり(tremendous increase)」によって、どれだけ「大きな需要(great demand)」がもたらされてきたかを示すため、どちらも存在過程(「…がある(there is)」、「…が存在してきた(there has been)」)で導入され、接続詞(because)で連結されている2つの節を用いた。一方、(20)(b)において、書き手は、英語の学習のレジスター(言語使用域)の顕著な特徴である節構造の、主題として働く前置詞句と、物質過程の節における参与要素として、文法的比喩である名詞化された主語(「さらに効率的な生産性(more efficient productivity)」を加えて使用した。この物質過程の補語は、前置詞句的付加詞によって拡充され精緻化された名詞群である(「我々がさらに…に使う(for us to further use...)」、「無駄にせず(instead of wasting...)」)。(20)(a)は文法的比喩(「環境技術に対する大きな需要(a great demand for environmental engineers)」、「環境に対するこれまでにも増しての関心(a tremendous increase of interest for the environment)」)も使用しているが、節構造は、文法的比喩を用いた<u>理由づけ</u>によって節を縮合するという選択肢を使用していない(例:「環境に対してこれまでにも増しての関心は環境技術への大きな需要を<u>引き起こしてきた</u>(a tremendous increase in interest in the environment <u>has led to</u> great demand for environmental engineers)」。論理的関係の具現が、接続詞「なぜなら(because)」を通じてなされず、文法的比喩「引き起こしてきた(has led to)」によってなされている)。

　論理結合子やその他の接続方略の選択は、観念構成的意味とテクスト形成的意味の両方に影響を及ぼす。接続詞(「なぜなら(because)」の使用が示すように、発達途上の書き手は、しばしば節の連結において接続詞に依存する。このコーパスにおいて第二言語の書き手として同定された生徒が書いた論述は、他の生徒が書いた論述と比べて「なぜなら(because)」の数が2倍である。第二言語の書き手が、対話のレジスター(言語使用域)に典型的な「なぜなら(because)」節をどれだけ多く使用し、結果としてその論述がくだけた口語調になることを第3章で示した[56]。そのもう1つの例が(21)である。

（21）　My goal wasn't considered to be extremely difficult because it was to clean up my backyard which included mowing and raking the lawn.

　　　　私の目標はとりわけ難しいとは思えなかった。なぜなら、それは芝刈りと刈り取った草を集めることを含め、裏庭を掃除することだったからだ。

　（21）において、書き手は、内的連結になるように「なぜなら（because）」を使用し、知識をベースとした理由づけを行っている。ここには、現実における出来事ではなく、書き手の理由づけのプロセスが反映されている。目標が難しくなかったのは、その目標が裏庭の掃除だったからではなく、裏庭の掃除が目標の例示であり、困難の欠如の証拠だったからなのである[57]。これは話し言葉に典型的な手法だが、書き言葉のレジスター（言語使用域）では非論理的または根拠が弱く見えるので、うまく機能しない。そうした文を作る生徒には、判断と評価を導入するための新しい方略が必要である。また、くだけた対話と比べて学問的な論述では効果が薄い形式を自分たちが用いているのだという点を認識することは、これらの生徒にとってはプラスになるだろう。

　生徒が明示的な接続詞の連結に代わるものを使用するためには、名詞群の情報の要約を通じて、密度の高い、統合されたテクストを作るための方略を学ばなければならない。こうした学問的論述のための方略は、発達途上にある書き手にとって往々にして理解が難しい。未熟な書き手は、考えを表明するときに副詞節に頼ることが多いからである。一方、熟達した書き手はここで名詞構造を用いる傾向にある。我々は、2人の生徒が書いた作文の抜粋を比較することによって、これがどう表れるかを見ることができる。1つは専門の評価者が「適格」と判断した文章、もう1つは「不適格」と判断した文章である。不適格の書き手は、（22）の78語の一節の中で、「なぜなら（because）」を4回も使用している。

（22）　When I lived in Mexico City, I had to carry buckets of water <u>because</u> there was no water at home. My mom had to wash our clothing by hand <u>because</u> we did not have neither a washing machine nor a dryer. Some people had to go to the market every day to buy fresh groceries <u>because</u> they did not even have a refrigerator. They used a little fire place as a stove <u>because</u> they did not have one.

　　　　メキシコシティに住んでいたときは、水の入ったバケツを運ばなけれ

ばならなかった。なぜなら家に水道がなかったからだ。母は衣類を手洗いしなければならなかった。なぜなら私たちは洗濯機も乾燥機ももっていなかったからだ。中には、生鮮食料品を買うために市場に毎日行かなければならない人もいた。なぜなら冷蔵庫さえもつていなかったからだ。彼らは、小さな暖炉をコンロとして使っていた。なぜならコンロがなかったからだ。

これとは対照的に、(23)は熟達した書き手が、同じような体験談の部分を、because節を使わずにどう仕上げるかを示している。

(23) Throughout my life, I have learned the value of hard work from myself, the people around me and my own accomplishments. My father, especially pointed out that he worked hard to get where he is now. He told me of his life in the Philippines, —the backbreaking work of hauling sugar canes by hand and later his struggle through college juggling a lace night job and school work. He described that many nights he received no sleep at all due to a long night at the theater where he worked and early morning classes. 人生を通じて、私は自分自身や周囲の人たち、そして自分自身が達成したことから重労働の価値を学んだ。私の父は、特に現在の地位を得るために、一生懸命働いたことを挙げている。父はフィリピンでの生活、サトウキビを手で収穫する過酷な作業や、深夜の仕事と学業をやりくりしながらのその後の大学生活での苦労を私に語ってくれた。働いていた劇場で夜間の長時間勤務をして、大学では早朝の授業に出ていたので、全く睡眠をとらない日が何日もあったと父は語った。

(23)では、父の仕事が一連の名詞構造(「過酷な仕事(the back-breaking work)」、「大学時代の苦労(his struggle through college)」)で表現されている。(23)の書き手は、(22)の書き手のようにbecauseを使った副詞類の節に依存して節を漫然と並べることをせず、情報の縮合を可能にする統語的方略を用いている。(22)の書き手は、(23)の書き手がしているように名詞化と埋め込みを使って2つの節の情報を統合せず、接続詞「なぜなら(because)」を使って定性節を連結している。名詞化と埋め込みを用いることにより、学術性の高い書き手は、独立構造を維持する定性節を並べるのではなく、より多くの情報を密度の高い節に詰め込むことができる。

こうした形での文法的比喩の使用は、語彙密度の高さと相関関係がある（Drury & Webb, 1991）。（22）では、9つの節に 23 の内容語（1 節あたり平均 2.6 語）が含まれるが、（23）では、8 つの節に 38 の内容語（1 節あたり平均 4.8 語）が含まれる。非埋め込み節 1 つあたりの内容語の数で表される語彙密度は、生徒が原因を示す連結またはその他の種類の連結を作るために副詞節を使わず、情報を名詞構造または埋め込み構造に統合したときに、一般に高くなることを第 3 章で示した。

情報の縮合は、書き手である生徒にとって容易なことではない。本章の導入部で、これらの論述法の使用を学ぶ発達プロセスは、英語を母語とする話者にとっても、長い時間がかかることを示した。文法の接続的な資源の配置や文法的比喩の使用は、これらの特徴をコントロールするための鍵である。発展途上の書き手は、名詞化を使い、縮合された節構造の中で情報を提示し、接続関係の連結を節と節の間ではなく、節の中に埋め込むことを学ぶ必要がある。

生徒が接続詞を用いるときは、自分の文章で提示している情報を体系化し、拡充できるような方法で使用する必要がある。結束性の資源である接続詞は、テクストの中での連結を可能にする。例えば（24）は、because 節がその前の論述と高い結束性を示す情報をどのように導入しているかを示している。

（24）　I agree with Berry that "satisfaction" comes from working with your hands. There are many things that I have to do that don't really give me pleasure or a sense of satisfaction when its done, because it required little manual labor.
自分の手で働くことによって「充足感」がもたらされるという点で、私は Berry に賛成である。私がしなければならないことで、成し遂げたときに私に全く喜びや充足感を与えてくれないことはたくさんある。なぜなら、それは自分の手を使った労働がほとんど必要なかったからだ。

語彙的結束性は、because 節における「自分の手を使った労働（manual labor）」と、前の文の「自分の手で働くこと（working with your hands）」の同義性によって生み出される[58]。because 節はまた、前向きの方向で機能する結束性の結合を取り入れることができる。これは、because 節が、その後の論述で取り上げられる新しいトピックを取り入れるためである。テクスト（25）は、because 節によって取り入れられた新しいトピックが、続く論述においていか

に詳しく述べられるかを示したものである。

(25) In our attempt to do this, we tend to forget the reason we were really put on this planet because we get so caught up in "improving our world." Are our actions really improving our world?

　　これを試みる時、我々は自分たちがこの地球上に置かれた理由を忘れがちである。それは我々が「世界を良くすること」に囚われ過ぎているからである。我々の行動は本当に世界を良くしているのだろうか。

　この書き手は because 節を使って「世界を良くする（improving our world）」という考えを導入し、次にすぐ後の部分でこれを取り上げている。（25）のように、because 節の情報が次の文で直ぐ詳述されることがある。また、（26）のように、新しい要素がより幅広い論述のトピックになることもある。

(26) By touching a button here, signing a contract there, today's logic has it that life will automatically become a fairy tale. These temporary satisfactions are offered by advertisers because there is a demand in society for them. Berry points out that society feels the need to buy its satisfactions in order to feel a forced pleasure.

　　ここでボタンに触れ、あちらで契約書に署名することで、今日のロジックは人生が自動的におとぎ話になると主張する。社会がそれを要求するので、広告主はこうした一時的な充足感を提供する。

　　社会は、強制された喜びを感じるために、充足感を金で買う必要性を感じていると Berry は指摘している。

　（26）において、書き手は、次の段落のはじめで取り上げる考えを導入するために、段落の最後で because 節を使用している。次の段落では、because 節で示唆された「社会の要求（demand in society）」がさらに詳しく説明されている。新しい論述トピックの導入は、しばしばテクスト分割を促す（Giora, 1983）。ここでは because 節が、次の段落の焦点となる新しいトピックを導入している。多くの because 節は文の最後に置かれるため、新しい情報の導入が促される。新しいトピックを because 節で導入した後、次の段落の論述で詳しく述べることが可能になるからである。結束性の連結を提供し、新しいトピックを導入する because 節は、書き手が重要なポイントを強調し、論述を体系

化・編成する際に役立つ。

　発展途上にある書き手は接続詞に大きく依存するが、同時に結束性的な連結を作成するためには、あまり接続詞を使用しない(Schleppegrell, 1996b)。発展途上にある書き手は、論点の拡充に失敗することが多い。また、広範囲のテクストの論述構成の中で焦点を維持することが難しく、より大きなテクストの中で結束性的な連結を具現できない because 節を使って情報を導入する。成功していない作文ほど、導入されるトピックが多いこと、また、これらのトピックの取扱いと展開が浅く、フォローアップが少ないことがわかっている(Albrechtsen, Evensen, Lindeberg & Linnarud, 1991)。because 節は、考えのさらなる展開が必要な場所を示すことが多い。例(27)は、書き手が小論の論点を裏付けるために参考文献を取り入れたが、その考えを展開していない例である。

(27)　In Joseph Conrad's Heart of Darkness, Kurtz, the main character, abandoned society to live with the natives. Kurtz only lives with the inferior people, the natives, because he is afraid to face reality of being a loser.
　　　ジョセフ・コンラッドの『闇の奥』において、主役のクルツは原住民と生活するために社会を捨てた。クルツは自分より劣る人々(原住民)としか生活しない。それは、負け犬であるという現実を直視するのが怖いからである。

　Conrad や Kurtz についてこれ以上のことは述べられていない。論述に長けた書き手なら、Kurtz が現実を直視することを怖がっているという陳述を、さらなる詳述の出発点として使うが、この書き手はそれをしていない。because 節を、結束性をもって用いるには、より大きな論述のコンテクストに焦点を当て、すでに述べたテクストの意見を覆すか、または新しい考えを導入するかして、それをフォローする必要がある。文を構成するという作業は、発展途上にある書き手の気を、より幅広い論述レベルへの焦点の維持から逸らす場合がある。加えて、発展途上にある書き手は、節をつなげるときにこれに代わる統語方略をもっていないようである。

　言説の構造化における多様なレベルを通じて考えを展開し、論点を詳しく述べることは、経験の浅い書き手にとって非常に難しい。Applebee(1984a)は、上手に展開された、バランスの良い議論を作ることに多くの生徒が困難を感じていることを発見した。多くの場合、生徒たちは論点を展開せず、列挙するこ

とに頼っていた。Shaughnessy(1977)は、具体的陳述と抽象的陳述の間、実例と一般化の間を行き来するための資源を、書き手は必要としていると指摘している。書き手が命題を提示し、それを裏付けるためには、文章の様々な構成要素(文、段落、より大きな作文の単位)の間の論理的関係や修辞的関係を明示的に示す必要がある。生徒にそれができないということは、一般に彼らが学問的な論述に付随する一般化の方法を、コントロールしていないことを意味するとShaughnessy は言う。この種の全体的なマクロ構成を作るためには、生徒が文法と語彙のレベルで、より大きな編成を支える選択をくださなければならないため、これらは文法的な問題である。Rose(1989)が指摘するように、彼らが使う事例を彼らの展開する議論と一体化させる必要があることを生徒は知っているが、どうやってそれをするのかが往々にしてわかっていない。生徒には、事例を導入し、それを証拠として使用するために議論と連結させた後、それが自分のそこでの議論や、より大きな論点とどう結び付くのかを述べるときに、期待される文法的手法についての知識が欠けている。

　上手に構造化され、展開された論証的文章を提示するには、文法のテクスト形成的資源が不可欠なのである。ここでの焦点は、主題、節結合方略、結束性資源の選択が、この目的に関してどう機能するかである。これらの資源はまた、書き手が学習のレジスター(言語使用域)において対人的意味を説明する際に取り入れる必要がある方略にも貢献する。名詞化や、論理的関係を明示する接続詞によらない語彙的手段は、言語使用者により権威ある書き手としての姿勢をとることを可能にするからである。

要約

　学習の場面における書き手は、多様なレジスター(言語使用域)の特徴を同時に使用して、特定のジャンルの具現に有効な形で、情報を権威的に提示するテクストを作成する必要がある。本章では、文法の意味形成資源が論証のコンテクストをどのように具現するかを実証しながら、優秀な高等学校卒業生に期待される種類の論証的な論述を具現する際に、これらの言語的資源がどのようにして一体となって働き、互いに作用し合うかを示した。例えば、そのテクストの展開を支える主題選択は、名詞化や複雑な名詞句において情報を要約する書き手の能力に依存する。効果的な節結合方略を使いこなすためには、接続詞ではなく、動詞、名詞、形容詞を使って論理的関係を具現する専門的、抽象的語彙のコントロールが必要である。書き手がこのジャンルで期待される権威性を具現するためには、主題選択を行い、提示した論拠を効果的に裏付ける評価的

な言語をコントロールできなければならない。効果的な論証的文章を生み出すのは、ある特定の特徴の存在ではなく、複数の特徴の集合なのである。論証的文章を書くためには、単なる良いアイディア以上のものが必要である。書き手がこれらの考えを効果的に提示するためには、期待どおり構成された、情報の権威的提示を可能にする特定の文法的特徴、語彙的特徴を使用する必要がある。

結論

　生徒が書くことを学ぶ過程で直面する大きな課題は、くだけた対話でよく見られる言語学的選択から、学校をベースとした論述において有効な言語的要素の使用への移行である。子どもは初めて作文を学ぶとき、くだけた対話の文法を使用するが、彼らが学校をベースとした言語使用法を習得しようとするのであれば、そうした選択より上に進む必要がある。生徒の論述における上達の研究は、学校で使用されるレジスター（言語使用域）とジャンルを具現する能力につながるゆっくりした進化を示している。第一言語と第二言語の発達は、この点で同じ経路を辿るようである。すなわち、節を連結する漫然と編成された手法から、より短く要約された学習のレジスター（言語使用域）の節構造に移行する。

　本章では、学校教育のコンテクストに特有なジャンルをいくつか概観し、私的テクスト、事実に基づくテクスト、分析的テクストの文法的差異を指摘した。本章では、それら各カテゴリーにおける上級のジャンルが、第3章で示した諸要素を、学問的コンテクストにおいてより広く特徴づけているということを示した。また、第3章で述べた学習のレジスター（言語使用域）の特徴の使用によって、生徒が、学校教育の主要ジャンルである論証的な論述を、どのようにして効果的に書けるようになるかを示した。論証的な論述のマクロ構造について説明し、論証的な論述の状況のコンテクスト（活動領域、役割関係、伝達様式）を具現する語彙的特徴、文法的特徴、論述の特徴をやや詳しく分析した。第5章では、テクストが様々な教科においてどのように構成されるかについての言語学的期待という観点に立ち、学校教育における言語について一般的なレベルで再び論ずる。

162

注

45 Hunt（1965）は、（等位接続を使用した）重文を別々のTユニットとして分析した。Huntは、「文（sentence）」よりも優れた分析単位としてTユニットの概念を用いて、等位接続を多用する初期の書き手のテクストと、子どもの口頭言語を考察した。Tユニットは、作文と言語発達に関する多くの研究で用いられている。

46 作文のプロセスは「プランニング」、「文字起こし」、「見直し」である。書き言葉の特徴としては、流暢さ、正確さ、質の高さ、構造（議論や物語の構造を含む）、作文の課題に対する適切な回答、読解内容の使用、語彙・文法、読者に合わせた書き方などが挙げられる。

47 高校生が表現法についての知識を、どのようにしてスペイン語から英語へ転換するかを示す事例については、Wald（1987）を参照。

48 ジャンルは「発話事象」と同じではない。発話事象は、さまざまなジャンル、あるいはさまざまなジャンルの選択が含まれうる、他から区別できる挿話的な出来事である。例えば、低学年の「共有の時間」は発話事象であり、物語や描写を含め、多様なジャンルが含まれる可能性があることが特徴である。ジャンルもまた、特定の意思伝達手段とは異なる。従って、例えば電子メールのメッセージはジャンルではなく、手紙もジャンルではない。これらの意思伝達手段はそれぞれ、異なる目的、異なるタイミングで、異なるジャンルを通じて具現されると考えられる（くだけた手紙は、主に時系列の再話または物語の要素で構成され、投書は主張を具現するものと考えられる）。

49 訳者注：文法的比喩は、第3章で説明されたように、名詞化を始めとする情報の圧縮に貢献する。上級の読み書き能力を示す作文では、節の中に多くの情報を詰め込んだり、先行する内容を評価したりするために、「意味と一致しない方法」である文法的比喩は欠かすことができない。本書では、「意味と一致しない方法」と「文法的比喩」を上級の読み書き能力を特徴づける必須の文法的資源として捉えている。

50 訳者注：ステージ（段階）は、ジャンルを構成する部分的なテクストのことである。既に、例として上で、物語を構成する部分として、「要約（Abstract）」「導入（Orientation）」「複雑化（Complication）」「評価（Evaluation）」「解決（Resolution）」「終結（Coda）」の諸段階があることを見た。

51 専門的な読み手がこのコーパスの文章を読み、大学1年目の作文教育のために学生を適切なクラスに振り分けた。本章において効果的とされる文章は、1年生向け作文の普通クラスに振り分けられた学生が書いた文章である。その他の学生は、作文準備クラスまたは第二言語クラスに振り分けられた。

52 訳者注：前置修飾は名詞群（名詞句）において主辞の名詞の前に位置する修飾語（a formidable task）、後置修飾は主辞の後に来る前置詞句（the exhibition at the museum）や関係節（the tax which is the most regressive）を指す。

53 「…に対する充足感（satisfaction of）」のコロケーションは、前節で論じたように適切ではないが、この文章を評価した読み手は、全体として効果的と判断した。

54 ここで主題分析を用い、対人的意味がどう説明されるかの違いを明らかにすることで、言語的資源の全てがもつ多機能的性質が示される。これらの言語的資源は、観

念構成的意味、対人的意味、テクスト形成的意味を同時に説明するからである。

55 　主題を分析するときには、(a)の「私は考える」、(c)の「…は明らかである」のような節を主題として扱う考え方をとることもできる。すなわち、その節において導入した見解を投射する対人的比喩である(Halliday, 1994, p.354ff；第 5 章も参照)。（訳者注：これらの言い回しは、英語では I think...、It is obvious のように節頭の主題(theme)の位置に来る。日本語では、節末に来るので、主題にはならない。）

56 　Goldman & Murray(1992, p.517)は、第二言語の書き手が原因を示す結合子を多用する傾向にあると指摘した。「英会話」において「だから(so)」「したがって(thus)」「なぜなら(because)」などの原因を示す結合子が「不正確に」用いられているためである。英会話では、原因や結果ではなく関係が論じられている場面で、これらの単語を使用できる。Goldman と Murray は、「英語経験の中心が、非公式な会話のコンテクストである生徒」が、原因を示す結合子を最も多く用いることを発見した。

57 　訳者注：ここでは because 以下が論点「私の目標はとりわけ難しいとは思えなかった」の正当化に相当する。正当化のためには、庭の掃除が困難でないことを示す必要があるのに、それをせずに、庭の掃除だから困難でないと示唆するにとどまっている。

58 　訳者注：ここでは、because による正当化は、最初の文の論点である「自分の手で働くことによって『充足感』がもたらされる」を用いている。自分の手で働くことがないので、充足感が得られないという主張をしている。

第5章
学校教科における機能文法

> その同じ革命的な過程は…意味に変化させることで、経験の解釈構築を可能にする。そしてまたその解釈構築の形式に挑戦する手段をも与える。経験は一度解釈構築されると、それは異なる光のもとで再び解釈構築されうる。
> —Halliday (1998, p.188)

　第3章では、学校教育の言語を、異なる教科領域のテクストとタスクの言語的特徴にある多くの共通性に焦点を当て、一般用語で説明した。第4章では、ある特定の学校教育のジャンルがこれらの言語的特徴のコントロールをどのように必要とするのかを実証するために、論証文のいくつかの文法・言説的特徴を探求した。本章は、この文法的分析を拡大し、学校教育の2つの教科領域、自然科学と歴史を検討することで、学科によって、どのようにレジスター(言語使用域)特性が異なった方法で具現されるのか、そしてこれらの学科に共通する言語的特徴が、より一般的に、学習のレジスター(言語使用域)について何を明らかにするかを示す。

　自然科学、歴史、そしてその他の学科は生徒・学生に重要な課題を提示するが、その重要な課題の大部分は言語的である(Halliday, 1993a)。異なる学科の言説には異なる言語が使われるが、それは、方法論と教育理論だけでなく、認識論における違いからも生じる。学校教育のそれぞれの学科は、生徒・学生が読み書きすることになるジャンルの観点から、それ自体の期待される言語使用の特徴を持ち、そして各ジャンルは、その教科領域の意味を解釈構築する文法的資源を用いて構築される。新しいジャンルに対する能力を伸ばすことは、新たなタスクとコンテクストに合う語彙・文法的方略を学ぶことが必須となる。各ジャンルが特有のレジスター(言語使用域)特性をもつ一方、それぞれの教科領域も全体としてその典型的で隅々まで行き渡る言語的選択の観点から特徴づけられる。本章は、自然科学と歴史に典型的ないくつかのジャンルを提示し、これらの教科領域の言説において、より一般的なレジスター(言語使用域)特性が何であるかを探求する。

　続いて、本章はこれらのレジスター(言語使用域)が、学校教育において生成される典型的な種類の意味を具現するためにどのように機能的に働くかを示

す。これらのレジスター（言語使用域）は時として過度に抽象的、懸隔的[59]、または難解であると批判されるが、これらの言語的資源なしでは、異なった教科領域が求める種類の意味を生成することは不可能である。同時に、その学習のレジスター（言語使用域）を具現する文法・語彙的選択は、時に意味を不明瞭にしながらも、もし生徒・学生に文法が当然視する見方を顕在化させ、明らかにするための道具がなければ、彼らの意識的な理解から隠されてしまう可能性がある世界観、もしくはイデオロギーを構築する。生徒・学生が「書くこと」の活動で教科領域特有の意味の生成を試みたり、学問的テクストの読解から意味の把握を試みる際に、学習のレジスター（言語使用域）が提示する機能性と重要な課題の両方を理解することは重要である。本章では、自然科学における重要な課題を例証する大学生の作文と、読解における重要な課題を示す歴史の教科書の一節を用い、読解・作文双方の問題を、例を交えて取り上げる。

自然科学と歴史における意味生成

Martin の中学校の自然科学（理科）と歴史のテクスト分析は、これらの教科領域の間に見られる、学習のレジスター（言語使用域）の特性の利用方法における一般的な差異のいくつかを同定する（例 Martin, 1989b, 1991, 1993b）。おおまかに言えば、彼は自然科学の言説は専門的であるのに対し、社会科学の言説は抽象的であることを示す。なぜなら、自然科学の言語は世界経験を築き上げるのに対し、歴史の言語は社会経験の解釈を築き上げるからである。ここでは、これら 2 つの学科の語彙・文法的資源の利用方法における違いに反映される差異を探求する。自然科学の言説においては、その焦点は文法的比喩の使用と、それが専門性の具現とテクストの構造化において果たす役割にある。歴史の言説では、その焦点は歴史家の解釈と見方を具現する文法的資源にある。どちらの学科とも、その焦点は教室での課題と教科書における意味の教育学的な再文脈化にある。専門家である自然科学者と歴史家の言説は、生徒が学校で取り組むものと同一ではないが、教育学的な目的のための専門家の言説を再文脈化したものは、実際に教科領域の共同体の価値観と思考方法を反映する。

経験の理論化としての自然科学

自然科学を学ぶことは、自然現象を予測し制御するための探求を通じて、世界についての新しい思考方法を発達させることを意味する。生徒は理解が増すにつれ、論理的と考えられる方法で推論し、自然科学者や他の専門家がある問

題について理解するのと同じ枠組みを使って意味を再現することを学ぶ（Lemke, 1988）。このことの重要な側面が、科学的意味の解釈構築のための、語彙・文法的形式の効果的な使用である。自然科学の言説を操ることは、科学的知識だけでなく、その教科領域の論証、価値観、仮定を解釈構築する言語の文法的特性の修得を必要とする。Lemke(1990)は、「自然科学教育の言語は、多くの場合、「論証的」もしくは「分析的」であり…抽象化、または一般化された用語と過程の間で分類、分類法そして論理的連結の関係を表すために使用される」と指摘する。他の学科の言語、特に文学と歴史のそれは、特徴として『物語的』になる傾向がある…特定、実在または虚構の人物と事象の間の時間、場所、様態、そして行為についての関係の表現に使われる」(p.158)。

　この理由によって、第4章で説明された事実的ジャンルと分析的ジャンルが、自然科学教育にとって最も適切なものである。Martin(1993a, 1993c)、Veel(1997)そしてWignell(1994)に基づいた、自然科学の4つのジャンル、手順(Procedure)、手順の再話(Procedural recount)、自然科学的報告(Science report)と自然科学的説明(Science explanation)が、表5.1に提示される。第4章と同様、これらのジャンルは、それぞれのジャンルの実際の姿、あるいは、あるべき姿の決定的な仕様としてではなく、学校の自然科学の授業で生徒が典型的に遂行することが求められる種類のタスクの概要として提示されている。

表 5.1　自然科学教育における一般的なジャンル

ジャンル	目的	レジスター(言語使用域)特性
手順	実験活動のための指示を与える	物質過程節、読み手を指導する命令法、時の順序を示す主題標識(「次に」、「それから」など)、直接的なコンテクスト内にあると仮定される道具や物質への言及(「ビーカーに溶液を注ぎなさい」)
手順の再話	すでに行われた実験内容を記録する	物質過程節、叙述法、過去時制、特定的参与要素、事象、受動態
自然科学的報告	事物に関する情報を組織化する(上位・下位クラスへの分類、現象の部分/段階への分類、または特性の描写/一覧の使用	専門用語、総称的参与要素、単純現在時制による時間を超越した動詞、高い割合の関係過程
自然科学的説明	科学的現象発生の経緯と理由を説明する(一連の事象ではなく要因と過程の相互作用に焦点	物質・関係過程節、総称的参与要素、時間を超越した動詞、文法的比喩による論理的連続形式への組織化

注：Martin(1993a, 1993c)、Veel(1997)、Wignell(1994)に基づく

これらのジャンルはいつも互いにはっきり異なる種類のテクストとして具現されるわけではなく、その名前と定義は、自然科学の学校教育のテクストに普通に見られるいくつかの特性をただ示唆するだけある。異なるジャンルを見ることは、言語が異なる種類のテクストを構築する方法についての幅広い視野を与える。実際の教室では、これらのジャンルは別々の種類のテクストとして起こらないかもしれない。いずれにせよ、あるジャンルの要素は、しばしば他のジャンルの中に生じる（例えば、報告の一部としての手順の描写）。

　学校の理科教育は、これらのジャンルを発達させてきた。なぜならそれらは自然科学を行い、科学的論証を理解するのに必要とされる種類の意味の提示を可能にするからである。それらは専門的または学問的な科学的共同体のジャンルとは異なるものであるが、それら4つのジャンルは、科学分野への参加の管理と学習可能性の機能の両方をもつ、科学的知見への道筋を形成する一種の再文脈化として捉えることができる（Veel, 1997）。もし生徒が実地的な作業をすれば、最初に出会うジャンルは、手順（procedures）と手順の再話（procedural recounts）である。生徒はしばしば観察と実験活動を通じて理科教育の話題を学び始めるので、彼らがこの目的のために読むテクストは、何をするか、つまり手順（procedures）についての一連の指示を含む。手順のテクストの構築においては、命令節が一連の段階の概要を述べるために明らかに機能的に働くのである。その一方で、生徒が自分たちの実験について書くとき、彼らの作文は文書化の最初の段階として、典型的にその経験または手順を列挙の形で再話する。これは別のジャンルである、手順の再話（procedural recounts）を構築する。ここでは叙法は叙述（declarative）であり、動詞の過去形を用いて生徒が自分の経験を再話する。手順（procedures）と手順の再話（procedural recounts）においては、経験が生徒の記述している知識を組織化するための具体的な基礎を与える。

　生徒が自然科学におけるより上級のジャンルの読み書きに移行するにつれ、テクスト自身が知識を形成する上で主要な役割を担う。例えば自然科学的報告（science report）においては、生徒はより一般化された方法で知識を提示し共有しながら、分類法と分類を設定するテクストという形で科学情報を組織化する。自然科学的報告は、参与要素として専門用語を伴う関係節を使用し、時を限定しない単純現在時制の動詞を使用する。自然科学的説明（science explanations）は、あることがどのように起こるかを説明し、因果関係を探求し、そして科学現象についての理論を構築するが、これは情報の蓄積を可能にするやり方で節を構築する文法的比喩の利用で、論理的組織化と連続的結束を可能にす

る文法によって達成される。

　もちろん自然科学のコンテクストには、生徒が扱う他の種類のテクストとして、描写(descriptions)、比較(comparisons)、定義(definitions)そして三段論法(syllogisms)もある(Lemke, 1990)。表 5.1 のそれぞれのジャンルは、変種や下位タイプをとることもまた可能である。例えば Veel(1997)は、さまざまな説明のジャンルについて述べるが、これにはあることがどのように起こるかを示し、観察可能な活動を描写する逐次的説明(sequential explanations)や、どのようにそしてなぜ何かが起こるのかを説明する因果説明(causal explanations)を含む。要因説明(factorial explanations)は、多くの要因の結合を扱い、理論説明(theoretical explanations)は理論を紹介・例証する。Veel(1997)はまた、論証(exposition)と議論(discussion)のジャンルは、他者と議論・説得するという手段で、生徒が科学的所見に反論することを可能にするという意味で、科学の革新とクリティカル・リテラシーのために必要とされるような語学力の水準であると論じる。これらの自然科学ジャンルは、低学年レベルではより初歩の具現形で現れるが、生徒が自然科学の概念とそれを解釈構築する言語に熟達するにつれてより発達した具現形を示すというように、それぞれ発展する。

　これらのジャンルは、時間的構造から論理的構造に移行するにつれ、徐々に難解さと、語彙密度が増し、名詞化と抽象化を示す(Veel, 1997)。例えば、手順の再話(procedural recounts)から説明(explanation)への移行は、ある経験の特定の再話から科学的過程の一般的な描写への移行を必要とする。生徒はより上級のジャンルをつくりだすのに苦労する。例えば、生徒は因果関係を論じる必要があるときに、単に実験手順の段階を再話的に列挙するだけかもしれない(Applebee, Durst & Newell, 1984)。生徒は自然科学の異なるジャンルを学ぶ必要があるが、それぞれのジャンルの特性は、特定の教室とコンテクストにおける教師の期待に応じて変わる。より広く自然科学の言語の言語的特徴を理解する目的のために、より上級の自然科学ジャンルのレジスター(言語使用域)特性に焦点を当てることは有効である。本節ではそのため、報告(report)と説明(explanation)のジャンルのいくつかの文法的特性を探求する。Martin(1993c)は、報告(report)を「自然科学の教科書における主要ジャンル」(p.187)、そして説明(explanation)を自然科学の「生徒にとって分量の多い作文の主な典拠」(p.191)と考える。

　自然科学の言語はしばしば、抽象的、客観的そして情報指向的(Kinneavy, 1971; Lotfipour-Saedi & Rezai-Tajani, 1996)であると言われる。科学的文体は、受動態の使用と接続詞回避の傾向とともに、第一人称代名詞の排除として描写

される（Kinneavy, 1971; Smith & Frawley, 1983）。Kinneavy（1971, p.88）は自然科学を「事物」指向的であると呼び、科学用語では主張が、個人的な感情と説得的／文学的効果を除外しなければならないことを示唆する。

　Martin（1993c）は、どのように自然科学テクストが世界を「事物」と「過程」に組織化していくのかを説明する。「事物」指向的なテクストである報告は、要素の分類、またはそれらの特性の記載によって、情報を組織化する。「過程」指向的なテクストである説明は、過程を分類するか、またはそれらを段階毎の詳説を通じて説明する。この分類と説明を可能にするレジスター（言語使用域）特性は、表5.2において提示される。一般レベルで科学のコンテクストを解釈構築する言語的特徴は、動作主性をしばしば隠してしまう関係過程によって結ばれた専門用語という形の知識の提示であるが、これは客観的モダリティとともに、自然科学テクストにおける価値付けの解釈構築において期待される権威ある姿勢にも貢献することになる。主題の進行は、科学的説明・理論を構造化するために必要とされる情報の蓄積を可能にする。これらのレジスター（言語使用域）特性すべてが文法的比喩（grammatical metaphor）に参加する。それは自然科学のライティングに広く行き渡り、高く評価されるテクストの構築において、これらすべての特性を利用する資源である。

　第3章は、（意味と形式が）一致しない（incongruent）文法形式によって、概念が解釈構築される過程として、文法的比喩を紹介した。文法的比喩とは、まず、1つの言語形式（例：動詞「探求する（explore）」）でより（意味と形式が）一致して表されるはずの意味的観念を取り上げ、（意味と形式が）一致しない方法（例：名詞「探求（exploration）」）によって、その観念を再び解釈構築することを意味する。第3章では、英語における文法的比喩の進化が、科学的研究のコンテクストによって刺激されたことを指摘した（Halliday, 1993d）。本節は、自然科学テクストの構築における文法的比喩の普及を実証し、どのようにそれが科学的概念の提示と科学理論の構築を可能にするのかを示す。

　文法的比喩を通じて、過程が再び解釈構築されて名詞化されるとき、その動作主が消える。「探求する（explore）」を節中で動詞として使用すると主語を必要とするため、誰か「探求する（explore）」人物が指名されなければならない。他方、「探求（exploration）」の使用は、その過程自身が節の主語としての役割を果たせるため、動作主を必要としない。科学的テクストは、その過程に含まれるかもしれない人間の当事者にではなく、過程自身に焦点を置くことによって抽象的に過程を提示する。これは動作主性を取り除き、自然科学の言語を高度に文法上比喩的にさせる（Halliday, 1993e）。

第 5 章　学校教科における機能文法　171

表 5.2　自然科学言説におけるレジスター(言語使用域)特性

経験の理論化のための資源	
状況的期待(コンテクスト)	文法的特性(レジスター(言語使用域))
知識の提示 事物の分類、過程の説明、理論の構築による	・専門用語 ・多重前修飾部を伴う拡充された名詞群 ・事象の生起を構築する物質過程、描写・定義・結論を構築する関係過程
権威ある姿勢 「客観的な」方法での結論の提示による	・動作主性を隠す客観的モダリティを通じた価値付け
期待される方法でのテクストの構造化 情報の段階ごとの構築	・文法的比喩による節間の主題の進行

　関係過程に少し注視すると、どのように文法的比喩が働くかが明らかになる。第 3 章では、節の意味論の基礎となる 6 つの過程型である、物質過程(material process)、行動過程(behavioral process)」、心理過程(mental process)、発言過程(verbal process)」、存在過程(existential process)、そして関係過程(relational process)が説明された。物質(行為)過程(material(action)processes)は、実在物の間の関係を解釈構築する関係過程(relational process)のように、自然現象の記述を可能とするので、自然科学テクストによくみられる。複雑な名詞化は、自然科学の説明を構築するため、これら両方の過程型に参加する。

　自然科学の言説における多くの定義と専門的分類法は、高い語彙密度と文法的比喩のコンテクストを生成するので、自然科学的報告と説明には、関係過程がよくみられる(Halliday, 1993f, p.71)。関係過程の文法は複雑で、選択体系機能理論(Halliday, 1994)で高度に詳述されてきているが、ここでは自然科学の文法を理解することに焦点を当てているので、自然科学的説明に基本的な分類と構成を解釈構築することに見られる、どのようにあることが別の下位分類であるかを示す関係過程と、どのように一部が全体に関係するかを示す関係過程の 2 つの型の違いが重要なことの 1 つであろう(Martin, 1993c)。分類のために使用される文法は、(1)にあるように、典型的に可逆的な関係節をもつ。

(1)　　Solutions are mixtures that ...　=　Mixtures that ... are solutions.
　　　　（溶液は〜する混合物である）　　（〜する混合物は溶液である）

どのようにあることが一方の一部かの説明に使われる構成の文法は、(2)にあ

172

るように可逆的な節を持たない。

（2）　　Animal cells have a membrane で、Membranes are had by ... はない
　　　　（動物の細胞は膜をもつ）　　　　　　　（膜は～によってもたれる）

　つぎの2つの型の関係過程（同定的（identifying）関係過程と属性的（attribu-
tive）関係過程（Halliday, 1994））は、2つの基本的な意味論的関係「a は一種の x
である（上位下位関係（hyponymy））」と「b は y の一部である（全体部分関係
（meronymy））」に参加する専門用語を定義するために使用される。自然科学に
おけるこれら2つの過程は、文法的にも異なる。文法における違いは、これ
らの2種類の節の基礎を成す意味論における違いを反映するものである。
　専門用語は、情報の圧縮により分析・理論を発達させるため、自然科学の構
築のために非常に重要である。文法は、科学的言説において一般的な専門用語
を生成するために、複合名詞、拡充された名詞句そして名詞化のような資源を
使用する。専門用語は単なる略語ではなく、過程の詳説への参加によって、科
学理論の構築を助ける新しい意味である（Martin, 1993b）。自然科学的説明は、
各段階が次の段階を引き起こしながら進む、一連の論証を展開させるために、
専門用語を利用する。文法的比喩は重要な資源である。名詞化が専門用語の生
成と説明の構築への参加を可能にするからである。
　自然科学テクストは文法的比喩に依存する。それは、自然科学が既知のもの
から新しい情報に移るという形のテクストの構造化に必要な抽象的・専門的な
意味と論理的な理由づけの解釈構築のための資源として働く（Unsworth,
2000a）。文法的比喩は、自然科学の書き手が情報の提示とテクストの構造化
において柔軟性をもつことを可能にすると同時に、自然科学の作文において尊
重される専門性と対人的姿勢を具現する。本節は順に、文法的比喩が可能にす
る専門性の解釈構築、節内の論証、そしてテクストの構造化を検討する。これ
らの3つの役割において、文法的比喩は自然科学の言説を解釈構築する観念
構成的、対人的そしてテクスト形成的意味の構築に参加し、これらのメタ機能
の意味がレジスター（言語使用域）の選択において同時に具現されることを実証
する。
　本節の作文例は、ある大学の化学工学課程に在籍する学生たちのものである
（Schleppegrell, 2002）。学生たちは彼らが行った、空気中の3つの溶剤に対す
るその拡散係数の決定にステファン拡散チューブを使用したある実験について
報告している。それぞれの報告は、7つの 節 から成る。要旨、序論、理論、

実験方法、結果、考察、そして結論である。各節はその基礎となるジャンルに関連したそれ自身の要求をもつ（例えば、実験方法の節は手順の再話(procedural recount)の特性をもつ）。ここでの学生たちの報告の理論および考察の節からの例は、どのように専門的な意味が文法的比喩と他の文法資源を通じて可能となるかを示す。

　文法的比喩は、名詞化を通じて専門性の発達に貢献する。この資源がどのように節構造(clause structure)に参加するかを示すために、2人の異なる書き手による文を(3)で比較する。

（3）　　　書き手 A:　D$_{AB}$ has a *temperature dependence*.
　　　　　　　　　　　D$_{AB}$ は、「温度依存性」をもつ。
　　　　　書き手 B:　Diffusion coefficients among other things *depend largely on temperature*.
　　　　　　　　　　　とりわけ拡散係数は、「温度に大きく依存する」[60]。
　　　　　　　　　　　（D$_{AB}$＝拡散係数であることに注意）

書き手 A は、過程「温度に依存する(to depend on temperature)」を提示する文法的比喩である専門用語「温度依存性(temperature dependence)」を名詞的要素として使用する。これは名詞的要素として、拡散係数の属性として関係過程に参加できる。一方で書き手 B は、（意味と形式が）一致する「依存する(depend)」を使って「同一の事物を言う」のだが、過程を専門用語として解釈構築するために文法的比喩を用いることはしない。文法的比喩を通じた名詞化は、このジャンルで高く評価される学習言語使用域の特性である。なぜならそれは、専門用語の生成と高い語彙密度で構造化されたテクストの構築を可能にするからである。

　その語彙密度が高い構造は、文法的比喩のもう 1 つの役割から現れる。専門性を解釈構築する他に、文法的比喩は、節間(between clauses)でなく、節内(within clauses)での論証もまた可能にする。これを例証する(4)では、どのように同様の観念が 2 人の異なる書き手によって表現されるかを再度比較する。

（4）　　　書き手 A:　The three temperatures of acetone that were investigated produced calculated D$_{AB}$ values which increased *with increasing temperature*.
　　　　　　　　　　　調査されたアセトンの 3 つの温度は、「温度上昇ともに」

増した、計算された D_{AB} 値をもたらした。

書き手 B: The diffusivity is higher *when the temperature is raised*.
「温度が上がるときに」拡散率がさらに高くなる。

ここでは、書き手 A は、2 つの複雑な名詞群（「［調査された］アセトンの 3 つの温度(The three temperatures of acetone［that were invesitigated]）」、「［温度上昇とともに］増した計算された D_{AB} 値(calculated D_{AB} values［which increased with increasing temperature]）」）が、ここでは物質過程である動詞、「もたらした(produced)」で連結される節構造を使用する。両方の名詞群は、埋め込み節（上記鉤括弧で示される）によって拡充される。書き手 B が 2 つの節を使って表現する要点(拡散率は高温度であるほど高い)は、書き手 A によっては、埋め込み節「温度上昇とともに増した(which increased with increasing temperature)」において主張される。書き手 A による高度に情報が凝縮された文は同時に、彼女が調査した物質（アセトン）も同定し、実験における彼女自身の活動（「計算された D_{AB} 値(calculated D_{AB} values)」）と実験の過程自体（「増した(which increased)」）の両方に言及する。文法的比喩と他の縮小された節構造は、効率的にそして正確に科学情報を提示する語彙密度が高いテクストを構築しながら、書き手が多くの概念を 1 つの節に取り入れることを可能にする。

(4)の例は、どのように文法的比喩がより一般的に、学習のレジスター(言語使用域)の特徴である接続詞なしでの因果説明を可能にするかもまた実証する。書き手 A は、書き手 B によっては動詞で具現される観念「上昇(raise)」を取り上げ、それを分詞形容詞の「上昇する(increasing)」において温度の特質として具現する。それから文法的比喩は書き手 A に、前置詞句「温度上昇とともに(with increasing temperature)」において、温度の影響による因果説明の提示を可能にさせる。書き手 B は温度の影響についての節を連結するために「〜するときに(when)」を使用しながら因果関係を具現するために時系列の文法にたよる一方で、書き手 A は、より語彙密度が高いテクストを生成しながら、拡充された名詞群内の関係節にそれ自身埋め込まれている前置詞句において因果的接続関係を提示する[61]。

書き手 A は、彼女にそれぞれの節へ多くの情報を凝縮することを可能とさせる洗練された方法で、文法の資源を操る。他方、書き手 B は、学習のレジスター(言語使用域)の資源をまだ使いこなせない多くの学生たちに典型的なやり方で、因果的に明示的ではあるが、典型的に名詞化された文法的比喩の文体よりも評価されない、くだけた文体の説明を利用しながら、因果関係を表現す

第 5 章　学校教科における機能文法　175

るためのより（意味と形式が）一致した方法を使用する[62]。文法的比喩は、より多く情報が取り入れられるのと同時に、より簡潔さが達成される方法で、節の構造化を助ける。

　文法的比喩はまた、それが認める（例：例（3）の動詞から名詞、または例（4）の接続詞から前置詞への移行）文法的具現における変化のように、節を超えてテクストを構造化するための資源でもある。その変化は、テクストの情報の構造化において、もっと多くの選択肢を許す方法で、節における主題要素の操作を可能にさせる（Halliday, 1998; Ravelli, 1988）。これは、書き手 A が彼女の実験を導く仮定（仮定を具現する要素は下線部）を提示する、（5）において例証される。

（5）　For the analysis, these systems will be considered binary. Air will be treated as a singular compound. The error introduced by this simplification is assumed to be negligible（cites two sources）.... The subscript A will be used to represent the diffusing vapor, while B, the assumed stagnant air.... When eq.（1）is combined with the species continuity equation, assuming no chemical reaction, ..., and the diffusion process considered one dimensional（z direction）,（equation）Eq.（3）results. Here it was also assumed that $N_A > > N_B$. This assumption depends on B having negligible solubility in A. The accumulation term can be neglected if one assumes a quasi-steady state condition. An order of magnitude analysis will show that this is a valid assumption when（equation）... Assuming eq.（4）holds, ... This is taken to be the gas-phase concentration... Equation （6）has been modified from the original with the assumptions of ideal gas and M_A on the same order of magnitude as M_B...

　　　分析のため、これらの体系は二値的とみなされる。空気は単一の化合物として扱われる。この単純化によってもたらされる誤差は、取るに足らないと仮定される（2 つの出典の引用）…添字 A は拡散蒸気を、添字 B は仮定される淀んだ空気…を表すために使用される…化学反応がないことを仮定しながら、方程式（1）が種の連続方程式と結合されるとき…、さらに拡散過程が一次元的（z 方向）とみなされるとき、（方程式）方程式（3）の結果となる。ここでは $N_A > > N_B$ であることがまた仮定された。この仮定は、B が A の中に無視可能な可溶性をもつことに依存する。その蓄積項は、準定常状態であると仮定すれば無

視できる。指標分析をすると、（方程式）が…のとき、これは妥当な仮定であることを示すだろう。方程式(4)が有効であると仮定し、…これは気相濃度であると考えられる。…方程式(6)は、理想気体であることと M_A が M_B と同じ指標にあると仮定して、元の数値から修正されている。

　この書き手は、広範な語彙資源の操作を実証しながら、仮定が提示される節中に「みなす(consider)」、「扱う(treat)」、「仮定する(assume)」そして「〜であると考えられる(is taken to be)」を含むさまざまな動詞を使用する。さらに彼女は、多様な節機能に参加する動詞的、名詞的そして形容詞的形式を含むさまざまな語のクラスにおける観念である「仮定する(assume)」を使用するために、文法的比喩を利用できる。彼女はこの過程を、性質（「その仮定される淀んだ空気(the assumed stagnant air)」）、非定的述語（「化学反応がないことを仮定しながら(assuming no chemical reaction)」）、または節参与要素（「この仮定(this assumption)」）として、解釈構築することができる。またこの書き手は、名詞形式を使用し、節のさまざまな位置、例えば、文の補語（「〜のときこれは妥当な仮定である(this is a valid assumption when)」）、そして前置詞句（「Y と仮定して(with the assumption of Y)」）において、仮定の使用ができる。

　同一の語彙の意味を提示するこのさまざまな方法の利用は、この書き手が実験に対して採用する一連の仮定を詳述しながら、結束性のある方法で節から節へと連結するテクストの構築を可能にさせる柔軟性を書き手に与える。これは(5)の抜粋、(6)で例証される。

（６）　　Here it was also assumed that $N_A >> N_B$. This assumption depends on B having negligible solubility in A.
　　　　ここでは $N_A >> N_B$ であることがまた仮定される。この仮定は、B が A の中に無視可能な可溶性をもつことに依存する。

その最初の節は、受動態動詞として使用される「仮定する(assume)」を用いて、新情報として「N_A は N_B より十分に大きい($N_A >> N_B$)」を提示する。この構築は、新情報が節の最後で強調されることを認める[63]。次の節においては、主題／主語としての名詞形式「この仮定(this assumption)」の使用は、この情報への言及によってその書き手が節を始め、続けてその仮定を適切に評することを可能にさせる。「仮定する(assume)」の（意味と形式が）一致しない形

第 5 章　学校教科における機能文法　177

式を利用することによって、その書き手はテクスト構築・展開のために、幅広い選択肢を用いることができる。

　「仮定しながら(assuming)」を伴う非定的節(non-finite clauses)の使用はまた、テクストの構造化に貢献する。ここでは書き手 A は、必要に応じて仮定を付加したり(「化学反応がないことを仮定しながら、方程式(1)が種の連続方程式と結合されるとき、…(When eq.(1)is combined with the species continuity equation, assuming no chemical reaction, …)」)、次に提示する方程式(「方程式(4)が有効であると仮定し…(Assuming eq.(4)holds, …)」)の条件の仮定を背景として導入しながら、次の発言ための起点とする。文法的に異なる方法で、「仮定する(assume)」という概念の使用を可能にする資源を操作することで、この書き手は説明を展開するとき、効果的に情報の流れを管理しながら、報告にテクスト構成をもたらすことができる。さらにこの書き手は、仮定の提示に受動態・非定性動詞の形式による非人称の方法を採用することで、権威ある姿勢を示す対人的姿勢を投射する。

　これは客観的に見える方法で対人的関係を解釈構築することもまた、文法の資源に依存する様子を実証する。対人的意味は、観念構成的やテクスト形成的意味のように、あらゆる節において必ず解釈構築され、これらの意味を評価・期待される方法で構築しそこなうことは、その学生である書き手にとって否定的な結果となりうる。研究報告において提示される対人的意味の種類は、他の種類のアカデミック・ライティングのように、その書き手の行った評価の由来をどこまで明示的にしたいか、どれほど主観的／客観的に見せたいか、それらがどれほど確実かなどを含む(Martin, 1995)。第 4 章では、どのように対人的意味が客観的に(objectively)または主観的に(subjectively)、そして明示的に(explicitly)または暗示的に(implicitly)具現されうるかを示した。これらの型のそれぞれの例は、(7)において示される[64]。

（7）　　客観的(明示的)：*It is obvious* that these results are in error.
　　　　　　　　　　　　　これらの結果が誤りであるのは明白である。
　　　　客観的(暗示的)：*Clearly* these results are in error.
　　　　　　　　　　　　　明らかにこれらの結果は誤りである。
　　　　主観的(明示的)：*I believe* that these results are in error.
　　　　　　　　　　　　　私はこれらの結果が誤りであると信じる。
　　　　主観的(暗示的)：These results *must* be in error.
　　　　　　　　　　　　　これらの結果は誤りに違いない。

自然科学の言説においては、客観的提示は、書き手個人を背景に退かせることで、権威ある姿勢をもつ解釈構築を可能にする。その価値付けは、意見というよりは事実として解釈構築され、評言に対する責任も、個別化されない。主観的な提示では、評言は、実験結果から現れるというよりむしろ、書き手個人の解釈になる。第4章で、(「私はこれらの結果が誤りであると信じる(I believe that these results are in error)」)にあるような、明示的で主観的な提示は、学生がより高く評価される客観的な方法を使って、彼らの見方を提示することを学ぶにつれ、遠ざかる必要がある1つの形式であることを示唆した。

　(8)の例は、どのように書き手Aが価値付けの意味の解釈構築に、その客観的選択肢を利用するかを示す。

（8）　客観的（明示的）：

　　(a)　Given the error bounds on the calculations, *it is not possible* to draw any firm conclusions about this from the data.
　　　　計算上の誤り限界を仮定すると、データからこれについての確固たる結論を出すのは可能ではない。

　　(b)　Having said this, however, *it is difficult* to draw any firm conclusions from the results about the dependability of the Stefan diffusion tube method for measuring diffusivities.
　　　　しかしこう言っても、結果から拡散率を測定するためのステファン拡散チューブ方式の信頼性についての確固たる結論を出すのは困難である。

　　客観的（暗示的）：

　　(c)　A large molecular size *is expected* to retard the compound's rate of diffusion.
　　　　大型の分子サイズが拡散の複合率を遅らせると予想される。

　　(d)　*A great degree of uncertainty* is attached to these results.
　　　　高い不確実性が、これらの結果に付随する。

　　(e)　*Perhaps* a variation in experimental design and not a large degree of variability in the length measurements is to blame.
　　　　おそらく測長の大きな変動性ではなく、実験計画内の変動に問題がある。

この書き手は、「これは〜かもしれない(this may be)」、「私は予期しなかった(I

did not expect)」、または「それは誤りかもしれない(it might be wrong)」のような主観的モダリティを使用する代わりに、客観的なものとして自身の発言に対する叙法責任を具現する。(a)と(b)の明示的で客観的な具現は、価値付け(「それは可能ではない(it is not possible)」、「それは困難である(it is difficult)」)を含むが、それは書き手が明白な典拠の責めを負わない事実として扱われ、可能性と能力を解釈構築する構造にあるので、その暗示的価値付けはまた、その学生である書き手を個別化しない。(c)では、その書き手は、一般化された「予想される事項」を提示し、(d)では実験結果の信頼性を、客観的な「事物」として提示する名詞的要素である「不確実性(uncertainty)」を用いて解釈構築する。また(e)のように、「おそらく(perhaps)」を使用して、暗示的客観性のモダリティをしばしば具現し、この表現により、その実験で考えられる誤りの論考に関連した代替的解釈を示唆するために可能性の暗示的客観性の解釈構築を利用する。この暗示的客観性の提示は、筆者外部のものとして叙法責任を解釈構築するための有効な手段であり、筆者が完全に関与する必要のない選択肢の提示を可能にさせる。

　これらの文法的方略は、これらの研究報告における権威ある姿勢を具現するが、学習過程にある書き手は、間主観的意味の解釈構築の際、「私(I)」による明示的な主観的形式または助動詞のどちらかへの依存を通じて、主観的選択肢を利用しすぎる傾向がある(Hyland & Milton, 1997; Schleppegrell, 2002)。(9)においては、学生である書き手は助動詞を使って、暗示的主観性のモダリティを解釈構築する(助動詞は強調される)。

(9)　　There were a lot of assumptions associated with this experiment which *could* cause some discrepancy in the final results. It was assumed that the temperature at the interface was the temperature of the liquid and this *may* not be the case. This assumption *could* have some effect on the final result because as stated earlier, the diffusion coefficient is a function of the temperature. It was also assumed that air is an ideal gas and single species, and that *may* not be the case because air is a mixture of different species. This also *may* affect the final results.

　　この実験には、最終結果にいくらかの相違をもたらす「ことがありうる」多くの仮定が関連している。界面での温度が液体の温度であると仮定されたが、これは事実ではない「かもしれない」。この仮定は最終結果にいくらかの影響を及ぼす「ことがある」。なぜなら前述のよ

うに、拡散係数は温度関数だからである。空気が理想気体で単一種であると仮定され、そしてそれも事実でない「かもしれない」。なぜなら、空気は異種の混合物だからである。これも最終結果に影響する「かもしれない」。

この書き手は、実験過程の一部の仮定は妥当でなかったかもしれないことを示唆するために、暗示的な主観的助動詞（「～でありうる（could）」、「～かもしれない（may）」）を使用する。しかし、これらの考えられる影響をその実験のコンテクストに位置づけるような動詞の時制の操作（例：「～をもたらすこともできただろう（could have caused）」、「～ではなかったかもしれない（may not have been）」等）なしでは、そのテクストは実験結果でなく書き手の方に、その不確実性を位置づけているように見えるだろう。この書き手の権威ある姿勢もまた減ぜられる。なぜならその助動詞は、語彙的選択（「多くの（a lot of）」）や「そして～（and）」と「なぜなら～（because）」で連鎖する節を含み、学問的というよりむしろ（対話的な）相互作用的レジスター（言語使用域）の他の特性とともに現れるからである。これらの特徴はすべて一緒になると、自然科学テクストにおいて評価される客観性を解釈構築するための、より凝縮されたレジスター（言語使用域）において、その科学的意味を具現する文法的選択で達成されるよりも権威的度合いの低い提示を具現することになる。価値付けは科学的言説に行き渡るが、そこでは事実と価値付けの間にはっきりした区別がない（Hunston, 1993）。実験結果についての報告は、結果の信頼性と妥当性に関連する評価を取り入れ、そしてその報告と評価は、価値付けを可能にする文法的資源を通じて、同じ節内においてしばしば具現される。

　本節では一般用語を使って、科学的意味を解釈構築するレジスター（言語使用域）特性を強調してきた。表5.2が示すように、これらに含まれるものは、理論と説明が構築される際、物質および関係過程に参加する専門用語と、文法的比喩によってしばしば具現される拡充された名詞群である。これらの過程は動作主性の表現を抑えるので、権威ある姿勢の「客観的な」解釈構築に貢献する。明示的・暗示的を問わず、モダリティの客観的具現はまた、この権威ある姿勢に貢献する。文法的比喩はまた、自然科学の言説に典型的な種類の主題の進行を可能にする。そこでは名詞化が、新情報が次の節の主題の役割を果たす名詞群として再解釈構築されることにより、節から節への連結を可能にする。理論を築く分類と説明における自然科学の知識の提示と、客観的な方法での結論の提示に見られる自然科学の言説の権威ある姿勢は、情報が段階ごとに蓄積

され、提示されるように構築されたテクストにおいて現れる。これらがまさに、自然科学の言説のコンテクストを構成する状況的期待であり、その文法は、学校教育の言語において科学的意味を可能にする資源となる。

経験の解釈としての歴史

歴史は、自然科学とは、異なった種類の言説を通じて解釈構築される。歴史は、主にテクスト形成的構築であり、解釈の前景化が、歴史言説にその特有性を与える。オーストラリアにおける中学校の歴史の教科書の分析に基づき、Eggins, Wignell、そして Martin(1993)は次のように生徒が歴史を理解するために必要な「歴史観」を特徴付ける。「(歴史は、)時間の意味付け、原因—結果の関係の意味付け、過去と現在の相互作用の理解、そして、ある事象が他の事象よりも重要であると判断されうるような、人々、場所、そして時間の動的な関係であるという理解」である(Eggins et al., 1993, p.75)。歴史家が歴史テクストを書くとき、彼らは事実と事象を並べ、解釈し、一般化する。そうすることにおいて、「人々は消され、行為は事物になり、そして連続する時間は、凍結された時間に取って代わられる」(Eggins et al., 1993, p.75)。このことは、日常生活の事象について話すために生徒が使用する言語とはかなり異なる言語的選択を使って成し遂げられる。

中学校と高校の歴史言説の特徴は、Coffin(1997)と Martin(2002)において説明された歴史のジャンルとともに、機能言語学者(Coffin, 1997; Eggins, Wignell & Martin, 1993; Martin, 1989b, 2002; McNamara, 1989; Schleppegrell & Achugar, 2003; Schleppegrell, Achugar, & Oteíza, 2004; Unsworth, 1999; Veel & Coffin, 1996; Wignell, 1994)によって説明されている。Coffin(1997)は、どのように歴史ジャンルが、時間の経過と共に展開する特定の具体的な事象に焦点を当て、物語として過去を構築することから出発して、テクストの時間[65]において組織化される抽象的な主題に焦点を当て、議論として過去を構築することへと移行するかを示す。歴史について読むことにおける物語的から議論的ジャンルへのこの移行は、時間的構造のテクスト(経時再話[66]、因果説明)から離れて、解釈を構築するため学習言語使用域の全資源を利用する、修辞的に組織化されたテクスト(説明、議論)への移行にとって欠くことのできない抽象的な言語に依存する。歴史教育の4つのジャンル、歴史的経時再話(historical recount)、歴史的因果説明(historical account)、歴史的説明(historical explanation)そして歴史的議論(historical argument)は、Coffin(1997)に基づき、表5.3に提示される。

Coffin(1997)が説明する最初のジャンルは、歴史的経時再話(historical recount)である。歴史的経時再話は、例えば時間的連結などで、構成上より広範に物語の特性をいくつか利用してはいるが、その言説に抽象的・比喩的要素を導入する、総称的で人間以外の参与要素をもつことが弁別的特徴である。事象は、期間(periods)、時代(eras)そして段階(stages)へと名詞化され(Coffin, 1997, p.210)、名詞化された事象はそれらを説明・分類する前修飾部で、歴史家によって価値付けされうる。

次に来るのは、なぜ事物がそのなりゆきで起ったのかを語るために因果的要素を加える、歴史的因果説明(historical account)である。Coffin(1997)は、因果的要素を加えることは、「事象の自然で無作為な展開として過去を眺めることから離れて、因果パターンによって支えられ、決定されるものとして一連の事象を眺めることへの、イデオロギー的移行の重要な印となる」(p.212)ということを指摘する。文法的には、これらの因果パターンは「~を引き起こした(led to)」と「~という結果になった(resulted in)」のような動詞において典型的に具現され、事象または事象の連続を歴史における名詞化された動作主(agents)として提示することを可能にする。そこではある事象は、次の事象をもたらすように構築されうる(例：「北部・南部間のこれらの違いは、派閥主義に発展した(These differences between the North and the South grew into sectionalism)」)。主題—題述パターンは、これを支えるために、テクストが構造化するのを助ける。歴史的因果説明はまだ歴史的事象の連続が組織化原理を与える枠組み内ではあるが、過去の再話を超えて、過去の説明に到達する。

Coffin が同定するより進んだ上級ジャンルは、十分に形式化された歴史的説明(historical explanation)である。そこでは、時間的構造はもはや第一義的原理ではない。その代わりに、説明は、一連の原因または結果を用いて組織化される。自然科学におけるように、歴史のテクストにおいてもさまざまな種類の説明をより微細な水準の描写で同定できる。例えば、要因・結果的説明(factorial and consequential explanation)は、長期の構造的原因(または影響)を短期の引き金となる事象に統合することができる。歴史言説において一般的である、もう1つの上級ジャンルは、歴史的議論(historical argument)である。歴史的議論(historical argument)は、修辞的に組織化され、歴史のある特定の解釈への賛成、または反対の立場をとる。これらは、主張を提示し、ある特定の立場に賛成／反対の議論をするためのモダリティの資源の使用法によって特徴づけられる(Coffin, 1997)。歴史家は、「重要な(key)」、「主要な(major)」、「重大な意味をもつ(significant)」などのような用語や「これが~に利益を与えたのは明

らかである（it is clear that this benefited...）」のような価値付けの言明、そして何を「事実」として提示するかについての選択を通じて、原因と結果をさまざまに価値付けながら、彼らのテクストに解釈を築き上げる（Coffin, 1997, pp.220–222）。

Coffin によるこれらおよび他の歴史ジャンルについての説明は、生徒が出会うことになる異なった種類のテクストを示唆する。生徒が読む実際の教科書は、考慮する話題と対象となる生徒の年齢層に応じて、あるものは因果説明のようなテクストをより前景化し、他は説明または議論をより多く取り入れながら、さまざまな方法でこれらのジャンルの要素を利用する。カリフォルニア州の 8 年生の歴史の教科書の分析において、Schleppegrell、Achugar と Oteíza（2004）は、テクストは主に思想と事象を説明するものからなり、全体的に伝記と簡潔な物語の形式をとる少数の経時再話が点在していることを発見した。概して、教科書は物質過程と時間性の付加詞を用いて、連続する事象を提示する。しかし Coffin が説明したものと同様、これらのテクストにおいて、時間的構造の程度は、それが事象の経時再話か、思想を巡る討論か、または説明かどうかという、テクストのもつ目的に従って変わる。

表 5.4 は、一般的レベルで歴史言説のレジスター（言語使用域）特性を提示する。異なるジャンルは、それらが異なった状況的コンテクストを解釈構築する際、それぞれ別の方法でこれらの特性を利用する。例えば歴史的経時再話は、より多くの個人的・個別的な参与要素をもつのに対し、歴史的説明と歴史的議論は、抽象的・制度的な参与要素で構築される（Unsworth, 2000a も参照）。しかし自然科学と同様に、歴史のレジスター（言語使用域）特性もまた、どのように言語的特徴の集合体が歴史言説に広く行き渡る解釈を解釈構築するのかを示すために、より一般的な描写を与えることができる。表 5.4 において示される、歴史言説のレジスター（言語使用域）の特性は、「フィールド（活動領域）」の具現と歴史の事象についての知識の提示を可能にさせる「観念構成的資源」として、高い割合の「物質過程」、個人的・個別的から抽象的・制度的に渡る「参与要素の連続体」、そして時間性と因果性の「論理構成的関係」を含む。

「テナー（役割関係）」を具現する「対人的資源」は、他者の見方を報告する「心理過程」、力関係を構築する「モダリティ」、そして価値判断のための資源によって、多様な姿勢を示す態度的意味の暗示的評価を具現する「価値付けの言語」を利用しながら、書き手が記録、解釈、そして判断を行う傍ら、権威ある姿勢を解釈構築する。「モード（伝達様式）」を具現する「テクスト形成的文法」は、説明や解釈を可能にする方法でテクストを構造化する資源を含む。そ

表 5.3　歴史における一般的なジャンル

ジャンル	目的	レジスター（言語使用域）特性
歴史的経時再話	事象の順を追って再話する	・副詞・前置詞句・接続詞による時間的連結 ・特定参与要素から総称的・非人的参与要素への移行 ・経時的事象を価値付けの対象となる事物に凍結するための名詞化
歴史的因果説明	事物がなぜ特定の順序で生起したかを考察する、単に過去を記録するのではなく「説明する」	・因果的連結 ・名詞化で事象を一連の事象を引き起こす動作主として提示 ・主題―題述パターンでテクストを組織化し構造を強調
歴史的説明	論理にもとづく原因・結果の検討によって過去の事象を説明する	・原因・結果が時間にもとづいて組織化されない代わりに、説明が、主題位置における接続的連結を用いて論理的に構築される。 ・事象の意味が価値付けの語彙と節構造で解釈構築される。
歴史的議論	広範な立場・主張の分析・議論を通じて過去に対する特定の解釈を提唱する	・議論が修辞的に組織化され、解釈が支持されるべき可能性として提示される。 ・モダリティ資源が主張／反論の提示に使用される。

注：Coffin(1997)に基づく

　れは、「テクスト内的接続」による「結束性」、節内での論証を可能にさせる「文法的比喩」、そして組織的構造を表す「主題」的資源などである。これらの資源のすべては、しばしば暗示的な方法で協働しながら、歴史家がテクスト中に解釈を築くのを可能にする。

　どの事象を提示し、どの参与要素を含み、誰の声を聞かせ、そしてどのようにある事象が別の事象になったのか、また、どのように順序立て、または組織化するかについて、歴史が歴史家の選択に基づいて解釈されることは、よく理解されている。しかし、ここで焦点になることは、それほど理解されてはいない。つまり、歴史テクストのあらゆる節が、その歴史家が構築している解釈に貢献し、観念構成的、対人的、そしてテクスト形成的選択が同時に、提示されている観点を築き上げることをである。

　本節は、最初に歴史言説のフィールド(活動領域)(field)に焦点を当てる。第3章は、どのように動詞の選択とその動詞が解釈構築する過程が、レジスター

第 5 章　学校教科における機能文法　185

表 5.4　歴史言説におけるレジスター（言語使用域）特性

経験の解釈のための資源	
状況的期待（コンテクスト）	文法的特性（レジスター（言語使用域））
知識の提示 歴史的事象の提示・解釈による	・描写・背景構築のための関係過程と見解構築のための発言・心理過程を伴う主に物質過程 ・個人／個別的から抽象／制度的参与要素への連続体
権威ある姿勢 記録・解釈・判断による	・時間性・因果の論理的関係 ・暗示的モダリティ ・価値付けの語彙による価値判断
説明・解釈を可能にする**方法でのテクストの構造化**	・文法的比喩、接続詞的連結、時／場所の句を通じた組織的構造の印となる主題位置 ・テクスト内的接続連結

（言語使用域）のフィールド（活動領域）における違いを明らかにするかを示した。過程の選択はまた、歴史家の解釈の提示を助ける。「物質過程」は、歴史家によって年代記的に記録される行為・事象を解釈構築するため、歴史テクストにおいて最も一般的に使われる。第 3 章で論じられたように、物質過程（動作動詞（action verb）による具現）が、事象を解釈構築し、発言過程と心理過程（発話動詞（saying verb）・思考動詞（thinking verb）による具現）が、発話と思考の参与要素を解釈構築し、そして関係過程（be 動詞、所有動詞（having verb）による具現）が、描写と背景情報を解釈構築する。これらは、ミズーリ妥協についてのテクストの一段落、（10）において例証されるように、歴史の教科書において最も頻繁に起こる過程型である（Appleby, Brinkley, & McPherson, 2000, pp.437–438）[67]。

(10)　　　In 1819, 11 states in the Union permitted slavery and 11 did not. The Senate–with two members from each state–was therefore evenly balanced between slave and free states. The admission of a new state would upset that balance. In addition, the North and the South, with their different economic systems, were competing for new lands in the western territories. At the same time, a growing number of Northerners wanted to restrict or ban slavery. Southerners, even those who disliked slavery, opposed these antislavery efforts. They resented the interference by outsiders in Southerners' affairs. These differences between the North and the South grew into **sectionalism**–an exaggerated loyalty to a particular region of the country.

1819 年に、北部 11 州は奴隷制を許可し 11 州は許可しなかった。そのため各州 2 人の議員から成る上院は、奴隷州と自由州の間に均衡を保っていた。新しい州の承認は、その均衡を崩すであろう。さらに北部州と南部州は、異なる経済システムを持ち、西部領土における新しい土地を求めて競っていた。同時にますます多くの北部人が、奴隷制の制限か廃止を欲した。南部人は奴隷制を嫌う人々でさえ、これらの反奴隷制を標榜する努力に反対した。南部人は自分たちの問題への部外者の干渉に憤慨した。北部・南部間のこれらの違いは、国の特定の地域への過度の忠誠を示す**派閥主義**に発展した。

　表 5.5 は、このテクストの各節が解釈構築する過程を示す。表 5.5 が示すように、節の大部分（9 つの節のうち 6 つ）は、物質過程を具現し、メイン州が自由州として容認されたのと同時にミズーリ州を奴隷州としてアメリカ合衆国に加盟させる妥協へ向かって累積していく事象の概要を述べる。それらの物質過程に付随する重要な参与要素が、（11）で提示される。

(11)　　11 states *permitted* slavery.
　　　　北部 11 州は奴隷制を許可した。
　　　　11 did not [*permit*].
　　　　11 州は許可しなかった。
　　　　The admission of a new state *would upset* that balance.
　　　　新しい州の承認は、その均衡を崩すであろう。
　　　　The North and the South *were competing* for new lands.
　　　　北部州と南部州は、新しい土地を求めて競っていた。
　　　　Southerners *opposed* antislavery efforts.
　　　　南部人は、反奴隷制を標榜する努力に反対した。
　　　　These differences between the North and the South *grew into* sectionalism.
　　　　北部・南部間のこれらの違いは、派閥主義に発展した。

　これらの過程の参与要素の多くは名詞群、「奴隷制（slavery）」、「新しい州の承認（the admission of a new state）」、「その均衡（that balance）」、「これらの反奴

隷制を標榜する努力(these antislavery efforts)」、「北部・南部間のこれらの違い(these differences between the North and the South)」、「派閥主義(sectionalism)」などの名詞化で具現される抽象概念である。他は非人的行為者、「北部11州(11 states in the Union)」、「北部・南部(The North and the South)」である。そしてこれらの節はすべて、物質過程を解釈構築するが、中にはそれ自身が抽象的または比喩的な節もある。「新しい州の承認は、その均衡を崩すであろう(The admission of a new state would upset that balance)」という文は、例えば、2つの抽象的参与要素、「新しい州の承認(The admission of a new state)」と「その均衡(that balance)」をもつが、条件的(「～であろう(would)」)で、語彙的意味の点で比喩的である物質過程(「～を崩す(upset)」)で連結されている。因果関係が、この過程によって具現される一方で、州を承認する結果の方は、拡大する合衆国のコンテクストにおいて、奴隷制を認めた11州と認めなかった11州(「その均衡(that balance)」)への言及に基づいて理解されなければならない。

　名詞化を通じて達成される抽象概念は、事象を取り上げ、それらの事象を「産業革命(the industrial revolution)」や「世界大恐慌(the great depression)」のような用語を用いて解釈構築するとき、歴史が扱う種類の意味を提示するのに機能的に働く(Martin, 1989b)。名詞化は、人的行為者を一般化されたグループとしての参与要素(「南部人(Southerners)」、「入植者(settlers)」)として提示したり、一連の事象を単独の「参与要素」(「再建期(Reconstruction)」、「ミズーリ妥協(Missouri Compromise)」)として提示したり、または名詞化された参与要素(「新しい州の承認(the admission of a new state)」)として行為を解釈構築したりすることによって、歴史における人的行為者の重要性を低める。制度(「奴隷制(slavery)」、「アメリカ連邦議会(Congress)」)、事物または場所(「合衆国憲法(the Constitution)」、「領土(the territory)」)そして思想(「忠誠(loyalty)」、「派閥主義(sectionalism)」)のような抽象的参与要素は、歴史テクストにおいて「行為者」としても出現し、個人よりむしろ一般化された行動、事象そして討論に重点を置くことを可能にする一方で、真の歴史的行為者を同定することを困難にする。

　歴史が抽象化される別の方法は、事象の表現において、動作主性を除くことである。さまざまな文法的要素がこれに関与しており、例えば、歴史家が歴史的事象の議論や討論のために「場面を設定する」ことを可能にする。テクスト(12)は、アメリカ南北戦争後の再建期についての教科書の一節で(Appleby et al., 2000, p.495)、戦争終盤の南部の状態の描写で始まる。

表 5.5 「ミズーリ妥協」テクストにおける過程型

節	過程型
In 1819, 11 states in the Union *permitted* slavery 1819 年に、北部 11 州は奴隷制を許可し	物質
And 11 did not [*permit*]. 11 州は許可しなかった。	物質
The Senate–with two members from each state–*was* therefore evenly balanced between slave and free states. そのため各州 2 人の議員から成る上院は、奴隷州と自由州の間に均衡を保っていた。	関係
The admission of a new state *would upset* that balance. 新しい州の承認は、その均衡を崩すであろう。	物質
In addition, the North and the South, with their different economic systems, *were competing* for new lands in the western territories. さらに北部州と南部州は、違った経済システムを持ち、西部領土における新しい土地を求めて競っていた。	物質
At the same time, a growing number of Northerners *wanted* to restrict or ban slavery. 同時にますます多くの北部人が、奴隷制の制限か廃止を欲した。	心理
Southerners, even those who disliked slavery,[a] *opposed* these antislavery efforts. 南部人は奴隷制を嫌う人々さえ、[a] これらの反奴隷制を標榜する努力に反対した。	物質
They *resented* the interference by outsiders in Southerners' affairs. 南部人は自分たちの問題への部外者の干渉に憤慨した。	心理
These differences between the North and the South *grew into* **sectionalism**– an exaggerated loyalty to a particular region of the country. 北部・南部間のこれらの違いは、国の特定の地域への過度の忠誠を示す**派閥主義**に発展した。	物質

a 節(「奴隷制を嫌う～(who disliked slavery)」)は、埋め込み節のため分析されない。

(12)　　The war had left the South with enormous problems. Most of the major fighting had taken place in the South. Towns and cities were in ruin, plantations burned, and roads, bridges, and railroads destroyed.

　　　　More than 258,000 Confederate soldiers had died in the war, and illness and wounds weakened thousands more. Many Southern families faced the task of rebuilding their lives with few resources and without the help of adult males.

　　　　その戦争は南部に非常に大きな問題をいくつも残した。主要な戦いの

大部分は、南部で起こった。市町村は荒廃し、大農園は焼失し、道路や橋、鉄道が破壊された。

　25万8千人以上の南軍の兵士が戦死し、何千人もが病気を患ったり負傷した。多くの南部の家庭が資源も成人男子の援助もないまま、自分たちの生活を再建する課題に直面した。

このテクストは、南部が直面している問題に対する責任を、非人的行為者である動作主（「その戦争（The war）」）に帰するという手段で、南部の状況を提示する。事象はただ「起こったこと」（「兵士が死んだ（soldiers had died）」）として、または同定されない動作主（「道路や橋、鉄道が破壊された（road, bridges, and railroads were destroyed）」）によって行われたこととして提示される。動作主性を消すためのこれらの方略は、重点が当時存在した事象の状態に置かれることを可能にし、次の事象のお膳立てのために、状況的コンテクストを解釈する描写の構築のために機能的に働くのである。

　歴史的事象を解釈構築する過程や参与要素の選択に加えて、歴史家は、また、これらの事象を時間的に位置付けたり、原因や他の論理的な関係を通じて関連づけたりする。歴史テクストにおいて最も頻繁に解釈構築される論理的関係は、時間性と因果性である。歴史は時間を通じて起こる事象に関わるので、時間性は例えば、時間の付加詞（例：「1960年代の間に（during the 1960s）」）、従属節（例：「彼が死んだときに〜（when he died...）」）、または複合過程（例：「崩壊し始めた（began to disintegrate）」）（Veel & Coffin 1996）などのさまざまな方法で解釈構築されうる、歴史テクストの重要な特性である。テクストが時間的に組織化される程度は、その目的、事象の経時再話か、説明か、または思想に関する討論なのかに従って変わる。これは、合衆国憲法の要素を説明するテクストが、南北戦争を引き起こす事象についてのテクストとは、異なる形式をとることを意味する。しかし、時間的特徴は、説明の構築にも参加する。例えば、（13）の合衆国憲法についてのテクスト（Stuckey & Kerrigan Salvucci, 2000, pp.267–271）では、時間的要素は手順的説明を構築する。

(13)　　(a)　<u>After</u> Congress passes a law, federal agencies and departments usually determine how to put it into effect.
連邦議会が法律を可決した<u>後</u>、連邦政府機関が通例施行方法を決定する。

　　　　(b)　<u>During</u> a time of national emergency the president may call a con-

gressional meeting <u>after</u> the regular session has <u>already ended</u>.
国家的緊急事態<u>の間は</u>、通常会期がすでに<u>終了した後でも</u>、大統領が議会を召集するかもしれない。

読み手は、「リアルタイム（実時間）」年代記（「1961 年に（in 1961）」、「1984 年に～（in 1984...)」）の構成要素となる時間的言及と、(13) に見られる説明のための足場作りの手助けをする時間的言及を区別する必要がある。
　接続詞が歴史テクストにおいて使用されるとき、それらの意味は日常語における典型的な意味とはしばしば異なる。時間性と条件づけの間の曖昧さは、例えば、(14) で例証されるように、再建期についてのテクストにおける「それから（then）」のさまざまな使用方法において見られる。

(14)　　(a)　Congress voted to deny seats to representatives from any state recon-structured under Lincoln's plan. <u>Then</u> Congress began to create its own plan.
連邦議会は、リンカーンの計画のもとに再建された州の代表者に議席を与えない票決をした。<u>それから</u>議会は自らの計画を作り始めた。
　　　　(b)　These states <u>then</u> became caught in a struggle between the president and Congress when Congress refused to seat the states' representa-tives.
連邦議会がそれらの州の代表者の着席を拒んだとき、これらの州は<u>それから</u>大統領と議会の間の争いに巻き込まれることになった。

(a)においては、「それから（then）」は、「次に（next）」の同義語として、時間的構造を解釈構築する。一方(b)においては、「それから（then）」は結果または因果関係（「結果としてこれらの州は、争いに巻き込まれた（As a result, these states became caught in a struggle)」）を表す。これらの意味は、それぞれのある特定のコンテクストにおいて解釈構築される意味に沿って理解されねばならない。時間的接続詞は、再び(10)のミズーリ妥協テクストからの(15)のように、条件的意味を解釈構築することができる。

(15)　　　President Lincoln offered the first plan for accepting the Southern states back into the Union. In December 1863, during the Civil War, the president announced what came to be known as the Ten Percent Plan. <u>When 10 percent of voters of a state took an oath of loyalty to the Union, the state could form a new government and adopt a new constitution that had to ban slavery.</u>

リンカーン大統領は、連邦に南部諸州が戻ることを容認する最初の計画を提案した。南北戦争の間の 1863 年 12 月に、大統領は 10 パーセント計画の名で知られるようになったものを発表した。州の投票人の 10 パーセントが連邦への忠誠を誓った<u>とき</u>、その州は、新たな政府を組織し、奴隷制を禁じる新しい憲法を採択することができた。

場合によっては、時間性を解釈構築しているように見える接続詞「～するときに(when)」が、実際には(15)の最後の文のように、条件的関係を解釈構築する。「州の投票人の 10 パーセントが連邦への忠誠を誓ったとき、その州は、新たな政府を組織し、奴隷制を禁じる新しい憲法を採択することができた(When 10 percent of the voters of a state took an oath of loyalty to the Union, the state could form a new government and adopt a new constitution that had to ban slavery.)」。これは時間における実際の行動についての言明ではない。その代わりに、接続詞「～するときに(when)」によって導入される節は、その州が連邦政府への再合併に移行することが可能になる条件を提示する。

　観念構成的、対人的、そしてテクスト形成的資源は、それぞれの節で同時に一緒に働く。接続詞が活用される方法は、この点を例証する。第 3 章は、接続詞の使用が、論理的意味の解釈構築によるフィールド(活動領域)(field)の具現と、テクストの構造化への寄与によるモード(伝達様式)(mode)の具現の両方に対して、どのような影響をもたらすかを示した。接続詞は、要素を結束性のある全体(内的関係)へと連結するという方法で、テクストを構造化するという目的に加えて、提示されつつある歴史的事象の連続における関係(外的関係)への言及のために使用することができる[68]。例えば、合衆国憲法テクスト(the Constitution text)は、そのテクスト自身に構築された複数個の制限、指定および可能性を提示するため、逆接接続詞が、代替物と譲歩を構築する。この例は、(16)で挙げられる。

(16)　　(a)　<u>Despite</u> their differences, the executive and legislative branches must cooperate for the system to work.

その違いにかかわらず、行政部と立法部はその組織の機能のために協力しなければならない。

(b) Although Congress passes laws, the president can influence legislation by encouraging members to approve or reject certain bills.
連邦議会が法律を可決するけれども、大統領はある法案の可決あるいは却下を議員に働きかけることで立法に影響を与えることができる。

　内的接続連結である「～にかかわらず(despite)」と「～けれども(although)」は、助動詞である「～しなければならない(must)」と「～できる(can)」とともに、歴史家が合衆国憲法の論考をする際、そこに解釈を取り入れることを可能にさせる。内的関係はまた、暗示的に示すことも出来る。内的関係は、時に単一の節よりもむしろ一連の節に関連し、また接続詞以外の資源において具現されることもある。例えば、「このコンテクストにおいては、～(In this context, ...)」のような接続句によって新しい段落が導入されるとき、前出の事象の長い説明に遡って参照している可能性がある。
　フィールド(活動領域)(field)とモード(伝達様式)(mode)を具現するために文法的資源が一緒に働くのとちょうど同じように、フィールド(活動領域)(field)とテナー(役割関係)(tenor)を具現する観念構成的・対人的資源も、歴史家の解釈を構築するために協働する。しばしばテクストはある特定の時間設定におかれた討論を中心として築かれ、相反する思想を巡って組織化される。誰の見方が提示されるかに関して行われる選択は、明らかに解釈を含む。しかしどのようにこれらの見方が文法によって解釈構築されるかは、そのテクストが解釈を行う別の方法の問題で、それはそれほど明白ではない。(10)のミズーリ妥協のテクストにおいては、例えば、「欲した(wanted)」(「ますます多くの北部人が、奴隷制の制限か廃止を欲した(a growing number of Northerners wanted to restrict or ban slavery)」)と「憤慨した(resented)」(「南部人は自分たちの問題への部外者による干渉に憤慨した(They〔Southerners〕resented the interference by outsiders in Southerner's affairs」)によって具現される心理過程は、この問題についての2つの意見を構築する。同時に、その歴史家によって提示される見方に沿って、南部人の態度を構築するために、「憤慨した(resented)」を選択することで、価値判断のための資源利用がなされている。これは、著者の問題に対する姿勢を示す価値付けの言語を使ってテナー(役割関係)(tenor)が具現される様子を示している。

第5章　学校教科における機能文法　193

　歴史言説のテナー（役割関係）に焦点を当てながら、Coffin（1997）と Martin（2002）は、歴史家の態度を、記録者（recorder）、解釈者（interpreter）、または審判者（adjudicator）の内のいずれかとして説明した。記録者として、歴史家は事象の客観的な記録者として彼ら自身を提示する。審判者としての彼らは記録されていることの明示的判断者の姿勢をとる。解釈者の態度は、これらの2つの立場の中間であり、Martin（2002）の見解では、記録者（recorder）と解釈者（interpreter）の態度が、歴史テクストにおいて最も一般的である。（17）の再建期（Reconstruction）の討論からの2つの段落は、どのようにある歴史家が記録者から解釈者の態度へと移行するかの例である。第一段落は、上記（15）と同じものである。

(17)　　President Lincoln offered the first plan for accepting the Southern states back into the Union. In December 1863, during the Civil War, the president announced what came to be known as the Ten Percent Plan. When 10 percent of voters of a state took an oath of loyalty to the Union, the state could form a new government and adopt a new constitution that had to ban slavery.

　　　　　　Lincoln wanted to encourage Southerners who supported the Union to take charge of the state governments. He believed that punishing the South would serve no useful purpose and would only delay healing a torn nation.

　　　　リンカーン大統領は、連邦に南部諸州が戻ることを容認する最初の計画を提案した。南北戦争の間の1863年12月に、大統領は10パーセント計画の名で知られるようになったものを発表した。州の投票人の10パーセントが連邦への忠誠を誓ったとき、その州は、新たな政府を組織し、奴隷制を禁じる新しい憲法を採択することができた。

　　　　　リンカーンは連邦を支持する南部人が州政府を預かるよう奨励することを欲した。彼は南部を罰することは無益で、引き裂かれた国家の復興を単に遅らせるだけだろうと信じていた。

　（17）における2つの段落は、この歴史家がここでとる2つの異なる観点を解釈構築するために、異なる過程型を利用する。第一段落においては、歴史家は、リンカーンが講じた手段と、彼の計画を並べるために、「物質過程」（「提案した（offered）」、「発表した（announced）」、「組織できた（could form）」、「採

択する(adopt)」、「禁じなければならなかった(had to ban)」)を使用すること
で、記録者の態度をとる。第二段落においては、その歴史家は、リンカーンの
意欲を解釈構築するために、心理過程(「欲した(wanted)」、「信じた(believed)」)
を使用しながら、解釈者の態度をとる。

　モダリティと価値付けの語彙を含む他の対人的資源もまた、歴史を解釈する
ために使用される、特定の種類の権威ある姿勢を解釈構築するのを助ける。例
えば助動詞は、力の差を示す対人的意味の具現に参加する。これもまた再建期
(Reconstruction)のテクストからの例である(18)にも見られる。

(18)　　　In July 1864, Congress passed the Wade-Davis Bill. The bill offered a plan
　　　　　much harsher than Lincoln's. First, 50 percent of the white males in a
　　　　　state *had to* swear loyalty to the Union. Second, a state constitutional con-
　　　　　vention *could* be held, but only white males who swore they had never
　　　　　taken up arms against the Union *could* vote for delegates to this conven-
　　　　　tion. Former Confederates were also denied the right to hold public office.
　　　　　Finally, the convention *had to* adopt a new state constitution that abolished
　　　　　slavery. Only then *could* a state be readmitted to the Union. (italics added)
　　　　　1864年7月に、議会はウェイド・デイビス法案を可決した。その法
　　　　　案はリンカーンのものよりはるかに厳しいものだった。第一に、州の
　　　　　50パーセントの白人男性が連邦に忠誠を誓わなければならなかっ
　　　　　た。第二に、州の憲法制定会議の開催はできたが、連邦に対して一度
　　　　　も武力で対抗したことがないと誓った白人男性だけがこの会議への代
　　　　　表者選びに投票できた。かつての南部連合支持者はまた、公職に就く
　　　　　権利も拒否された。最後に、会議は奴隷制を廃止する新しい州法を採
　　　　　択しなければならなかった。そのとき初めて、州は連邦への再加盟の
　　　　　承認を受けることができた。(傍点加筆)

助動詞、「～しなければならない(have to)」と「～できた(could)」は、この過
程を制御する力関係を明らかにしながら、南部諸州の連邦への再統合のための
条件を構築する。そこでは南部諸州に対する制約は、義務と条件として具現さ
れる。これらの条件の動作主は、抽象的な「法案(bill)」で、他の文法資源は、
この法案の価値判断(「はるかに厳しい(much harsher)」、「しかし～だけが(but
only)」、「拒否された(denied)」等)を提供する。「そのとき初めて(Only
then)」はまた、それが(18)の最後の文「そのとき初めて、州は連邦への再加

盟の承認を受けることができた(Only then could a state be readmitted to the Union.)」を導入することに見られるように、連邦への再承認に対する必要条件を解釈構築するために使用される。「はるかに厳しい(much harsher)」のような価値付けの語彙項目はまた、歴史家が提供する全体的な解釈に貢献する。その権威ある姿勢を示すテナー(役割関係)は、これらの対人的資源を使って構築されるが、フィールド(活動領域)とモード(伝達様式)の特性も同様に不可避的に含まれる。

　文法の「テクスト形成的」言語資源は、説明と解釈を可能にするような方法で、テクストを構造化しながら、歴史言説のモード(伝達様式)を具現するために、さまざまな方法で活用される。接続詞を通じて節間で行うのでなく、動詞を通じて節内で論証することは、「なぜなら〜(because)」または「だから〜(so)」のような接続詞を使わないで、因果関係を「〜を確立した(established)」や「〜という結果になった(resulted in)」のような動詞を通じて表すため、非常に抽象的なテクストを結果としてもたらす。Martin(2002)には、歴史のより分析的なジャンルの重要な特性である因果関係の検討において、どのように因果関係が名詞的要素(「理由(reason)」、「結果(effects)」)、動詞的要素(「〜を引き起こす(leads to)」、「〜という結果になる(results in)」)、前置詞的要素(「〜を通じて(through)」、「〜のために(for)」)、または命令したり(command)、提案したり(propose)するなどの歴史的動作主の行為を通じて、文法的・比喩的に具現されうるかが示されている。例証として、(19)のミズーリ妥協(the Missouri Compromise)の歴史テクストの議論の最終段落を挙げる。

(19)　　　This proposal, known as the **Missouri Compromise**, passed in 1820. It preserved the balance between slave and free states in the Senate and brought about a lull in the bitter debate in Congress over slavery.
　　　　　ミズーリ妥協の名で知られるこの提議は、1820年に可決された。それは上院での奴隷州と自由州の均衡を保持し、奴隷制に関する連邦議会での激しい論争に小休止をもたらした。

(19)が示すように、文法的比喩は、説明を提示すると同時に、なぜ1つの事象がもう1つの事象をもたらすのかについての議論を構築することを可能にする。ミズーリ妥協は抽象概念「上院における奴隷州と自由州の間の均衡(the balance between free and slave states in the Senate)」を「保持し(preserved)」、もう1つの抽象概念「討論の中断(小休止)」を「もたらした(brought about)」。

動詞「保持した(preserved)」と「もたらした(brought about)」は、それ自体が抽象であるミズーリ妥協を、奴隷制についての討論における動作主として解釈構築する。その一方で、ミズーリ妥協についての承諾は、その法律を可決した人々が言及されていないことから見て取れるように、このテクストでは動作主なしの節を使って解釈構築されている。文法的比喩は、歴史の特徴である抽象化を可能にするだけでなく、名詞化された動作主が他の動作主に影響を与えるという形式の節内の因果関係の具現をも可能にする。観念構成的、対人的、そしてテクスト形成的資源はすべてが次のように協働して解釈の解釈構築を行う。過程は人的動作主なしで、因果関係を構築し、語彙的選択は、態度の価値判断の資源(White, 2003)を通じて、その歴史家の肯定的(「均衡を保持した(preserved the balanace)」)と否定的な(「激しい論争(bitter debate)」)価値判断を示し、また結束主題(「それ(It)」)は、主題構造の活用を図り、歴史家の結論がテクストの最後で強調されることを可能にする。

　接続詞と時間の付加詞は、歴史テクストの節において、最初の位置にしばしば出現する。これは、歴史のための特徴的な構造化手法である。そこでは、時間の付加詞は時間を前進させ、接続詞はテクストを組織化することを助ける。テクスト(20)は上記(18)を再現したものであるが、接続的および時間的主題を強調し、どのようにそれらの連結装置が段落の構造化に寄与するかを示している。

(20)　In July 1864, Congress passed the Wade-Davis Bill. The bill offered a plan much harsher than Lincoln's. First, 50 percent of the white males in a state had to swear loyalty to the Union. Second, a state constitutional convention could be held, but only white males who swore they had never taken up arms against the Union could vote for delegates to this convention. Former Confederates were also denied the right to hold public office. Finally, the convention had to adopt a new state constitution that abolished slavery. Only then could a state be readmitted to the Union.

1864年7月に、議会はウェイド・デイビス法案を可決した。その法案はリンカーンのものよりはるかに厳しいものだった。第一に、州の50パーセントの白人男性が連邦に忠誠を誓わなければならなかった。第二に、州の憲法制定会議の開催はできたが、連邦に対して一度も武力で対抗したことがないと誓った白人男性だけがこの会議への代表者選びに投票できた。かつての南部連合支持者はまた、公職に就く

第 5 章　学校教科における機能文法　197

　　権利も拒否された。最後に、会議は奴隷制を廃止する新しい州法を採
　　択しなければならなかった。そのとき初めて、州は連邦への再加盟の
　　承認を受けることができた。

この段落は、真の時間的主題、（「1864 年 7 月に（In July 1864)」）で始まるが、
構造化の主題である「第一に（First)」、「第二に（Second)」、「最後に（Finally)」
と「そのとき初めて（Only then)」が条件を提示するという形で、テクストに
内的にしつらえられた足場を作る。

　Martin（2002）は、多くの歴史ジャンルのマクロ構造が何層もの予測と蓄積
の構造をもつと説明する。そこでは、テクストの「マクロ」主題が全体として
論題を設定し、小節の「ハイパー」主題がそれぞれの論点を設定する主題文と
して機能し、小節内ではそれぞれの節の主題が、議論／論証が構造化されるの
を助ける。Martin はまた、この全体的な構造化が、テクストの異なった部分
において、どのように異なった文法的選択によってなされるかを説明し、序論
は典型的に最も名詞化されて抽象的であること、序論の次の事象のより物語的
な再話は抽象化が少ないこと、そして結論は典型的に再び文法的比喩に大きく
依存することを示す。これらのパターンは、第 4 章で論じた論証文における
ものと類似している。

　歴史のために、更にさまざまな文法的資源が協働して、事象の解釈を行う。
抽象的参与要素、関係過程、そして他の資源が、社会的動作主をテクストから
消す。態度や判断が、暗示的に提示されることを可能にする価値判断の資源を
用いて、歴史的参与要素の思考と言葉の提示を通じて、心理・発言過程が解釈
に貢献する。時間性、因果性、そして他の論理的な関係が、しばしば節内で具
現される。それらが接続詞によって具現されるとき、その接続詞は、しばしば
時間的・結果的意味の間の曖昧な方法で使用される。価値付けの語彙とモダリ
ティは、権威的・解釈的な対人的姿勢に貢献し、内的接続、文法的比喩、そし
て主題–題述構造が説明と解釈という側面を構築する。観念構成的、対人的、
そしてテクスト形成的意味は、それぞれの節において同時に具現される。歴史
においても、自然科学やすべての学習のレジスター（言語使用域）のように、教
科領域特有の意味生成のために機能的に働くテクストを構築するのは、協働す
る特性の集合体である。

要約

　本章は、歴史と自然科学の言語を検討しながら、学校教育のテクストが、情

報を統合・分析して、理論と解釈を提示するという目的で言語を使用する際、これらの教科領域における知識を解釈構築するジャンルの文法的・言説的特性の複雑さが、どのように増すのかを示してきた。上級ジャンルの言語的特徴のいくつかが、概略的に説明された。もちろん、それぞれのジャンルはより詳細に説明されうるし、ここで説明されたものよりもっと多くのジャンルが、高学年の学校教育の一部である。他の教科領域もこの問題に関連して重要性をもつ。しかし重要な点は、これらのジャンルを具現する文法的特性は、広範な学校教育のコンテクストの典型である学習のレジスター（言語使用域）の特徴として、われわれが第3・4章において見てきたのと同じ特性であることだ。

　自然科学と歴史のテクストは、専門的・抽象的語彙を伴う複雑な名詞統語法と節の内部での論証がしばしば起こる節構造とを用いて、構築される。それらのテクストは、説得し議論する際に筆者の価値付けの姿勢を暗示的・客観的に具現する特性を取り入れ、それまで言われたことから、その後展開されていくことへの連結のために、主題位置の活用や、文法的比喩と他の埋め込み方略を使用した節結合を通じて構造化する。観念構成的、対人的、そしてテクスト形成的表示に区別して、これらの言語資源を別々に考慮することは、やや不自然である。それは学習のレジスター（言語使用域）が現れるのは、これらすべての資源の間の協働を通じてであるからだ。要素に当たるものはそれら自身、3つの側面すべてで同時に働く。例えば、文法的比喩は、観念構成的根拠に基づいて、（意味と形式が）一致した具現とは最も違った形式で意味的観念の解釈構築を行うが、比喩的形式そのものは同時に、これらのレジスター（言語使用域）を特徴づける、対人的に権威ある姿勢とテクスト形成的な構造化の解釈構築に参加する。同様に、自然科学と歴史における価値付けと解釈は、別々の単位という形でなく、社会的意味を一緒に解釈構築する一群の徴候という形で具現される。それらの機能的な分析は、教科領域のテクストにおいて解釈構築される意味の複雑さを明らかにし、なぜそれらの文法的資源が、学校教育のタスクにとって関連的重要性を持ち、必要なのかを示す。

学習のレジスター（言語使用域）の機能性

　生徒・学生にとって、異なる教科領域において、学習のレジスター（言語使用域）の選択肢を発達させることは重要である。なぜなら、ある特定の文法的選択が、教科領域に典型的な種類の知識の解釈構築に対して機能的に働くからである。学習のレジスター（言語使用域）は、単に未熟な学習者を排除するため

第 5 章　学校教科における機能文法　199

の役割を果たすために言語を使用する大袈裟な方法ではない。学問的コンテクストにおいて生成される種類の意味は、しばしば日常の相互作用の言語においては表現できない。その代わりに、学校教育におけるタスクは、情報を提示するある特定の方法、つまり学習のレジスター（言語使用域）を通じて解釈構築される方法を必要とする。

　第 2 章で提示された研究は、（自然科学、歴史そして他の学問分野に関連的重要性をもつ）「科学的」概念が、典型的に学校教育を通じて意識的に学ばれなければならず、日常生活を通じて学ばれる「日常的」概念とは異なる（Vygotsky, 1986）ことを示唆する。この差異は、言語と思考の発達への、学校教育の貢献を理解する上で重要である。科学的説明は、時に常識が示唆する解釈と矛盾する。科学的概念を解釈構築するための言語は、日々の概念が解釈構築される言語とは異なり、概念は言語を通じて構築されるので、言語を学ぶことは、概念を学ぶことの一部でなければならない。

　学習のレジスター（言語使用域）は、学校のコンテクストにおいて期待される、構造化され、権威ある姿勢を示す方法を用いた情報の提示を可能にするために、各レジスター（言語使用域）がもつ目的に対して機能的に働くのである。科学的英語は、科学者たち自身が行った実験についての情報を共有するために、科学的発見の提示の文法的・語彙的手段を発達させる過程で、今あるように進化した（Halliday, 1993b）。科学者たちがするように世界の過程について語るためには、科学者たちがこれらの過程を名付け、その過程間の関係について語ることを必要とした。これを可能にするのは、専門的語彙、拡充された名詞群と名詞化、そして関係過程による論理的な関係の解釈構築、つまり、文法的比喩を通じて生成される一群の特性である。

　科学者は、専門用語によって発見されたことを定義・命名し、そしてさらなる探究のための出発点として、その専門用語を使用する。専門用語は、例えば、ある過程についてより多くのことを言うために、節頭の主題／主語としての役割を果たすことができるように、動詞であったものを名詞に変換することで、その過程をあたかも事物であるかのように扱う。その文法的コンテクストは、知識を提示する新しい方法が次々に自然科学史上現れるにつれ、新しい文法的選択肢がより顕著になっていくという過程を経て、時間をかけて進化した（Halliday, 1993b）。それらの文法的・語彙的な進化は、教科領域の進化と平行して起こったので、進化した形式は今日の自然科学における意味の生成に不可欠なものになっている。

　同じことが歴史にも当てはまる。歴史とは解釈を扱う。時間または因果性に

おける動きを組み入れた節を使って事象を参与要素として解釈構築する非動作主的で抽象的な構文は、歴史家に人間の経験を一般化する歴史的説明を構築することを可能にする。文法がもつ価値付けの資源は協働して、テクストに広く行き渡り、ほとんど明示的に述べられることなしに、判断と価値を与える。生徒・学生が取り組むテクストは、教育学的な目的のために、自然科学と歴史の言説を再文脈化したものであるが、それらのテクストは、これらの学問が実際に行われている言説に組み入れる核心的意味を体現する。

　学校の教科領域は、日常の知識に関わるものではない。それらは専門知識を解釈構築し、その専門の文法の使用がその解釈構築の一部である。これは、学校教育のすべての学科に当てはまる。しばしば言語への依存が少ない学科と考えられる数学でさえ、それ自身の学習のレジスター（言語使用域）の特性をもち、より高次の数学であっても、成功のために要求されるかなりの量の知識が、言語を通じて解釈構築される。Veel(1999)は、例えば、専門的語彙、関係節、そして名詞群の資源が、数学における知識の解釈構築に重要な文法的資源であるということを実証する。文法的比喩において具現される専門的語彙は、計算の目的のために数量化可能な存在物を生成する（例：「それはしばしば変化する（it changes often）」は、名詞群「変化の量（the amount of change）」として再解釈構築されうる；Veel, 1999, p.194）。関係過程節は、分類するために（例：「正方形は四辺形である（A square is a quadrilateral)」）、専門用語を導入するために（例：「平均または平均値の点数とは、点数の合計が点数の数によって割られたものである（The mean, or average, score is the sum of the scores divided by the number of scores」）、または代数公式について話す同様の方法を与えるために（例：「平均点とは、点数の合計が点数の数によって割られたものである（the mean score is the sum of the scores divided by the number of scores)」は、公式 $\bar{x} = \sum x/n$ について話す方法である；Veel, 1999, p.196)、重要である。関係過程はまた多岐選択方式問題の構築を可能にする。それは Veel が分析した 10 年生の数学試験における設問の 70 パーセントを占めた。彼は「多岐選択方式問題は…知識を等価関係として表す…そして文法的比喩と複雑な名詞群の頻用を要求する…『事物間の対応関係』として知識を解釈構築するために」(p.197)ということを指摘する。Veel が示唆するのは、これらのことが、数学の問題が生徒の数学の理解度と同程度に、生徒の言語力を試すことを意味するということである。

　以上を踏まえると、教育における重要な目標は、自然科学者、歴史家、そして他の学問的書き手によって行われる言語の選択が、積極的に教科領域の言語

を構築する方法を生徒・学生が理解する助けをすることであるべきである。さらに、教科領域のコンテクストにおける学びと参加を実証するために、生徒・学生は自らの「書くこと」の活動の際に、これらの特性を活用できる必要がある。言語の役割についての理解はまた、教育用のテクストやタスクの用意、および課題を生徒・学生のために構造化し、足場を作るという観点から、重要である。次節で例証するように、教育学的目標を達成するために機能的に働く言語的特徴について明確な考えを持たずに教育学的テクストが構築されるとき、その目標を達成することが、より困難な任務になることもある。

教科書の言語

教科書における最近の傾向は、著者が表向きは生徒の日常的な言語によりつながりやすい試みとして、形式張らない対話的な文体を導入することである（Biber, 1991）。教科書の著者はおそらく、教科書がより人的で、生徒により身近になるよう、相互作用的特性を導入するが、相互作用的特性を学校教育向けのテクストに導入することは、その目的に対して機能不全の、一貫性のないレジスター（言語使用域）という結果をもたらす。（21）は、7年生の自然科学（理科）の教科書からの例である。

（21）　　Have you ever seen a "shooting star"? If you have, what you saw was actually not a star at all, but something within Earth's atmosphere. (Recall that stars are located great distances away from Earth.) What observation might support the statement that "shooting stars" are a nearby phenomenon? What you saw were rock particles or "dust" that had entered the atmosphere. The heat created as the particles streaked through the atmosphere caused the meteor to glow white-hot, burning itself up before it could reach Earth's surface. (Morrison et al., 1993, p.407)
あなたは「流れ星」を見たことがありますか？もし見たことがあるなら、あなたが見たものは実際のところ星では全くなく、地球の大気中の何かです。（星は地球から非常に離れた距離に位置するのを思い出してください）。どのような観察が、「流れ星」が近接した現象であるという言明を支持するのでしょう？あなたが見たものは、大気圏内に入った岩石の粒子か「ちり」でした。その粒子が大気中に突入した際に生じた熱は、流星を白熱に光らせ、地球の表面に達する前に、それを燃やし尽くすのです。

このテクストは、さまざまな点で学習のレジスター（言語使用域）の期待から
はずれる。それは読み手との疑似的対話を確立する質問、「あなたは『流れ
星』を見たことがありますか（Have you ever seen a "shooting star"?）」で始まる。
もちろん、質問は、学習のレジスター（言語使用域）においても実際に起こり、
読み手の関与を刺激する有効な目的にかなう。しかし、この場合、著者は、表
向きはその生徒が「はい（yes）」または「いいえ（no）」と答えるかもしれない
ということを認めながら（「もし見たことがあるなら（If you have）」）、ただ「あ
なたが見たものは、地球の大気中の何かです（what you saw is something within
Earth's atmosphere）」という情報をつけて、「はい」という返答にだけ応じて
いる。ここでは、その総称の語彙（「何か（something）」）は、よりくだけたレジ
スター（言語使用域）を具現するが、その節自体は読み手のために、ある重大な
情報を与える（流星は星ではなく、地球の大気中にある）。命令法の構文（「星が
地球から非常に離れた距離に位置するのを思い出してください（Recall that
stars are located great distances away from Earth）」）である次の節は、生徒が「地
球の大気圏内にあるものは（something in Earth's atmosphere）」星ではありえな
いということの理解を助けるために、星の位置について挿入句的な注意喚起を
する。命令法の選択は、ここでは教室での相互作用の典型的種類である統制的
レジスター（言語使用域）（Christie, 1991, 2002a）を具現する、つまり、その著
者が読み手に指示を与えるという形で、相互作用のコンテクストを再び解釈構
築するのである。テクストは次に、最初のような単なる yes/no 疑問文ではな
く、その代わりに流星が「近接した（nearby）」、すなわち、地球の大気圏内に
ある証拠を求めるもう1つの質問を提示する。

　しかし、これらのよりくだけた特性とともにその著者はまた、専門的で抽象
的な語彙（「大気（atomosphere）」、「距離（distances）」、「観察（observation）」、「現
象（phenomenon）」）を使用し、自然科学の言説において典型的な文法的比喩を
利用する。例えば、「どのような観察が、『流れ星』が近接した現象であるとい
う言明を支持するのでしょう？（What observation might support the statement
that "shooting stars" are a nearby phenomenon?）」という質問は、「あなたは流れ
星が地球の大気中にあるということを証明できることについて何を観察しまし
たか（What did you observe about the shooting star that could prove it is in Earth's
atmosphere?）」という形で、より（意味と形式が）一致した形で具現する可能性
もあった。よって、ここでこのテクストは、最初のくだけた語調から高度に学
問的な文体へと変化する。観察についての対話のように構築されてはいるが、
その質問自体は、生徒に流星についての観察的所見ではなく、「その言明を支

持するための(to support the statement)」証拠を求めている。この一節は、どのような観察が、その言明を支持する可能性があるかに関する情報を、この質問の後に続けて提供しないし、その前の質問のように、読み手の答えを想定することもしない。代わりに、その次の文は、その読み手が流星を見たことがあると再び仮定し、流星を「大気圏内に入った岩石の粒子または『ちり』(rock particles or "dust" that had entered the atmosphere)」として定義する。しかしこの定義は、実際に流星を見た相互作用的参与要素を再び仮定する主題的構造(「あなたが見たもの(What you saw)」)によって導入される。この経験をもたない生徒は、そのテクストにおいて認識されないのである。

　「岩石の粒子または『ちり』(rock particles or "dust")」がなぜ星のように光るのかに対する説明は、典型的な学習のレジスター(言語使用域)の構文である「その粒子が大気中に突入した際に生じた熱は、流星を白熱に光らせ、地球の表面に達する前に、それを燃やし尽くすのです(The heat created as the particles streaked through the atmosphere caused the meteor to glow white-hot, burning itself up before it could reach Earth's surface.)」において提示される。この文は、複雑な名詞化「その粒子が大気中に突入した際に生じた熱(The heat created as the particles streaked through the atmosphere)」である主語をもち、その著者がなぜ流星が光るのかを説明する際に、不定詞・分詞節(「白熱に光ること(to glow white-hot)」、「それ自身を燃やし尽くすこと(burning itself up)」)で拡充される原因過程が後続する。この文頭の名詞化は、生徒が大気中を進む物質は熱くなるという観念にすでに馴染みがあることを仮定する。しかしこの一節はまだ「熱(heat)」に言及していないため、文の主題において、あたかもそれが知られた情報であるかのようにこれを提示することは、その意味を「解き開く」という大きな負担を読み手に与える。その上、この複文を理解するために、生徒はまた、文における中心の動詞、「〜させた(caused)」を同定することが必要となる。しかしその名詞群の中にある動詞的要素「生じた(created)」は、生徒を容易に誤らせることになる。名詞化「その粒子が大気中に突入した際に生じた熱(The heat created as the particles streaked through the atmosphere)」をそれ自体、節として構文解析するかもしれないからである。

　よって、このテクストを読解し、流星を理解するための重要な情報は、このような定義を提示する機能をもつ語彙密度の高い構造を生成する複雑な名詞要素と非定形節という学習のレジスター(言語使用域)の文法的資源を通じて、提示される。しかし、このテクストの全体的な構造は、その教科領域特有の意味の発達を支えるものではない。その代わりに、著者は、読み手との相互作用的

関係を仮定し、個人的関係のやり取りを試み、そうすることにおいて、多くの生徒にとって一貫しないテクストを生成する。その重要な情報、すなわち、流星が地球の大気における岩石の粒子またはちりであることは、（どの生徒も肯定的にこの質問に答えたと仮定しながら）、その読み手に「あなたが見たもの（What you saw）」の拡充された名詞群と「流れ星（shooting star）」の定義の間の関連づけを強いるという意味で疑似相互作用的なテクストの中に、その情報を隠す文法的構造を使って提示される。定義それ自体も、節中で、通常我々が不変の事実の定義において期待するかもしれない現在時制動詞によるのではなく、特定の事例に言及するような過去時制動詞（「あなたが見たもの（what you saw）」、「突入した（had entered）」）で提示されている。

　このテクストは、提示される情報が、複雑で抽象的であるという事実を曖昧にするいくつかの対話的特性を伴う、混成的なレジスター（言語使用域）である。概念を導入し、説明を構築する方法で、情報を提示しながら、それは十分に相互作用的でも、学問的に適切でもない。実際そのテクストは、身近さの外観を呈していても、読解のために専門用語の理解と語彙密度が高い節を解き開く経験を要求する。その著者の疑似対話的な態度は、その著者が前提とする背景となる経験（流星を見たこと）なしで、その意味を理解しようと試みる生徒に不満を抱かせるかもしれない。教科書を読む教室のコンテクストは、しばしば対話と相互作用のものではない。実際、多くの場合、生徒は、この種のテクストを黙読するか、教師主導の活動中に音読するので、質問に答えたり、示唆されているような対話を行うといった機会を与えられないかのいずれかであろう。

　テクスト（21）は、不適切なレジスター（言語使用域）が知識の構築に使用される際、生じうる困難を例証する。学習言語使用域が、学校教育向けのテクストの構築を助けるために機能的に働く一方、レジスター（言語使用域）の観点から一貫性のないテクストというものは、状況のコンテクストに関して一貫性を欠いてしまう。テクスト（21）は、対話が何も存在しないところで相互作用的コンテクストを暗示するが、高度に名詞化されて情報が密な節が点在する中で、対話への混成的な試みを示すことは、アカデミック・ディスコースに対して不適切な手本を与える。学校教育向けのテクストは、相互作用的レジスター（言語使用域）特性の利用によって、必ずしもより身近になるわけではない。それらは、情報を築き上げ蓄積する、首尾一貫した提示を達成するような学習言語使用域の要素を必要とするのである。

　学習言語使用域において、意味を解釈構築する言語的特徴を理解すること

は、明瞭な作文だけでなく、読解においても意義がある。学問的な方法でテクストを構造化することには、また、ある観点を取り入れ、他を排除するイデオロギーと思考方法が埋め込まれている。経験構成的・対人的意味が前景化されない方法で解釈構築されるとき、それらはまた容易には質問や挑戦を受けることがない。このことが、なぜ文法的選択によって異なる種類の意味が解釈構築される方法を理解することが重要であるのか、なぜ学校教育の言語の役割の深い理解が、それなしではテクストが提示する広範な意味を理解できないかもしれない生徒の参加を促せるのかということへの根拠となる。

　例えば、環境教育テクストにおいては、「生息地の喪失（habitat loss）」や「熱帯雨林の破壊（destruction of the rainforest）」のような表現は、「生息地（habitat）」と「喪失（loss）」、「破壊する（destroy）」と「熱帯雨林（rainforest）」の間の関係における社会的行為者を隠す名詞化であるが、同時にこれらの現象に関連する説明と議論の構築において、それらの用語を基礎単位として使用することを可能にする（Chenhansa & Schleppegrell, 1998; Schleppegrell, 1997）。動作主性（「誰がそれをしたか？（who did it?)」）のような情報は、名詞化とアカデミック・ライティングの他の方略の結果として生じる考えの抽出を通じて失われる。完全能動態節としてのこれらの名詞化の表示が、文法的動作主の表現を必要とする一方、名詞化された専門用語は、その動作主を隠す。節における動作主性の隠蔽はまた環境問題に対する責任ついての情報を隠すため、なぜこれらの問題が存在するのかについて生徒・学生は不明瞭なままでいることになる。

　歴史テクストにおいても、Unsworth（2000a）が示したように、文法的比喩は、解釈者としての書き手を消し、演繹を事実として偽装する。Unsworth は文においてどのように解釈が暗示的であるかの例として、「国際連盟への加盟は、その国が世界の一部になりたいという明らかな徴候だった（Joining the League of Nations was a clear sign that the country wanted to be part of the rest of the world.)」（Unsworth, 2000a, p.259）をあげている。その述部「明らかな徴候だった（was a clear sign）」は、「示した（showed）」、「実証した（demonstrated）」「証明した（proved）」（「国際連盟への加盟は、その国が世界の一部になりたいことを証明した（Joining the League of Nations proved that the country wanted to be part of the rest of the world)」のような動詞なら達成可能である明示的な価値付けを避ける。その代わりに、名詞「徴候（sign）」は、肯定的に修飾され（「明らかな徴候（clear sign）」）、この歴史的移行を、その書き手が議論していることではなく、関係過程節に埋め込まれた「事実」として提示することで、事象の解釈者としての書き手の役割を曖昧にすることを可能にする。Martin（2002）は

また、動作主性を操作するために使われた名詞化の言語が、どのように歴史において批評されにくい説明が可能かを示している。

Rothery（1996）が指摘するように、言語は現実に対応するだけではなく、現実を解釈構築する。語彙的・文的選択が、世界についてのある特定の解釈と思考方法を解釈構築する。文法と「内容」が、ともに発達するというのは、このことを言うのである。上級のリテラシーの概念を学ぶことは、それらの概念について話したり書いたりするために必要とされる言語の使用法を学ぶことである。概念が解釈構築されるのは学校教育の言語を通じてであり、そして生徒・学生が上級のリテラシーの概念についての意識を発達させるのは学習のレジスター（言語使用域）のコントロールの発達を通じてである。

学習のレジスター（言語使用域）の重要な課題

学習のレジスター（言語使用域）が、それらがもつ目的に対して機能的に働く一方、それらはまた生徒・学生に不慣れな方法で常識外の知識を解釈構築するという重要な課題をもたらす。学習言語の読み書きは、困難である。例えば自然科学において、生徒・学生は、テクストの関心が抽象的な過程の提示にあるので、その過程にかかわるかもしれない人間の当事者にではなく、過程自体に焦点を当てていることを認識する必要がある。この認識は、生徒・学生が動作主性についての情報を隠したり、客観的に見える方法で対人的意味を作ることを可能にしたりする、テクストの特性を探究することを可能にする。

歴史においては、確実な過去と不確実な過去の間、および過去と現在の間の交代は、生徒・学生が、時間的に事象の明瞭な配置を確立することを困難にさせる。参与要素と事象の抽象化、時間的というよりむしろ論理的な構成、価値付けの語彙と節の構造化による重要性の解釈構築などが、学習のレジスター（言語使用域）に不慣れな生徒・学生に重要な課題を突きつけ、彼らにとって構築されつつある意味の理解を困難にする。生徒・学生は結果的意味が、時間接続詞によって具現されることを認識し、さまざまな種類の文法的資源を利用している暗示的解釈を脱構築できる必要がある。

学習のレジスター（言語使用域）は語彙密度が高く、意味が日常語において解釈構築される方法とは非常に異なった方法で情報が提示される。Halliday（1993c）は、この文法が「テクスト形成的な情報（すなわち、さらなる知識への道程としてのディスコース（言説）の体系的展開）を最大化する目的に向けて、その要素が互いに関連する手段となる意味論的関係を当然視するため、経験構

第5章　学校教科における機能文法　207

成的情報を捨て去る用意がある」と描写する(p.119)。言い換えれば、名詞化と文法的比喩が、高度に構造化された方法で情報を凝縮するために、明示的な接続的関係を取り除き、文法的動作主性を隠すのである。学校教育におけるテクストに典型的な拡充された名詞群は、その書き手/話し手が、すでに提示され、十分に詳述された観念を取り上げ、話し手/書き手と聴き手/読み手の間でいま現在共通の知識を表している専門用語としてそれを再び提示することを可能にする。これはテクストが、より無駄なく提示されうることを意味する。

　一方で同時に、経験構成的情報が失われるとき、そのテクストの無駄のなさが、提示されるそれぞれの概念をあまり説明しない結果となる。情報を凝縮するための各手段は、意味のなんらかの喪失につながるため、名詞化とアカデミック・ライティングの他の方略に付随する概念の凝縮と抽出を通じて、情報が失われることがある。Vande Kopple(1992)は、自然科学研究報告の種類の異なる節構造を比較し、科学論文によく見られる名詞群の前置修飾要素は、典型的に、より複雑な構成の後置修飾語に比べ無駄がないが、反面、その前置修飾語は同量の情報を含まないことを実証している。すなわち、若干の意味の明瞭さを代償にして、より無駄のない提示が起こるので、凝縮された節は、曖昧さを生成しうるのである。例えば、長い名詞化された文の主語は、重い情報の負荷を負い、明示的に具現されないことがある隣接した節間の関係について、読み手に推論するよう要求する。読み手は、抽象概念を使って解釈構築された、具体的事象・行為者を顕在化させるために、名詞化をより(意味と形式が)一致した形式に翻訳できる必要がある。そのレジスター(言語使用域)に未熟な読み手は、抜け落ちているものが明白とは感じないかもしれない。そしてそのレジスター(言語使用域)に熟練した読み手も、抜け落ちている情報の典拠を先行するテクストまたはそのテクストの外部典拠のどちらかから回復しなければならないという、アカデミック・ディスコース^{学　術　的　言　説}の「脱名詞化」がもたらす重要な課題に気づかないかもしれない。

　上級のリテラシー^{読み書き能力}のテクストを読むために、生徒・学生は、議論がいつなされ、書き手の関与がどの程度であるかを認識する必要がある。生徒・学生はまた、学習のレジスター(言語使用域)が可能にする、暗示的な解釈と意見の偏向を顕在化させることを重要な課題として突き付けられる。テクストを脱構築して、動作主と働きかけられる対象を同定すれば、例えば、歴史が書かれる際に、どのような先入観に基づいて、事象が扱われるかということについて生徒に洞察を与え、当然視されるものを検討することができる。生徒・学生は、一部の社会的行為者が受身の非動作主的役割で提示されていても、その事象の歴

史的動作主でないという意味ではないことを学ばねばならない。上級リテラシー（読み書き能力）を示すテクストを書くために、生徒・学生は、手順の再話を書くことから抜け出て、因果関係を解釈構築する関係過程の中で、専門的語彙と文法的比喩を利用する理論的説明の構築へと移行しながら、さまざまな教科領域のジャンルと学校教育の言語のレジスター（言語使用域）特性を扱う専門的技術を発達させる必要がある。文法的比喩は、生徒にとって扱うのが困難であり、典型的にそれは高校まで生徒の作文には現れない（Christie, 2002b; Halliday, 1993e, 1993g）。

　学習のレジスター（言語使用域）における無駄のなさと明示性の間の緊張関係から、未熟な書き手はあまり明快ではない文法的方略の採用をためらうことになる。学習過程にある書き手は、おそらく限られた一式の語彙的・文法的資源の使用がより少ない文法的誤りに帰着することを願いながら、利用可能な少数の下位集合体の文法的特性だけを典型的に使用する（Schleppegrell, 2002）。しかしこれは、彼らが説明、討議または議論に従事する必要が生じたとき、彼らを不利な立場に置く。学習過程にある書き手は、仮定を述べること、比較すること、因果関係を述べること、そして他の同様なタスクといった「書くこと」の活動での多くの機能的な操作に困難を感じる。Rose(1989)は、非主流文化出身の大学生たちが「学問的」と考える方法で書く際に彼らが感じる不満を描く。学生たちは、効果的なやり方についての知識に不足し、彼らを誤りに導く学習のレジスター（言語使用域）についての一般通念や制度に頼る。Rose はこれらの学生が、学術的な文体で書く必要性に気づいていながら、アカデミック・ライティングにおいて評価される対人的姿勢とテクストの構造化の達成の方略を知らないことを示唆する。

　学生は、読み書きを通じて自らがその成員となるべく社会化されつつあるディスコース・コミュニティ（言説の共同体）の価値体系への参加を可能にさせる方法で、言語を使用することが必要である。権威ある姿勢を具現する客観的な方法で、価値付けと対人的意味を解釈構築する文法を制御する力をうることは、困難な事業である。もし言語が教科領域特有の意味を解釈構築するために使用される方法を明示的にする、学校の授業での相互作用を通じて知識の足場作りがなされないなら、潜在的意味に近づく手段を習得する学生も出るが、そうでない学生も出るという状況になるだろう（Veel, 1999）。学生の言語経験における、また、それぞれの教室の社会的・教育学的なコンテクストにおける違いは、学生の学びへの手段の違いに帰結する。

結論

　生徒・学生は、特定の教科領域のコンテクストにおいて、読解・作文のタスクに出会う。読解・作文に対する教科領域の要求は、中学校から高校、さらに上級へと着実に増して行く。それぞれの教科領域は、独自の期待されたジャンルと、文法的特性の使用においての典型的なパターンをもつ。これらのことが、異なった教科領域に特有のリテラシー^{読み書き能力}の要求についての理解を重要にするのである。本章が示してきたように、自然科学、歴史、そして他の教科領域のジャンルを具現する学習のレジスター（言語使用域）の特性は、一般的な水準で特定できる。これらのレジスター（言語使用域）特性は、学校教育におけるテクストがもつ目標を達成するために、機能的に働く。つまりそれは、特定の教科領域のコンテクストにおいて期待される方法で構造化された情報を権威ある姿勢で提示することである。必要とされる前提と背景知識が確立されれば、学習のレジスター（言語使用域）は、明瞭にそして簡潔に情報を提示するのに、有効な方法である。

　自然科学の言語は、理論の構築のために専門性や文法的比喩を用い、価値付けのために客観的モダリティを用いることで、機能的に働く。歴史の言語は、解釈の構築のために抽象化、内的接続、そして文法的比喩を用いて、機能的に働く。他の教科領域はまた、その独自の目的と手段を具現するための弁別的パターンをもつ。これらのレジスター（言語使用域）の特性を理解することは、生徒・学生の言語と知識の発達をよりよく理解したい教師、生徒・学生自身、教科書の執筆者、そして研究者にとって重要である。さらに、生徒・学生を、学校教育におけるテクストにおいて当然視されているものを認識し、彼らの利益にはならない可能性のあるイデオロギーに対して挑戦することを可能にさせるクリティカル・リテラシー^{批判的読み書き能力}の水準に引き上げることは、きわめて重要である。知識を解釈構築するための学習のレジスター（言語使用域）の機能性と、これらの学習のレジスター（言語使用域）が学習過程の未熟な生徒・学生にもたらす重要な課題を認識することで、学校教育の言語をすべての生徒・学生により身近にさせる、教育学的干渉に至ることができる。第6章は、本書で示唆される教育学的貢献を探求し、さらなる研究の方向性を示唆する。

210

注

59 訳注：「懸隔的(distanced)」とは、具体的な状況から時間的、空間的に離れている状態を指す言葉で、理論的な一般化に伴い、具体的な状況との結び付けが困難になることを言う。

60 本節では、第二言語学習者によって書かれた例の中には、読みやすいようにスペリングや主語—述語の一致のような表面上の誤りが訂正されているものがある。

61 因果関係の解釈構築におけるこれらの種類の違いを探求する研究としては、Mohan (1997)、Mohan and Huxur(2001)、Mohan and Van Naerssen(1997)を参照。

62 書き手 A によって書かれた報告は、このコースの担当講師の間でこの課題で期待された良い作文例であるとみなされたのに対して、書き手 B によって書かれた報告は、大きな改善の余地がある作文例とみなされた。

63 訳注：英語では、節の最後に新情報が来る(Here it was also assumed that $N_A >> N_B$)。

64 Halliday(1994, p.355)は、（意味と形式が）一致しない様相的意味の具現を含む叙法責任の明示的提示を、文法的比喩としても見ることができることを示唆している。モダリティは助動詞かモーダル付加詞で(意味と形式が)一致して具現される（「～しなければならない(must)」、「明らかに(clearly)」）。明示的提示はモダリティを一致した形式で具現しない。その代わりに、様相的意味は、他の節によって投射される節中で具現される（「～は明白である(It is obvious)」、「～を信じている(I believe)」）。明示的主観的モダリティでは、文法的比喩は書き手が信じることの投射として価値付けを提示する。明示的客観的モダリティにおいては、対人的文法的比喩は、意見としてではなく事実として価値付けを解釈構築する。暗示的モダリティでは、価値付けは投射された信念や「事実」として解釈構築されることはなく、モーダル付加詞（「明らかに(Clearly)」）または助動詞（「～に違いない(must be)」）で提示される。

65 訳注：「テクストの時間」というのは、「前に述べたように、これから扱う問題は、上で見たが、以下の議論では」などの言い回しに見られる、テクスト内の議論、描写、説明が起こる時間的な順序を指す。

66 訳注：「経時再話」とは、実際に起こった出来事を、起こった時間の順序通りに描写するジャンルである。

67 訳注：ミズーリ妥協とは、Missouri の州昇格に際して合衆国議会における北部と南部の対立を解決するため、Missouri は奴隷州とするが 36°30′ 以北の Louisiana Purchase には奴隷州をつくらないとする、1820 年の協定のことである。

68 訳注：テクストの外にある物理世界の状況が示す諸関係のことを外的関係と呼ぶ。これに対してテクストで行われている論述の中の論点や言明の間に存在する修辞的関係を内的関係と呼ぶ。

第6章
学校での言語発達

言語の機能的組織を理解することによって、言語を通して学習するさいの成功と不成功を説明できるようになる。…われわれはまた、欠陥がどこまで学習者に潜んでいるのか、教えるために使われている言語に、それがどのていど隠れているのかということを、点検することもできるであろう。
— (Halliday and Hasan 1985, P45)[69]

　本書では言語学の用語を使って、学校教育における重要な課題について述べてきた。日常生活での言葉のやり取りと学校教育の中での言葉のやり取りにはレジスターの違いがあり、その違いが日常生活のコンテクストと広義の「学校教育」のコンテクストとの違いから生じることを示してきた。また学校教育での主要なジャンルがいくつかあり、学科によって固有の言語的操作が必要になることを選択体系機能言語学というツールを使って示し、論じてきた。言語的資源の機能的な意味を理解することによって、言語発達や言語使用をさらに分析するができる。具体的には、言語発達の根底となる意味を作り出すことと意味が具現される構造の理解を組み合わせることにより、分析が深まる。言語が学校教育のコンテクストをどのように分析・構築し、言語が学校教育で求められる様々な意味をどのように具現するのかということに機能的な焦点を当てることで、教師の授業準備や言語発達の研究に重要な知見が得られる。

　本書では学校教育のコンテクストを次のような用語によって広範囲に特徴づけてきた。すなわち、知識の提示が尊重されるフィールド(活動領域)(field)、力関係が伴うテナー(役割関係)(tenor)、そして、高度に構造化された状態で情報を示すためにテクストが構成されるモード(伝達様式)(mode)である。様々なテクスト・タイプにおいて広汎なコンテクストを具現する言語特性についても述べてきた。第一章で示してきたように、学問的な言語を明示的でコンテクストから独立し、認知的に様々なことを要求するものと特徴付けるかわりに、文法的な枠組みでコンテクストとテクストとを関連づけるように提案した。第2章で取り上げた学校での言語についての研究は第3章から第5章で展開した機能的な記述を裏付けている。この2つの章では指示対象物の語彙化、トピックが変化する際の明確なマーカー、そして第2章で述べられた形

式的構造を機能的な用語で解釈し直し、名詞句の役割、学校教育のコンテクストを具現する際に機能する節とテクストについての様々なアプローチを示した。

学校以外のコンテクストで学習のレジスターに遭遇する生徒たちはこのレジスターでの経験や、そのレジスターで生じる言語についての知識を暗黙のうちに使って、学校教育に基づいた課題で良い成績をおさめることができるかもしれない。しかしながら、学校以外で学習のレジスター（言語使用域）を経験したことがない生徒たちは言語がとる形式についてはっきりとした焦点を当てあて、作文で特定の目的を達成したり、自分たちが読むテクストに取り込まれている様々な視点を分析するために、異なった文法的な選択肢がいかに機能的に作用しているかということを意識する必要があるかもしれない。しかし、文法と言語形式への焦点を示唆する中で、伝統的な方法で文法を示そうとしたのではないことは明らかであろう。文法への焦点は「品詞」が作り出すテクストや品詞のもたらす意味と無関係に「品詞」を学ぶということではない。機能文法の視点では、生徒たちが学校で良い成績をおさめたり、あるいは社会人として現代社会の様々な組織に参加できるようになるために分析・構築しなければならない様々な意味の文法と語彙の役割に光をあてる。

この章では第3章から第5章にかけて扱ってきた言語分析から、いくつか暗示されることを導き出していく。この章では機能的なアプローチによって解明される言語教育の様々な問題を論じ、さらに言語の機能に焦点を当てることによって生徒たちが幅広いコンテクストに参加して効果的な結果を示せるような言語能力を伸ばすことができるということを示唆する。新しいレジスター（言語使用域）を学ぶことと新しい言語を学ぶことには多くの共通点があるという視点をとりながら、この章では、生徒たちに新しい方法で言語を使う機会を与えるような意味のある経験を通して、学校で望まれる言語の新しい使い方を生徒たちに導入する必要があることを示す。さらに、学校教育で使われる言語の言語的特徴に明確な焦点を当てることによって、生徒たちに学校教育で求められるテクストを書く場合に使うことができる選択肢についてもっと気づかせることができるだろうし、また自分たちが読むテクストにどのような意味の層があるのかを理解させることができる。また学校教育の言語に関する研究について新しい方向づけの要点も示す。この方向性とは、理論的に動機付けされた言語分析を教育諸問題にもたらすものである。

言語教育の様々な問題点

　現代の教育の実践方法に情報を与える理論はしばしば、「意味」対「形式」といった言葉で表現されるようなお互いに排除的な見解を抱く者同士の論争として構築される。しかしながら、そのように明確ではあっても狭い範囲の論争は、生徒たちが様々な学校の科目の中で読み書きする時の言語について焦点をあてる効果的な方法についての指針を教師に示すことができない。

　例えば、作文教育についての議論では「プロダクト(産物)としての作文」アプローチをとるか「プロセス(過程)としての作文」アプローチをとるのかという両極端な議論になることがよくある(概要については Kroll, 2001 を参照)。おそらくプロダクト指向の教育は生徒が作り出すテクストにのみ関心を抱き、作文の書き手やテクストが携わる過程や諸段階については何の注意も払わない。反対に、プロセス指向のアプローチでは、ブレインストーミング、下書き、校正、編集について生徒たちを補助することにのみ関心を抱き、形式や文法を教えない。

　しかし、このような区別は間違った対立を示すことになる。プロセスとプロダクトは作文教育では両方とも重要である。形式についての焦点をあてずに、また様々なレジスター(言語使用域)について望まれている期待への注意を払わなければ、プロセス指向のアプローチは簡単に矮小化されてしまうだろう。もし、生徒たちが何でもいいから自分たちの好きなトピックで、単に作文を書きさえすればいいと指導されてしまうと、生徒たちは自分たちがよく知らないジャンルのものを書くように挑みなさいと追い込まれることがなくなってしまうかもしれない。これでは、生徒たちが既に知っていること以上のものを学ぶ機会が奪われることになってしまうし、生徒たちはすべての科目で、作文を書く訓練を受けないということにもなってしまう。反対に、プロダクトだけに注意をはらい、作文の関わるコンテクストやテクストができあがっていくプロセスをまったく考慮しないと、型にはまったパターンの反応しか得られないことになりかねないし、そのような型にはまったものでは生徒たちが作ることができるあらゆる意味の範囲を網羅することができない。プロダクトとプロセスという概念は、一緒に考える必要がある。たとえば、生徒たちが上級のレジスター(言語使用域)とその言語特性が必要となる新しいジャンルの作文を書くときに、様々な困難な課題に直面したり、あるいは手助けが必要になる。そのときに、ずっと焦点となるようなプロセス(過程)を踏まえて、最後のプロダクト(産物)ができるからである。

読みを教える時にも教師には同じように適切なアプローチについての極端な論争が示される。すなわち、「フォニックス」か、「ホール・ランゲージ」（概要については、Ediger, 2001 を参照）か、という論争である。フォニックスの動向では、音と文字の一致を教えることで読む力が良くなると考えられている。そして、フォニックスのアプローチを使った読みの授業の中で典型的に生徒たちに課せられる課題は大量のワークシート、短い解答、そして、談話を拡張させる必要の無い活動である。反対にホール・ランゲージでは、読みに意味にもとづいたアプローチを適用させる重要性を強調し、形式に焦点をあてることに異議を唱えている。しかしながら、どちらのアプローチも生徒たちに上級学年や上級学校で直面する難しいテクストを読むための訓練をさせることがない。フォニックスのアプローチは「読み」を「解読」に変えてしまうことで、読む過程を矮小化する可能性がある。反対にホール・ランゲージのアプローチでは、テクストの中の言語に何ら焦点をあてないで、生徒たちから貴重な理解のためのツールを奪う可能性がある。どちらの場合でも、このようなアプローチを使うように訓練されてきた教師たちには、異なったタイプのテクストでは異なった種類の意味を分析・構築する言語的特徴があるのだという生徒たちの気づきを促す力が備わっていないかもしれない。

学校ではスペルのテストや文法のドリルといった機械的な作文の課題があまりにも強調されるのに、上手に展開された説明や、議論や討論といった上級レベルの学校教育でうまくやっていくことにつながる学問的な談話の形式が明示的に提示されることもなければ、その言語的な特徴が分析されることもない。実際、言語に関連する多くの問題が曖昧なままに放置されている。英語の授業や作文授業以外の教科の場合、典型的な作文の課題は授業中に書く作文で、それが最初で最後の下書きとなる。生徒たちは作文の課題が終わってから、やっと作文についての指導を受けることが多く、作文は教えられるものというよりはむしろ評価されるものだということになっている（Applebee, 1984a）。生徒たちの作文に対する教師たちのフィードバックは文レベルでの間違いの訂正に焦点をあてるか、あるいは内容に対して全般的なコメントをするという傾向があり、曖昧で一貫性に乏しい方法で作文が修正されることもよくある（Romaine, 1984）。これは言語発達という意味で、大変に問題がある。なぜなら、間違いが修正されたとしても、生徒たちの作文には自分たちが書くジャンルで期待されているような学習のレジスター（言語使用域）が具現されていないかもしれないからである（Schleppegrell, 2002）。

プロセスアプローチをとる作文の授業では、しばしば、個人的なジャンル

第 6 章　学校での言語発達　215

（パーソナル・ジャンル）にのみ焦点をあて、特に作文の上達をはかる授業では
そうである。教師は生徒たちの個人的な経験を活用しようとして、生徒たちが
自分たちに馴染みのあるレジスター（言語使用域）を使うことを許す。それは、
生徒たちに学問的なスタイルで書くことを強いると、生徒たちに自分たちの文
化にはないモデルに従うこと強制することになり、結局生徒たちの個性を引き
出すことにならないとか（Spack, 1993）、あるいは生徒たちが関心のあること
について頻繁に作文を書かせれば生徒たちの作文が上達して成熟したものにな
るという理由にもとづいている。しかし、生徒たちの作文を研究した結果によ
れば、そのような根拠はないことがわかる（たとえば Hinkel, 2002; Martin,
Christie, & Rothery, 1987）。たとえば、オーストラリアのアボリジニーの子供
たちが作文を書く課題で、自分たちの好きなトピックを選ぶように促される
と、友達を訪ねる、狩り、スポーツイベント、映画やテレビなど、なじみのあ
る狭い範囲のトピックしか選ばなかった（Martin et al., 1987）。この子たちはい
つも経時的再話（recount）、すなわち単純に出来事を経時的に（出来事が起こっ
た順に）語ることだけをしたのである。すなわち、このアプローチは、作文の
上達を促進するのではなく、実際には、その反対に、この子たちが作文を上達
させる可能性を制限してしまったのである。生徒たちは典型的に、低学年次に
は大変に狭い範囲のジャンルで作文を書く。そして、中等教育や高等教育以上
で必要になるもっと複雑なジャンルについて経験することもほとんどなけれ
ば、その練習をすることもほとんどない。

　低学年の作文でもっとも支配的な形態は個人的な内容についての作文であ
る。それというのも、生徒たちが経時的再話（recount）を含む物語（narrative）を
書くようにたいてい求められるからである。事実的（factual）な作文や分析的
（analytical）な作文はほとんどない。低学年から高学年への接続は首尾一貫した
ものではないし、体系的に生徒たちに高等学校やそれ以上の教育で求められる
ことについて訓練を受けることもない。すなわち、物語的なジャンルから分析
的なジャンルの構築をするという経験も訓練もないのである。Applebee（1984a）
は高校の作文を研究して、作文が苦手な生徒たちや英語を第二言語とする生徒
たちは典型的に、分析的な作文を書く機会がほとんどないことがわかった。作
文が下手な生徒たちは個人的なことや空想的なことで作文を書くように言わ
れ、事実的な作文については、作文が上手な生徒たちの半分程度のことしか期
待されていなかった。作文が上手な生徒たちはさらに情報にもとづく割合が高
い作文を書くように指導されていた。すなわち作文でもっとも助けを必要とす
る生徒たちは、学習のレジスター（言語使用域）について経験させてくれるよう

な課題とは無関係になってしまうのである。

Hinkel(2002)は母語話者のために意図されたプロセス指向のアプローチから作られた ESL の作文指導法を批判しながら、そのようなアプローチは文法と語彙の発達に関連する諸問題を無視したものだと異を唱えている。彼女は生徒たちに与えられる作文課題の種類は、生徒たちが書くテクストのタイプに影響を与えることを示している。個人的な経験を求める課題は個人的な物語や生徒たちの信念や意見に関する随筆につながる。そのような課題が与えられると生徒たちは議論をすすめるということよりも、単に例を示すだけになるし、あるいは学習のレジスター(言語使用域)を使わずに、会話のレジスター(言語使用域)に頼るようになる。Hinkel は作文指導において文法構造のテクスト機能に焦点をあてる必要があると主張している。

教師たちは生徒たちが異なったタイプのテクストを書くような機会を作り出す必要があり、またそういうテクストをもっとも効果的に作り出すように生徒たちを助ける必要がある。そうすれば、生徒たちは自分たちのレパートリーを広げることができるし、また、新しくもっと難しいジャンルを具現するレジスター(言語使用域)を選択することができるようになる。

Shaughnessy(1977)が示しているように、生徒たちは談話のスタイルを選ぶのではなく、むしろ、自分たちが学問的な作文に不慣れなために、特定のスタイルを選ばざるを得ないのである。生徒たちは皆、直接質問ができたり、自分たちの作文の中で議論の余地のある部分についてしっかりと説明ができたり、あるいはその他、学問的な言語使用に関わることができるようにならなければならない。これは助力がなければ生徒たちは発達させることができない能力である。なぜなら、これらの機能を果たすためには学習のレジスター(言語使用域)が必要になるからである。この学習のレジスター(言語使用域)は話し言葉の能力には含まれていないし、また個人的な物語(narrative)的作文では育成されない[70]。

過去、第二言語学習者を対象とした教育アプローチも、また母語話者を対象とした教育アプローチも、形式について焦点をあてることを重視していなかった。形式に逆らうような考え方はクラシェンのインプット仮説と理解可能なインプット(Krashen, 1982)に基づく第二言語習得のアプローチにもっとも顕著に現れている。この有名な理論は言語学習で生徒たちが必要なことは膨大な理解可能なインプットであり、文法に焦点をあてることは逆効果だと示唆している。この理論は最初、文法ルールの学習ばかりに集中して教育効果を上げられなかったことへの反発であった。しかし、このアプローチは形式に焦点をあて

第 6 章　学校での言語発達　217

ることに価値を見いださず、対話的なレジスター（言語使用域）と学習のレジスター（言語使用域）の間にある違いを無視し、学校教育での科目で意味を分析・構築する時の言語の役割も無視している。話し言葉は流暢だけれど、学校外で学術的言語を育てることに結びつくような経験をすることに乏しい生徒たちには、目的をもってレジスター（言語使用域）やジャンルを学習しながら、明示的に形式に焦点をあてることが必要になるかもしれない。そして、そのようなレジスター（言語使用域）やジャンルを学ぶことによって、生徒たちは今日の複雑な社会に参加できるようになる。

　生徒たちは話し言葉としての英語は流暢かもしれないが、それでも、学習のレジスター（言語使用域）で読み書きする基本的な資源に欠けているかもしれない（Cummins, 1980）。そのような生徒たちの読み書き能力が弱い場合、生徒たちは不適切な指導プログラムを受けている危険性がある。もしも生徒たちの英語が流暢のように見えると、彼らの問題は認知能力の問題だと思われてしまうかもしれない。すなわち、生徒たちが学校でしっかりと勉強するのに必要な知的能力に欠けるということである。生徒たちはしばしば低学年の時から、能力別にクラス分けされて、それにより上級の読み書き能力に接する手段が異なる。例えば、Rose(1989)は「発達途上にある」と分類された大学生が、文法の問題集ばかりで通常の授業で求められる批判的な作文の課題を一切経験しないようなクラスに入れられるということを例示している。このように低いレベルのクラスでは生徒たちに欠けていると思われるような、はっきりわかる技能に焦点が当てられる。たとえ、生徒たちが議論する能力を十分に身につけていたということがしばしばあったとしても、である。そして、授業中にそのような議論する能力を発揮することは決して許されない。同時にもっと期待どおりの能力を示す生徒たちは彼らの言語資源をもっと伸ばし、創造的で挑戦的な課題を通じて彼らの能力を発揮することができるようなクラスに入る。

　作文教育における「プロセス」対「プロダクト」や、読み教育における「フォニックス」対「ホール・ランゲージ」のような論争は生徒たちの読み書き能力をもっと引き上げるという重要な問題から教育者の目をそらすことになってしまう。Christie(1998a)は言語発達についてこのような二者択一の思考方法は、両者とも書き言葉と話し言葉の違いについて十分な理解が欠けているため、教育に適切な指針を示すことができないと論じている。普通の対話的な言語と学校教育での言語の違いを理解せず、教師たちは上級の読み書き能力に関わるレジスター（言語使用域）について難しい問題があるのに、それについて対策が十分に出来ていない。読み書きを学ぶことは一生続くものであり、決し

て終わることはない。読み書き能力の発達をフォニックスのような分断された要素を学ぶことに矮小化してしまうアプローチや、あるいは意味を分析・構築する形式に何の注意も払わずに生徒たちがテクストから意味をとれるように期待するアプローチには、機能的なアプローチが提示する重要な範疇が欠けている。すなわち、生徒たちに専門的で特別な意味を作り出す学習のレジスター（言語使用域）での語彙、文法、談話のそれぞれの特徴を導入する方法である。これらの特徴を学ぶことで、生徒たちは、さらに上級の読み書き能力が求められる状況に参加できるようになる。

学校教育の言語を学ぶ

　文化的不一致、あるいは文化的な食い違いという概念は生徒たちが学校で勉強についていけないことを説明するのに使われてきたが、家庭と学校との食い違いを見いだし、生徒たちの家庭の文化で使われるレジスター（言語使用域）を使って学習しても良いとするだけでは不十分である。生徒たちが学校へもたらす言語を利用することは重要であるが、それだけではなく、生徒たちが新しい表現形式を必要とする新しい意味の作り方を身につけられるように助けることも必要である。第2章ではどのように中産階級の家族が子どもに、後に大変に価値が出てくる言語の使い方を教育するかを示した。そしてまた、このような経験が子どもを教える親から与えられることを期待するのは理にかなったことではないし、また中産階級の親が使っているのを研究者が観察している教育方法を採用することもまた理にかなったことではないと論じた。意味の作り方は社会的集団にわたって異なり、また社会的集団によってその機能という面でも異なる。意味を作り出すコンテクストや人間関係における力関係は社会的背景や文化的背景が異なる人々にとって違いがあり、対話の形式が深層での意味や話者同士の役割と対応しないものはうまく機能しない。従って、中産階級の親のアプローチをそのまま複製しようとしてもうまく機能することはない。反対に、学校教育では新しい科目とともに意味のある体験をさせたり、あるいは生徒たちにそれらの新しい経験について読み書きするテクストの言語的特徴に焦点をあてられるような言語発達のアプローチが必要になる。

　学習のレジスター（言語使用域）を身につけさせることは様々な背景をもつ生徒たちにとっては難しい課題である。学校教育で期待される言語と生徒たちの家庭や地域社会で使われる言語スタイルとが円滑にぴったりはまり、幅広い社会的な状況でさらに能力を伸ばすような生徒もいる。このような生徒たちは学

第6章 学校での言語発達 219

校外での経験によって、学校で評価される言語の使い方に順応する。そして、結果的に言語については直感に頼ることができて、学校で良い成績をおさめることができる。しかし、そうではない生徒たちはこのような理解ができる社会的経験がない。そのような生徒たちにとって、学習のレジスター(言語使用域)を学ぶことは教室外で強化されることがほとんどない状況であり、いわば第二言語を学ぶようなものである。第二言語を学ぶように、新しいレジスター(言語使用域)を学ぶには適切なインプット、対話や意味をやり取りする機会、そして言語が様々な場面でとる形式について適切に焦点をあてることが必要になる。さらに様々な課題でその形式を使う必要がある。しかし、現在おかれている教室の状況では、そのような言語発達を開花することなどほとんどできない。

作文を書く際に学習のレジスター(言語使用域)の文法と語彙についての方略を使う能力、そしてテクストを読む際に文法と語彙が作り出す意味を認識する能力は生徒たちの日常の言語発達の中から自然にわき出てくるものではない。新しいレジスター(言語使用域)に順応させるには、そのようなレジスター(言語使用域)が機能する新しいコンテクストの中で意味のある対話をさせるかどうかにかかっている。これは言語発達の初期段階で必要なことと似ている。言語発達の初期段階でもっとも重要なことは大人が子どもの意味しようとすることを一貫して理解しようとすることであり、さらにすすんでそのような子どもの意図をもとにして、会話をすすめることである(Wells, 1985)。第二言語習得の研究者は、言語発達には意味と目的があって、学習者が意味を作り出していく動きを対話者が進んで追跡するような会話が必要であると示している(Ellis, 1994; Larsen-Freeman & Long, 1991)。

現在、我々の学校は第二言語学習者、非標準形の英語話者、そして、学問的な方法で意味を作り出すという経験を学校外でほとんどしていない多くの生徒たちに教育を行っている。このような生徒たちには意味のあるインプットが必要であり、また、もしも生徒たちが新しい言語資源を身につけることになっているのであれば、目的にかなった方法でテクストや課題に関わるような機会が必要である。生徒たちには知識のある相手との対話が必要で、それによって彼らは意味を探ったり、あるいは意味をやり取りすることができる。そして、最終的には、生徒たちには、言語の学習と言語を通した学習の足場を作るような教育が必要である。だが、我々の学校にいる学習者にこのような状況はほとんど与えられていない。

教室内での対話パターンは多くの研究の対象となっており、教師とクラス全

体の生徒の対話という一般的なパターン、すなわち、教師の質問—生徒の反応—教師の評価(IRE: Initiation-Response-Evaluation)という連続体(Sinclair & Coulthard, 1975)、あるいは、教師の質問—生徒の反応—教師のフォローアップ(IRF: Initiation-Response-Follow up)とも呼ばれる連続体(Wells, 1993)は言語発達を促す意味のやり取りをさまたげると批判されてきた。このような連続体で対話する間、教師は質問をし、生徒たちの反応に対して評価を行う。そして、同時にこのようなやり取りが教室内での活動内容について特別の解釈や理解を構築する。そのような対話はいくつかの理由で批判される。まずこのような活動の最中、生徒たちの反応のほとんどは1つの単語かあるいは短い句である。次に授業中に自主的に発言するのはごく限られた生徒たちであることがほとんどである。また言語的な表現に十分な注意を払って応えるように指示もされなければ、練習もなされない。そして、教師の解釈はいつでも支配的で、教師が問題の解明、質問、そして、生徒によって示されたトピックのうちでどれをフォローアップして、議論へとつなげるかを制御する。そして、生徒たちが自分たちの質問や意見を発展させるといった相互に意味をやり取りする機会を制限してしまう(Mehan, 1978; Schleppegrell & Simich-Dudgeon, 1996)。

　しかし、このような活動を異なった視点で見る研究者もおり、IRF の連続体には教室で異なった機能があると示している。IRF の連続体は生徒の学習を助けることに効果があるのかどうかは教師がそれをどのように使うか、そして、授業のどの時点でそれを使うかということにかかっている。Wells(1993)と Christie(1998b, 2002a)の二人とも、教師が明確に授業の目的と到達点を示す場合は、この談話形式は生徒の言語と授業内容についての理解を推し進めるのに役立つ可能性があると指摘している。Christie(1998b)が報告している高校の理科の授業では、教師と生徒たちが専門的で文法的比喩によって表現された言語から構築してきた知識を教師と生徒が一緒に分析・構築し直す状況が IRF 連続体によって与えられているので、それによって実際に理科の授業の談話を発展させることができている。Christie は、報告しているこの単元で、最初のトピックである「なぜ、機械の部品は作動するのか」というところから、それを再構築化した「機械の利点」というところまで、ずっと教室内の「テクスト」を追跡している。その単元では実際に手で触れる実験作業を通じて、生徒の言語的知識と科学的な知識を構築する。生徒たちがこれから行う共同実験作業に影響をあたえる分類法を構成しなければならない時点で IRF 連続体が生じている。IRF による対話は新しい言語形式を使って新しい科学的知識を身につける足場をつくりだし、さらに、小さなグループ作業によって生徒たちは自分た

第6章　学校での言語発達　221

ちが学習している新しい概念を一緒に経験したり、あるいはそれについて議論したりする機会を得る。その単元は生徒たちが学習のレジスター（言語使用域）での特徴を生かして、自分たちが学んだ新しい知識を示すために口頭発表とレポートを書くことで終わりとなっている。したがって、IRF の連続体は、生徒たちの学びに必要な専門的な言語の使い方のパターンを構築するのに重要な役割を演じる可能性がある。特に、IRF の連続体によって生徒たちが経験を通して発展させた知識を、新しい言語資源で分析・構築した学校教育の知識として改めて概念化できるようになっている場合に重要な役割を演じることができる（Christie, 2002a の議論の項目を参照）。

　学術的言語を身につけさせるのを促進するためには生徒たちがどのような言語を学校で聞いたり、読んだりするかが重要な要因となる。読む技能が弱い生徒たちには、彼らと同学年の生徒たちが学んでいるのとは同じ内容ではなく、単純化されたテクストが与えられることがよくある。例えば、南北戦争に参加した兵士の体験を綴った簡単な物語文を読むということでも、同学年の一般的な生徒たちには戦争の原因を理解することが求められているのに、読む能力の弱い生徒には、そのような学びの機会が奪われている。このような観点から、教育で使われるテクストは実際に存在するジャンルの適切な例である必要がある。すなわち、「単に子供がやって楽しいものだとか、解読を練習させるだけのもの」ではだめだということである（Williams, 1998, p.41）。これはつまり、教師は自分が教えたり、あるいは学習活動で有効に活用しようと思うテクストの特徴について意識しなければならないということである。

　教師はまた、学習のレジスター（言語使用域）を使い、生徒たちが新しい言語の使い方を理解できるようにする必要がある。生徒たちは口頭説明で専門的な用語の使い方が示されない場合、学習のレジスター（言語使用域）や学問的な内容を学ぶことができない。この専門的な用語の使い方は、生徒たちが他の様々な科目で出される課題を行うための言語資源を身につけるために必要なものなのである。例えば、Khisty（1993）は高校の数学の授業を民族誌的に研究し、研究した教室では、本当の「数学的」言語はほとんど使われていなかったと述べている。教師たちは主に、計算機の使い方の手順を示すか、生徒たちがその手順を暗記することを望むだけで、数学を学ぶ際の概念的要因について議論するとか、数学的概念について対話をするということはしなかった。教師たちが使った言語には専門的な用語の使い方が欠けていた。というのも、彼らは難しい数学的な概念を、数学的意味などほとんどなく、また実際に曖昧ないくつかの単語や句で表現しようとしていたからである。例えば、ある一人の生徒に

16/10 という分数の比を簡単にして、8/5 という解答を求める場合に、教師は「少しでももっと小さくできる？ ”Can you go down any lower?”」と質問している（Khisty, 1993, p.646）。生徒たちには彼らが学ぶように求められている意味を分析・構築する学習のレジスター（言語使用域）を通して、さまざまな概念について批判的な議論をする必要がある。

　内容に関する知識や技能は言語的な手段と切り離すことができない。言語的な手段によって、知識と技能がはっきりと示されるからである。これはある程度第二言語としての英語教育の研究では認識されていて、そこでは内容に基づく言語に焦点をあてることが奨励されている（Chamot & O'Malley, 1987; Mohan, 1986; Snow, Met & Genesee, 1989）。内容に基づく言語教育のアプローチは次にあげることを理解すると価値が高められるかもしれない。すなわち、言語と内容は切り離すことができない。学校教育での「内容」は常に言語によって提示・評価される。生徒たちに学ばせたいと思う概念が難しくなればなるほど、そのような概念を分析・構築する言語も、より複雑になり、日常の言語使用とはかけ離れたものになる。このような理解は、言語自体に焦点をあてることによって生徒が学校の科目の中で扱われる様々な概念を学べるようになる、ということを意味している。

　Christie（1989）は「学校が特に責務を負う学習形式で、核心的に重要な行動資源は言語に対するものである（p.198）」と述べ、その意味で、すべての教師は言語の教師であると指摘している。また彼女は「子どもたちが新しい経験をして、新しい情報を獲得するようにカリキュラム上の学習活動が意図されている場合、子どもたちは自分たちの言語資源を使うように奨励され、その結果、新しいレジスター（言語使用域）へと使用範囲を拡張させることを修得する（p.197）」と示唆している。教室は言語発達について様々な状況を提供し、その際に生徒たちは意味のある経験や活動を通じて新しい考えや内容を探索することになる。そして、そのような新しい考えや内容を発表し、議論する機能を果たす学習のレジスター（言語使用域）の特徴を活用した話し言葉や書き言葉のテクストを身につけさせるように助力される。教師たちは、生徒たちが教室内の対話で使うように求められる方略について意識する必要があり、またそれを明示的に教える必要がある。さらに、生徒たちが知識を示す言語能力を伸ばすような質問や議論ができるように助力しなければならない。もし生徒たちがレジスター（言語使用域）で意味を作り出す資源を活用できなければ、自分たちが知っていることを説明することができないことになる。

学習資源としての文法

　子どもたちが学校教育で大変に影響力のあるレジスター（言語使用域）やジャンルについて、その能力を効果的に伸ばしてあげられるようにするために、教師たちは子どもたちが学校へもたらす言語資源について認識し、それを進展させ、拡張しなければならない。その結果、子どもたちが言語の新しい使い方を身につけ、世界について考えることを助けることになる。言語と思考は両方とも、新しい思考法や新しい言語の使い方を促進する課題に参加することで、成長する。すなわち、特定の学問的課題に伴う認知的発達はそのような課題がどのように社会的状況の中に埋め込まれているかということ、そして、新しい技能がどのような目的をもつのかということに左右されるのである。言語は学校における認知的発達にとって中心的な道具なのである。

　教育とは、Christie（1991）が言うように、いくつかの目標を達成するための「思慮深い」指導行為と見なすべきであろう。教育の基本は足場を作るという考えであり、Martin（1999）はそれを「共有体験をする状況で対話をすることから生まれる指導（p.126）」と呼んでいる。足場を作るためには目に見える(visible)指導を行う必要があり（Bernstein, 1996; Martin, 1999）、それによって教師には専門性が与えられ、生徒たちにはどういう評価基準なのかが明示的に示される。言語発達を促すのに効果的な足場を作るためには、教師たちは自分たちが何の足場を作っているのか、そして、何を達成しようとしているのかを意識する必要がある。言語学的見地からすれば、特定のテクストが学校のような特定の社会状況の中で評価を受けることを認識することによって、学校は生徒たちが価値あるものと評価を受けるテクストが何を達成し、そのテクストが作り出す社会的意味がどのように文法的・語彙的な選択を経て構築されているのかを理解できるような機会を与えなければならないであろう。

　しかしながら、生徒たちは目に見えない(invisible)指導を受けることがあまりにも多い。教師は教室での課題や対話を管理して、学習内容や評価基準を明示することがない。目に見えない指導では生徒たちは自分たちが既に知っていることから発展することができない。例えば、Christie（1999b）は文学作品のカリキュラムについて述べている。そこでは、生徒たちが文学作品を読んだり、作品に対して「自分」の立場をどのように取るかが求められているが、作品に埋め込まれた多くの様々な文化的な意味を解明するようなテクストの分析をしていない。そのようなはっきりとしない指導は、自分で社会化してそのような埋め込まれた意味と関係をもったり、学校でのそういった課題にそなえて議論

や批判といったことに関わる機会を学校外で持てるような生徒たちを除いて、他の生徒すべてを危険にさらす。

明示的な指導は言語と指導中の演習との間にあるパターンと関係性を前面に出す。生徒たちが適応しなければならない「規範」を単に示すだけでは不十分である。教師たちはそのような規範に関わる言語的な諸問題について知っていなければならないし、そのような規範が示す言語的な複雑さを解明するツールをもたなければならない。明示的な指導もなく、明確な評価基準も示さずに、生徒たちが学習についていけないと、その原因は生徒たちの能力や家族的背景、あるいは動機付けに安易に結びつけられてしまう（Martin, 1993a）。

ジャンルを認識する

生徒たちは幾つかのレベルで学校の課題にかかわる経験が欠落しているかもしれない。課題の到達点や目的が理解できないかもしれないし、あるいは学校が生徒たちに求めている言語の使い方では何に価値が置かれているのかを理解していないかもしれない。たとえそのような到達点や目的を理解したとしても、それがどのように自分たちの生活に関連しているかを理解していないかもしれない。知識は特定の目的に関連した特定の状況で身につくのであり、また特定の状況や目的がその知識や、その知識を分析・構築する言語資源を具現するのである。さらに、その言語資源を生徒たちが身につけるのである。そういうわけで、言語の指導を実践的で目的をもった活動の中に組み込むようにすることが特に大切である。

オーストラリアの研究者たちはジャンルに基づいた教育を促進している（Christie, 1997; Martin, 1993a; Rothery & Stenglin, 1997）。この教育では、読み書き能力の指導に明示的なアプローチを取る。すなわち、全ての生徒に様々なジャンルを読み書きする機会を均等に与えるという到達点をもち、それによって、生徒たちは学校や、理工学分野、あるいはその他の社会制度にうまく参加できるようになるというものである。Cope と Kalantzis(1993)はこのようなアプローチを次のように特徴付けている。「言語体系と言語機能についてよく知っている教師が生徒たちに教えながら、言語がどのように機能して意味を生み出すのかを明確にすることで内容、構造、そして学習者が学校教育という設定の中できちんと読み書きができるようになるためにたどる段階が強調される(p.1)。」本書やその他の選択体系機能言語学の研究で述べられている機能文法はジャンル・アプローチに対してジャンルを具現する言語的要素の基礎となっている。従って、ジャンルは形が決まったテクスト・タイプとしてではなく、

言語的な選択がされて具現される過程として教えられる。

　生徒たちには社会的目的と、様々なジャンルごとに異なる社会的目的を具現する言語的特徴についての知識が必要である。各学科には独自の専門用語で世界を理解する言語の使い方があるので、生徒たちは学校の課題をうまくこなしたいと思うのであれば様々な学科で使われる言語を学ばなければならない。つまり、低学年の時から幅広いジャンルを作り出すようにしていかなければならないということである。もしも効果的な状況が展開できるのであれば、子どもたちには初学年から事実的な(factual)作文を導入することが可能である。事実的(factual)なジャンルはその根源を、世界を探索するという言語機能の中に置くので、生徒たちによく知らない概念についての知識を身につけさせるような状況の中で、そのようなジャンルを読み書きする能力を身につけさせる必要がある。事実的に、あるいは分析的に書く能力は、個人的な作文を書く能力が身につく状況と同じ状況で身につくのではない。すなわち、生徒たちは、事実的なあるいは分析的なジャンルが求められている領域のものを読み書きするような社会的経験をすることが必要だということである。

　教師たちはまた、事実的(factual)なジャンルが適切な時期について認識する必要もある。というのも、生徒たちは時に個人的な観点から科学的なトピックについて書くように指導されることもあるからである。たとえば、Christie(1985)は理科の授業で教師が低学年の生徒たちに自主研究のテーマであった卵のふ化について「物語」を書くように求めていることを報告している。「物語を書きなさい」という指導は子どもたちを誤った方向に導いて、このようなコンテクストでは不適切な物語(narrative)のジャンルを書かせることになる。本についてのレポートを書くときでも、生徒たちは分析的(analytical)なジャンルではなく、物語(narrative)で書くことがよくある(Christie, 1986)。生徒たちの低学年時の作文経験のほとんどは、のちに出来るように期待されるジャンルの準備をするといったことがなされていない。

　もし生徒たちが学校での課題で、様々な範囲のジャンルができるように求められているのなら、そのようなジャンルに不可欠な言語資源をどうやって身につけさせるかという挑戦的な問題に学校教育の脈絡の中で真剣に取り組まなければならない。それぞれのジャンルは社会的に異なった言語の使用法が反映されており、またその独自の根源を文化的に異なった経験の中に有している。生徒たちが目的に応じて、それぞれのジャンルを使いこなすためには、ジャンルが構築してくれる文化的な経験に参加する必要がある。生徒たちにはそのような文化的な経験に参加する必要があるのだということを本当に理解し、受け入

れることは、言語をどのように教えることができるのか、また学習することが
できるのか、ということに大きな意味をもつ。生徒たちは学校教育のテクスト
や課題のもつ社会的な目的に参加できるようになる必要があるし、その結果、
やるように求められる課題や、作成するように求められるテクストの到達点を
理解することになる。

言語を分析する

　様々なジャンルが身につくように促すのに効果的な足場を作るために、教師
たちは自分たちが与える課題の到達点や、生徒たちがそのような到達点を満た
すようなテクストを書けるように援助するための手段を明確に理解する必要が
ある。第二章で示したように、何かしら特定の学校の課題を行う状況は全ての
生徒に対して全く同じということはない。例えば、Schleppegrell(1998)は、次
のようなケースについて述べている。生徒たちが理科の授業で記述を書くよう
に求められると、目に見えないところにいる聴衆者に対して権威をもって情報
を提供する知識豊かな専門家に見えるような文法的資源を活用してレポートの
始まりを書く生徒たちもいれば、自分の見たものや好きなものについてコメン
トをする形で個人的なコンテクストを構成するテクストを書く生徒たちもい
る。Anderson(1989)も聴覚障害のある大学生たちと健常の大学生たちが作文
についてどう思うかを書くように求められた際に、その解答にレジスター(言
語使用域)の違いがあったことを発見している。健常の大学生は皆、同じよう
に解答をして、「自分(I)」を主題や主語として作文を始め、書き手としての自
分を前面に出していた。そして、節の題述には「それ(it)」・「作文(writing)」
という語を全員使っていた。一方、聴覚障害のある学生は文法的選択において
はもっと多くのバリエーションが見られた。「私(I)」という語を最初の文の主
題や主語に使ったのは約半分だけで、彼らの多くは最初の節を従属結合や並列
結合を使って最初の節を拡張し、関連のある、また関連のないトピックを前面
に出していた。

　このような違いはレジスター(言語使用域)の力や文法や語彙の特性について
注意を喚起する必要性を示すものであり、特に、学習のレジスター(言語使用
域)の経験をもたない可能性がある生徒たちについてそれがあてはまる。肝心
なことは、すべての生徒たちが同じ文法的な選択をしなければならないという
ことではなく、生徒たちが自分で選択した文法的資源を使って焦点となってい
る意味をうまく前景に出して与えられた課題を行うことが出来ない場合、他に
使える選択肢について注意を払うことで恩恵が得られるということである。生

徒たちが様々なタイプのテクストを作成する形で課題をする際に、生徒たちが行う文法的な選択は、生徒たちが、課せられた課題を概念化する方法がどれほど異なっているということを反映している。しかし、テクストはすべて同じように価値付けがされるわけではない。教師たちにとっては、生徒たちに課すジャンルや、そのようなジャンルを構築するレジスター(言語使用域)に関する特性を理解することが、作文の課題をプロセスとして見ることを可能にする。そのプロセスによって生徒たちは自分たちの個性を表現することができ、また同時に学校や社会で評価されるやりかたで知識や意見を示すことができる。

また、最近の第二言語の研究も形式に焦点をあてることが生徒たちの言語発達に大切であると示唆している(例えば、Doughty & Williams, 1998; Ellis, Basturkmen & Loewen, 2001)。談話や意味に基づいた言語理論で示されているように、新しい内容が導入される時にさえ、言語への焦点が学習へと導かれる。生徒たちは文法と談話構成の密接な繋がりによっていかに効果的なテクストを作ることができるかを学ぶことができるし、また様々に異なったコンテクストや状況に応じてテクストを作り出すために、様々な声(voices)を身につけることができる。学習言語の課題に対する語彙や文法的な期待を明確にすることで、教師たちは生徒たちが様々な作文の課題に取り組む際に、効果的な語彙・文法の選択ができる手助けをすることができる。

学問的な課題のジャンル的特徴やレジスター(言語使用域)の特徴を理解することで、教師たちはテクストを構築する資源としての文法に焦点をあてることができるし、生徒たちが新しい文法資源を使うのを助けることができる。文法に関する情報を作文指導に組み込むことができるので、生徒たちは下書き、校正、編集という一連の過程を経る時に、課題となっている作文で意味を構築するのに大切なレジスター(言語使用域)の特徴について意識することができる。そのような形式への焦点によって生徒たちは自分たちの文法的な選択がテクストの作成にいかに効果的であるのかを知ることができるし、また作文力を上げて、その選択についてもっと自信が生まれてくる。

例えば、Rothery(1996)は生徒たちに科学的な説明文を書くように指導する際に機能文法がいかに使えるかということ示している。生徒たちは、自分たちが行う実験について説明した手順的(procedural)テクストを読んだ時、命令形の動詞と、順序を明確に示すマーカーを見つけて確認し、指示対象物がどのような流れで説明されているかを分析した。Rothery は生徒たちが最初に実験レポートを書いた時に、彼らの書いたテクストが手順を示す文であって、説明文ではなかったと、指摘している。生徒たちは説明文の言語的な特徴について焦

点をあてた時に、はじめて実験のやり方でなく、実験がどのような過程でなされたのかを書き始めた。すなわち、新しい方法でテクストを構成することを学んだのである。Rothery は教師がそのような学習を促進するのは簡単ではないと述べている。「教師たちは言語体系、テクストとコンテクスト、そして、子どもの言語研究について専門的な知識をもっていない。だが、子どもの言語研究は、大人と子どもが言葉のやり取りをする時に大人が果たす指導的な足場作りの役割についてさまざまな知見を示しており、その役割は子どもが言語を学ぶ時と言語を通して学ぶときに重要なものである (Rothery, 1996, P.90)。」そのような知識がないので、前にも示唆したように、教師たちは生徒たちの読み書きの問題を教育の問題ではなく、認知能力のせいにしてしまうかもしれない (p.101)。

　授業を通じて、生徒たちはテクストが言語的な選択によってまさにそのような種類のテクストになるのだということを理解することができる。教科書はそのような意味を明示的に示すようには構成されていない (Beck, McKeown, & Gromoll, 1989; McKeown, Beck, Sinatra & Loxterman, 1992)。さらに生徒たちはそのようなテクストを理解するために、密度が高く難しい言語を使えるようにならなければならない。テクストの言語構造を明確に分析すれば、生徒たちは言語がどうやって特定のコンテクストや思考方法を分析・構築していくのかを理解できるようになる。学校教育というコンテクストの中でテクストを作り出すために機能する文法的な要素と語彙的な要素は、教育の明確な焦点となり得るし、生徒たちも自分たちが読むテクストを分解することに関わり、語彙的選択や文法的選択を通じて、観念構成的意味、対人関係的意味、そしてテクスト構成的意味を作者がどのようにとりまとめてテクストを構築したかを理解することができる。

　言語の機能的分析は教育者たちが生徒たちに読ませるテクストを準備するための情報を提供することができる。たとえば、Unsworth (1997) は高校の理科の教科書で音波の説明をしている箇所を効果的にしている言語的特徴を見つけて特定することが可能であると述べている。彼は選択された節のタイプ、文法的比喩と節接合の関係、情報提示における主題の選択などがどのように寄与して、明確で効果的なテクストを作りだしているかを示している。さらに、効果的でないテクストは、抽象度が上がったところでの説明を可能にする一連の文法的な特性を活用していないので、いかに音波の説明を歪曲して、曖昧さを作り出してしまうか、ということも示している。文法的資源の役割を知ることで、教育者たちは学校教育の目的をうまく果たすテクストを作り上げることが

できる。

　文法的資源の機能的な分析をすると、生徒の言語操作能力を分析する枠組みや、生徒たちがさらに身につける必要のある領域を特定する枠組みが得られる。アカデミック・ライティングに際してテクスト的に期待されていることを明らかにすることが、評価の公平性を確保して、それを達成する唯一の方法である(MacDonald, 1994)。だが、残念なことに、それはまだほとんどなされていれていない。Rotheryと Stenglin(1997)が科目としての英語について、「到達目標は不明確なままにされていて、間違った提示すらされている。また生徒たちには到達目標を達成するための実質的なツールは何も与えられていない。したがって、英語で良い成績を収めているのは主に中流階級の生徒たちだということは驚くことではない。そのような生徒たちは読み書き能力に関する豊かな文化的資本と実地経験があり、また倫理的にも主流という地位があって、彼らはそれをしきりに教室で活用するからである(p.262)。」と述べている。

　言語的分析に使うツールは「まさに、学習者が言語について熟考する方法を身につけることができるようにする資源」である(Hasan & Williams, 1996, p. xviii)。この熟考するという能力は、批判的思考や高レベルでの知識を成長させることの重要な側面である。学校教育が基礎となっている様々な社会的慣行を構築するレジスター(言語使用域)を学ぶことで、生徒たちはそういったレジスター(言語使用域)を自分たちの社会的、文化的、政治的な関心事に適応させるツールを手にする。学問的なジャンルやレジスター(言語使用域)に関連してどのような価値があり、どのような力関係が働くのかは、明確な指導がなければ明らかではない。学校教育での言語を教える主体的な教育を実践することによって、教育者は生徒たちを異なった範疇や社会グループに分け隔ててしまうラベルを抑制することができるし、生徒たちが共有する未来を形成する力をもつテクストが制御できるように援助するという共通の指針に焦点をあてることができる。

言語、知識、イデオロギー

　学校教育に基づいた課題で期待されるレジスター(言語使用域)の意味の潜在能力(meaning potential)を活用する力は、単に生徒たちが言語の知識を増やすのを助けるだけではない。それによって生徒たちはもっと上級の学校教育での科目を学ぶことができたり、新しい思考法で考えたりすることができるようになる。学習とは多くの点で言語的な過程であり、「意味と一致しない」文法を

使って非日常的な意味を分析・構築するには、それが科目内容であり、学問的な修練であるという考え方が必要になる。Painter(1996)は「学習の方略や過程、すなわち分類、比較、一般化、原因と結果の関連づけ、仮説化、推論等はすべて、本質的に非言語的で目に見えない心理的な過程を行う方法というより、むしろ言語的資源を使ってテクストを作る方法として最も役立つように思われる」と示唆している(p.53)。言語的資源を使う新しい方法によって、生徒たちは意味の潜在能力を伸ばして、我々の社会で使われるもっと力強い談話形式に参加することができる。

　意味を作り出す資源としての言語に焦点をあてる教育方法は生徒たちに新しい方法で言語を使えるようにさせることに重点を置くのであって、内容や言語からかけ離れて「思考技能」を教えるものではない。作文を教える際、その焦点は、生徒たちが新しい言語的資源を使いこなして、テクストをまとめたり、強調したいポイントが表現できるようにさせることである。Shaughnessy(1977)は、作文の苦手な生徒たちはアイデアに欠けているというのではなく、談話をまとめる方略や効果的な作文を書くのに必要な文法的選択の知識に欠けている、と示唆している。さらに、「基礎的な作文を学んでいる生徒たちがレポートを書くときにはそこに多くの論点があるが、それらは彼らだけでなく、もっと作文力のある生徒たちが同じ課題で書くときに使う論点と同じである。彼らの違いはスタイルと精巧さの度合いである(p.226)。」と指摘している。また、生徒たちに「思考」することを教えなければならないという考えは、生徒たちの作文にまつわる問題は生徒に概念化する能力がないからという信念に基づいているからであり、こういう条件付けは、作文ではなく思考過程に力点をおく直接的な指導と合致するかもしれないと示唆している。しかし、このような考え方は、思考を分析することと思考を生み出すことをはき違えるものだと批判している。さらにそれは生徒たちが知的に洗練されていくことを過小評価するものであり、高く評価される作文の書き方を学ぶ必要があると明示していないと指摘している。

　Veel(1997)は、学習のレジスター(言語使用域)では「世界について独特で、好まれる思考法が分析・構築されるのであり、それは「科学的」、「論理的」、「合理的」と認識されるものである(p.161)」と述べている。同じように、Lemke(1987)も「我々が"論理的に考える"と呼んでいることは大部分で、ジャンルのパターン(genre patterns)に沿って、単に言語を使うことである。「論理的な思考」を教えるということは単にそのようなジャンルの使い方を教えるということである(p.305))と論じている。教育は学習者が日常生活では馴

染むことがないかもしれない教育的な談話に接することができるようにすることであり、同時に学習者が新しい知識を身につけるような活動に関わる時に、言語について熟考する概念的なツールを学習者に提供することである。この言語の熟考によって、生徒たちはまた、いかに作文の書き手による言語的選択がさまざまなイデオロギー的立場を埋め込むのか、またその選択がいかにある種の考え方を自然に見せるのかを理解できるようになる。Christie（1999a）は機能文法を教えることで言語が意味を作り出す方法について理解したり、異議を唱えたりする批判的な能力を育てると述べている（p.157）。

　これは生徒たちの言語の力に対する認識を引きあげることに、教育者が積極的な役割を果たすことを求めている。生徒たちが制度や社会形態と批判的な対話ができるようにするために、考え、信念、あるいは世界の見方や政治的な立場をつくりあげる態度といったものが、いかにしてテクストや読み書きをする中に組み込まれているのかということを生徒たちは理解する必要がある（Hasan, 1996）。そのような理解を通じてでないと、生徒たちは秘められた前提だとか、ある種の視点を前面に出して他の視点を隠すようなメッセージを検証することができない。Veel（1997）が述べているように、「言語は意味と社会的なコンテクストによって構成されたものであって、単純な導管、すなわち思考や現実を伝達するためのツールというわけではない。言語は世界についてのある種の考え方を可能にすると同時に、それ以外の考え方を妨げるか、少なくとも置き去りにする（pp.161–162）。」学習のレジスター（言語使用域）の力を理解することによって、この使用域の作り出す意味に疑問を呈することもできるようになるし、異議を唱えることができるようにもなる。またこの使用域による談話が埋め込んでいるイデオロギーについて理解したり、批判したりすることができる。

　学術的言語についての知識によって、さまざまな科目の中で新しい知識が共有される社会的な状況に生徒たちは参加できる。もしも生徒たちが学校教育の中で求められるような機能的な意味を作るようにならなければならないのなら、学習のレジスター（言語使用域）を使えるように学習することが必要である。レジスター（言語使用域）を制御する力を得て、初めて生徒たちはレジスター（言語使用域）を使いこなして、自分たちの文化的なコンテクストと到達点を反映した多様な意味を構築することができる。学習のレジスター（言語使用域）を制御できるようになると、取り残されていた生徒たちが新しい意味を構築することに参加できる。機能言語学的な分析は生徒たちに枠組みやツールを与え、それによって生徒たちは支配的な関心事が示されて、他のことは表現し

ないという学校での言語の使われ方を分析する方略を身につけたり、あるいは制度や社会的な組織が言語の使用によってどのように維持され、再生されるかを検証することができる。生徒たちが学習のレジスター（言語使用域）を自分たちのものにする時に、新しい意味が出現する。全ての言語は、社会的な目的に応じて話者によってさまざまな方法で使われるので、絶えず変異の過程にある。学習のレジスター（言語使用域）をいろいろな方法で使うことは、必然的に物事がそのようにあることを維持するのに役立ったり、あるいは反対に物事がそのようにあることに異議を唱えるということに役立つ。文法の知識は、この観点から見てみると、一種の社会的知識の形態であり、それによって生徒たちは我々の社会で価値づけられたジャンルについてそれを制御する力を得ることができるし、また、そのようなジャンルに参加することによって、社会変化に貢献できるようになる。その社会変化こそ、学校やそれ以降で、本当の機会均等に必要なものである。学校教育でのテクストとコンテクストに参加する能力を身につけることによって、生徒たちは現状の制度や社会形態を支持したり、あるいは異議を唱えたりする選択ができるようになる。同時に、生徒たちは言語がいかに機能して、社会制度を確立したり、維持したり、あるいは、さまざまに異なったイデオロギー的な立場をつないでいるかということを理解するようになるのである。

結論

　学校という状況の中で、生徒たちは言語を通じて新しい知識に興味を抱くようになる。上級の読み書きの授業で扱われるテクストに使われている密度が高く抽象的な言語的特徴は生徒が高校やさらにそれ以上の学校で教育を受けるようになった時に身につけるよう求められる専門化・抽象化された知識を構築している。学校教育における言語の重要な課題の原因は言語が専門的な方法で意味を構築することにある。すなわち、様々な科目領域で、言語は密度が高く構成されたテクストの中で、経験と社会的役割を同時に構築するのである。本書で示されてきたように、論証的（expository）レポートのような学校教育に基づいた課題におけるレジスター（言語使用域）の特徴、あるいは科学、歴史、その他の科目におけるレジスター（言語使用域）の特徴はそれぞれの目的に対して機能する。これらの特徴によって学校教育の言語は知識が共有されて培われる学習言語の意味を作り出すことができる。このような意味を作り出す言語的な基盤に対して意識を高めることで、学校教育の言語の中に具現されている学習と

いう状況への参加を広げることができる。

　本書では、言語が学校教育の中で扱われるテクストの中に意味をどのように構築するのかを可視化するツールを提示してきた。文法的選択の中の意味を認識することで、言語を使う一定の方法について価値付けをする基盤が明らかになる。加えて、選択体系機能言語学というツールは、教師たちと生徒たちにテクストが構築する様々な意味の機能を明確にして言語に焦点をあてる方法を提供している。また、この選択体系機能言語学は言語とコンテクストを理論的に結びつけるものであり、それによって教師と生徒は言語的選択がどのように機能を果たすのかということを認識できる。異なった形式がいかに異なった意味を作り出すのかを生徒たちに理解させようとすることで、生徒たちは書き手として表現をするときに使える選択肢を増やすことができるし、テクストを読むときに意味を取り出すツールを手にすることができる。

　本書では理論的観点から方法論的観点までの広範な研究を活用して、学校で使われる言語の研究から浮き彫りとなった共通の成果を示してきた。このような成果に関して、機能言語学的な見方がもつ意義は、学習内容そのものが教育される言語を使って学問的内容を学ぶことがいかに難しいかを示すことであり、言語と内容の学習が分離したプロセスではなく、切り離すことができないことを明らかにすることである。名詞句の中に情報を凝縮して、情報を統合するために接続的方略を必要とする節の構造ということについて、言語の複雑さを特徴づけることで、言語に構築されている意味について分析したり議論したりして、熟考することができる。選択体系機能言語学の枠組みは言語について語るときのメタ言語を与えてくれ、これによって様々な領域にまたがる研究で発見された知見について統一的な見地をもたらすことができる。

　ここで示されてきた分析は学校教育での言語について全般的な記述を示しているが、もちろん、それは部分的であり、完全なものではない。機能言語学の観点からさらに多くの研究が行われて、学校教育の言語という重要な課題をもっと深く理解する必要がある。この重要な課題とはジャンルの問題でもあり、同時にレジスター（言語使用域）の特性について能力を育成するという問題でもある。特定のジャンルで言語がどのように機能的に使われるのかということについてもっと分析されれば、文法的な要素が話し言葉や書き言葉のテクストの中でどのように用いられるかということをもっと深く理解することができるだろう。特に、さまざまなレベルで、またさまざまな科目で、新しい教育基準や新しい試験が言語的にどのようなことを求めているかをよく理解する必要がある。

この研究にはまた教育方法論的な局面も必要である。いつ異なったジャンルを導入すべきか、どうやったらもっとも効果的にジャンルを導入できるのか、またジャンルについてどうやって生徒たちの言語的な気づきを伸ばすことができるかという研究などを、検証する必要がある。学習のレジスター（言語使用域）を身につけている最中の生徒たちはもっと流ちょうに作文を書く生徒たちとは異なった文法的選択をして、求められているものとは異なった情報構造を作り上げてしまう。生徒たちが上級学年や上級学校など、その後の学校教育で直面する問題を理解することが重要なのである。その理解によって、生徒たちが初期の読み書き能力からもっと進んで、上級の読み書き能力が必要な、密度の濃い、抽象的で専門的なテクストに取り組むことができるようになる。

さらに、どうしたら教師たちが言語の機能性を理解することができるようになるのかを調べることが必要である。教師を教育するプログラムには学習の言語的基盤についてなにも盛り込まれていないし、概して、生徒が様々な科目で直面する言語的な問題の理解に役立つ心構えを教えることもない。教師たちに自分たちが教える科目の中で言語がいかに意味を構築しているのかに焦点を当てさせるよう訓練する方法についてもっと多くの研究が必要である。教師全員に言語特性について語る方略が必要であって、言語に注意を払う対象ではない教師たちにそれを教えるようなプログラムを開発するための研究が必要である。そして、このような研究を達成したり、あるいはこのような研究に対する資源と携わるために、教育行政担当者、教師、そして、教育における言語の役割を研究している研究者たちの認識を広げることが大切である。

学校教育で望まれている言語的期待について意識を高めることにより、学校で何が価値あるものと評価されるのかについて考えを新たにする可能性がある。学校教育で期待されているものを明確にすることは、教育者たちがこのような期待を検証する１つの方法である。テクストや課題を分析すること、そして学校教育の目的に照らし合わせて効果的なものを評価することで教育者たちに学習活動に込められた本当の期待についてさらに認識させることができるであろうし、さらにはその期待は、価値があるとされるものや奨励される事柄の再評価へと繋がるかもしれない。機能言語学の観点から見た基準やその他の評価問題に関わる研究は新しい教育方法へと繋がる可能性がある。その新しい方法では言語的に重要な問題を認識しながら言語の発達を科目の学習と統合させる。

Halliday 理論によって示された言語的枠組みは、教育とその他社会的な過程に関わるすべての言語についての認識を広げるツールを与える。言語が使われ

第 6 章　学校での言語発達　235

るコンテクストと、そのようなコンテクストから生まれると同時にそのような
コンテクストを特定の方法で形成する話し言葉や書き言葉の種類の密接な関係
を示す言語理論として、Halliday 理論によって示された言語的枠組みはさらに
社会言語学、応用言語学、そして教育言語学が言語と学習の問題を理解するた
めに示すさまざまな説明に対して、また別の側面を加えることができる。つま
り、このような言い方を受け入れることと、文法的な形式と談話構造を分析す
ることで、ある展望が提示される。その展望において、幅広い研究者が様々な
社会的な脈絡の中で言語がどのような役割を果たしているかという議論に加わ
ることができる。

注
69　『機能文法のすすめ』(M. A. K. ハリデー／ R. ハッサン著　筧壽雄訳 1991, p.72)
70　多くの研究者が教育における「物語(narrative)」の重要性に焦点をあてている(例え
　　ば、Christie, 1986; Crowhurst, 1980; Kress, 1994; McCarthy & Carter, 1994；さらに
　　Linguistics and Education vol. 5, No. 2 を参照)。ここでのポイントは、生徒たちには
　　個人的なジャンルから発展して、分析的作文の課題で必要な技能を身につける必要
　　があるということである。これは特に Rothery(1996)のような報告に照らしてみる
　　と大変に重要である。この報告では小学生に書いた 2000 以上のテクストを分析し、
　　その結果、この子どもたちが書いた作文の 77％以上が個人的ジャンル(personal
　　genre)であることがわかった。また事実的ジャンル(factual genre)(レポート、説明
　　文、文学批評)はわずかに 18％程度であった。

参考文献

Albrechtsen, D., Evensen, L. S., Lindeberg, A. C., & Linnarud, M.(1991). Analysing developing discourse structure: The NORDWRITE Project. In R. Phillipson, E. Kellerman, L. Selinker, M. Sharwood Smith, & M. Swain(Eds.), *Foreign/second language pedagogy research*(pp.79–91). Clevedon, England: Multilingual Matters.

Anderson, S. J.(1989). Deafness and the social meaning of language: A systemic perspective. *Word, 40*(1–2). 81–97.

Applebee, A. N.(1984a). Conclusion. In A. N. Applebee(Ed.), *Contexts for learning to write: Studies of secondary school instruction*(pp.183–189). Norwood, NJ: Ablex.

Applebee, A. N.(1984b). The students and their writing. In A. N. Applebee(Ed.), *Contexts for learning to write: Studies of secondary school instruction*(pp.37–54). Norwood, NJ: Ablex.

Applebee, A. N., Durst, R. K., & Newell, G. E.(1984). The demands of school writing. In A. N. Applebee(Ed.). *Contexts for learning to write: Studies of secondary school Instruction*(pp.55–77). Norwood, NJ: Ablex.

Appleby, J., Brinkley, A., & McPherson, J. M.(2000). *The American journey: Building a nation*. Columbus, OH: Glencoe/McGraw, Hill.

Au, K. H., & Kawahami, A.(1994). Cultural congruence in instruction. In E. R. Hollins, J. E. King, & W. C. Hayman(Eds.). *Teaching diverse populations: Formulating a knowledge base*(pp.5–23). New York: State University of New York Press.

Beaman, K.(1984). Coordination and subordination revisited: Syntactic complexity in spoken and written narrative discourse. In D. Tannen(Ed.). *Coherence in spoken and written discourse*(pp.45–80). Norwood, NJ: Ablex.

Beck, I. L., McKeown, M. G., & Gromoll, E. W.(1989). Learning from social studies texts. *Cognition and Instruction, 6*(2), 99–158.

Bernstein, B.(1972). A critique of the concept of compensatory education. In C. Cazden, V. John, & D. Hymes(Eds.), *Functions of language in the classroom*(pp.135–151). New York: Teachers College Press.

Bernstein, B.(1977). Foreword. In P. R. Hawkins(Ed.), *Social class, the nominal group and verbal strategies*(pp. ix–xii). London: Routledge & Kegan Paul.

Bernstein, B.(1990). *Class, codes and control, Vol. 4: The structuring of pedagogic discourse*. London: Routledge.

Bernstein, B.(1996). *Pedagogy, symbolic control and identity: Theory, research, critique.* London: Routledge & Kegan Paul. 久冨善之ほか(訳)『「教育」の社会学理論——象徴統制・「教育」の言説・アイデンティティ』法政大学出版局. 2000.

Berry, W.(1981). *The gift of good land: Further essays cultural and agricultural.* San Francisco, CA: North Point Press.

Besnier, N.(1988). The linguistic relationships of spoken and written Nikulaelae registers. *Language, 64,* 707–736.

Biber, D.(1986). Spoken and written textual dimensions in English: Resolving the contradictory findings. *Language, 62*(2), 384–414.

Biber, D.(1991). Oral and literate characteristics of selected primary school reading materials. *Text, 11*(1), 73–96.

Biber, D.(1995). *Dimensions of register variation: A cross-linguistic comparison.* Cambridge, England: Cambridge University Press.

Bloom, B. S., Engleheart, M. B., Furst, E. J., Hill, W. H., & Krathwohl, D. R.(1956). *Taxonomy of educational objectives, Handbook I: Cognitive domai*n. New York: David McKay.

Bloome, D.(1987). Reading as a social process in a middle school classroom. In D. Bloome (Ed.), *Literacy and schooling*(pp.123–149). Norwood, NJ: Ablex.

Bloor, T., & Bloor, M.(1995). *The functional analysis of English: A Hallidayan approach.* London: Arnold.

Butt, D., Fahey, R., Feez, S., Spinks, S., & Yallop, C.(2000). *Using functional grammar: An explorer's guide*(2nd ed.). Sydney: National Centre for English Language Teaching and Research, Macquarie University.

Callaghan, M., Knapp, P., & Noble, G.(1993). Genre in practice. In B. Cope & M. Kalantzis(Eds.), *The powers of literacy: A genre approach to teaching writing*(pp.179–202). London: The Falmer Press.

Cazden, C. B.(1986). Classroom discourse. In M. C. Wittrock(Ed.), *Handbook of research on teaching*(pp.432–463). New York: Macmillan.

Cazden, C. B.(1988). *Classroom discourse: The language of teaching and learning.* Portsmouth, NH: Heinemann.

Cazden, C. B., John, V. P., & Hymes, D.(1972). *Functions of language in the classroom.* New York: Teachers College Press.

Cazden, C. B., Michaels, S., & Tabors, P.(1985). Spontaneous repairs in sharing time narratives: The intersection of metalinguistic awareness, speech event, and narrative style. In S. W. Freedman(Ed.), *The acquisition of written language: Response and revision*(pp.51–64). Norwood, NJ: Ablex.

Chafe, W.(1985). Linguistic differences produced by differences between speaking and writing. In D. R. Olson, N. Torrance, & A. Hildyard(Eds.), *Literacy, language, and learning: The nature and consequences of reading and writing*(pp.105–123). Cambridge, England: Cambridge University Press.

Chafe, W.(1986). Writing in the perspective of speaking. In C. C. Cooper & S. Greenbaum(Eds.), *Studying writing: Linguistic approaches*(pp.12–39). Beverly Hills, CA: Sage.

Chafe, W.(1992). Information flow in speaking and writing. In P. Downing, S. D. Lima, & M. Noonan(Eds.), *The linguistics of literacy*(pp.17–29). Amsterdam: John Benjamins.

Chamot, A. U., & O'Malley, J. M.(1987). The cognitive academic language learning approach: A bridge to the mainstream. *TESOL Quarterly, 21*(2), 227–249.

Chenhansa, S., & Schleppegrell, M.(1998). Linguistic features of middle school EE texts. *Environmental Education Research, 4*(1), 53–66.

Christie, F.(1985). Language and schooling. In S. Tchudi(Ed.), *Language, schooling and society*(pp.21–40). Upper Montclair, NJ: Boynton/Cook.

Christie, F.(1986). Writing in schools: Generic structures as ways of meaning. In B. Couture(Ed.), *Functional approaches to writing: Research perspectives*(pp.221–239). London: Frances Pinter.

Christie, F.(1989). Language development in education. In R. Hasan & J. R. Martin (Eds.), *Language development: Learning language, learning culture*(pp.152–198). Norwood, NJ: Ablex.

Christie, F.(1991). First-and second-order registers in education. In E. Ventola(Ed.), *Functional and systemic linguistics*(pp.235–256). Berlin: Mouton de Gruyter.

Christie, F.(1997). Curriculum macrogenres as forms of initiation into a culture. In F. Christie & J. R. Martin(Eds.), *Genre and institutions: Social processes in the workplace and school*(pp.134–160). London: Cassell.

Christie, F.(1998a). Learning the literacies of primary and secondary schooling. In F. Christie & R. Misson(Eds.), *Literacy and schooling*(pp.47–73). London: Routledge.

Christie, F.(1998b). Science and apprenticeship: The pedagogic discourse. In J. R. Martin & R. Veel(Eds.), *Reading science: Critical and functional perspectives on discourses of science*(pp.152–177). London: Routledge.

Christie, F.(1999a). The pedagogic device and the teaching of English. In F. Christie (Ed.), *Pedagogy and the shaping of consciousness: Linguistic and social processes* (pp.156–184). London: Continuum.

Christie, F.(Ed.). (1999b). *Pedagogy and the shaping of consciousness: Linguistic and social processes*. London: Continuum.

Christie, F.(2002a). *Classroom discourse analysis: A functional perspective*. London: Continuum.

Christie, F.(2002b). The development of abstraction in adolescence in subject English. In M. Schleppegrell & M. C. Colombi(Eds.), *Developing advanced literacy in first and second languages: Meaning with power*(pp.45–66). Mahwah, NJ: Lawrence Erlbaum Associates.

Christie, F., & Martin, J. R.(Eds.). (1997). *Genre and institutions: Social processes in the workplace and school*. London: Casse ll.

Christie, F., & Misson, R.(Eds.). (1998). *Literac y and schooling*. London: Routledge.

Clark, H. H.(1977). Linguistic processes in deductive reasoning. In P. N. Johnson-Laird & P. C. Wason(Eds.), Thinking: *Readings in cognitive science*(pp.98–113). Cambridge, England: Cambridge University Press.

Coffin, C.(1997). Constructing and giving value to the past: An investigation into secondary school history. In F. Christie & J. R. Martin(Eds.), *Genre and institutions: Social processes in the workplace and school*(pp.196–230). London: Cassell.

Collins, J.(1982). Discourse style, classroom interaction and differential treatment. *Journal of Reading Behavior, 14*(4), 429–437.

Collins, J.(1987). Using cohesion analysis to understand access to knowledge. In D. Bloome(Ed.), *Literacy and schooling*(pp.67–97). Norwood, NJ: Ablex.

Collins, J., & Michaels, S.(1986). Speaking and writing: Discourse strategies and the acquisition of literacy. In J. Cook-Gumperz(Ed.), *The social construction of literacy* (pp.207–222). Cambridge, England: Cambridge University Press.

Colombi, M. C., & Schleppegrell, M. J.(2002). Theory and practice in the development of advanced literacy. In M. J. Schleppegrell & M. C. Colombi(Eds.), *Developing advanced literacy in first and second languages*(pp.1–19). Mahwah, NJ: Lawrence Erlbaum Associates.

Cope, B., & Kalantzis, M.(Eds.). (1993). *The powers of literacy: A genre approach to teaching writing*. London: The Falmer Press.

Corson, D.(1997). The learning and use of academic English words. *Language Leaning, 47* (4), 671–718.

Cox, B. E., Fang, Z., & Otto, B. W.(1997). Preschoolers'developing ownership of the literate register. *Reading Research Quarterly, 32*(1), 34–53.

Crowhurst, M.(1980). Syntactic complexity and teachers'quality ratings of narrations and arguments. *Research in the Teaching of English, 14*, 223–231.

Crowhurst, M.(1987). Cohesion in argument and narration at three grade levels. *Research in the Teaching of English, 21*(2), 185–201.

Crowhurst, M.(1990). The development of persuasive/argumentative writing. In R. Beach & S. Hynds(Eds.), *Developing discourse practices* in *adolescence and adulthood* (pp.200–223). Norwood, NJ: Ablex.

Cummins, J.(1980). The entry and exit fallacy in bilingual education. *NABE Journal, IV* (3), 25–59.

Cummins, J.(1984). Wanted: A theoretical framework for relating language proficiency to academic achievement among bilingual students. In C. Rivera(Ed.), *Language proficiency and academic achievement*(pp.2–19). Clevedon, England: Multilingual Matters.

Cummins, J.(1992). Language proficiency, bilingualism, and academic achievement. In P. A. Richard-Amato & M. A. Snow(Eds.), *The multicultural classroom*(pp.16–26). New York: Longman.

Danielewicz, J. M.(1984). The interaction between text and context: A study of how adults and children use spoken and written language in four contexts. In A. D. Pellegrini & T. D. Yawkey(Eds.), *The development of oral and written language in social contexts*(pp.243–260). Norwood, NJ: Ablex.

Delpit, L.(1995). *Other people's children: Cultural conflict in the classroom*. New York: The New Press.

De Temple, J. M., Wu, H. -F., & Snow, C. E.(1991). Papa pig just left for pigtown: Children's oral and written picture descriptions under varying instructions. *Discourse Processes, 14*, 469–495.

Doughty, C., & Williams, J.(Eds.). (1998). *Focus on form in classroom second language acquisition*. Cambridge, England: Cambridge University Press.

Downing, A., & Locke, P.(1992). *A university course: In English grammar*. New York and London: Prentice Hall.

Droga, L., & Humphrey, S.(2002). *Getting started with functional grammar*. Berry, NSW, Australia: Target Texts.

Drury, H.(1991). The use of systemic linguistics to describe student summaries at university level. In E. Ventola(Ed.), *Functional and systemic linguistics*(pp.431–456). Berlin: Mouton de Gruyter.

Drury, H., & Webb, C.(1991). Teaching academic writing at the tertiary level. *Prospect, 7* (1), 7–27.

Durst, R. K.(1987). Cognitive and linguistic demands of analytic writing. *Research in the Teaching of English, 21*(4), 347–376.

Ediger, A.(2001). Teaching children literacy skills in a second language. In M. Celce-Murcia (Ed.), *Teaching English as a second or foreign language* (pp.153–169). Boston, MA: Heinle and Heinle.

Eggins, S. (1994). *An introduction to systemic functional linguistics.* London: Pinter.

Eggins, S., Wignell, P., & Martin, J. R. (1993). The discourse of history: Distancing the recoverable past. In M. Ghadessy (Ed.), *Register analysis: Theory and practice* (pp.75–109). London: Pinter.

Ellis, R. (1994). *The study of second language acquisition.* Oxford, England: Oxford University Press. 金子朝子(訳)、『第二言語習得序説：学習者言語の研究』研究社出版、1996.

Ellis, R., Basturkmen, H., & Loewen, S. (2001). Preemptive focus on form in the ESL classroom. *TESOL Quarterly, 35*(3), 407–432.

Finegan, E., & Biber, D. (1986). Two dimensions of linguistic complexity in English. In J. Connor-Linton, C. J. Hall, & M. McGinnis (Eds.), *Social and cognitive perspectives on language* (Vol. 11, pp.1–24). Los Angeles: University of Southern California.

Fries, P. H. (1981). On the status of theme in English: Arguments from discourse. *Forum Linguisticum, 6*(1), 1–38.

Gadda, G. (1991). Writing and language socialization across cultures: Some implications for the classroom. In F. Petzman & G. Gadda (Eds.), *With different eyes: Insights into teaching language minority students across the disciplines* (pp.55–74). Los Angels: UCLA Publishing.

Gadda, G. (1995). *The universitywide subject: A examination book.* University of California. Available online at: http://www.ucop.edu/sas/sub-a/index.html

Geisler, C. (1990). The artful conversation: Characterizing the development of advanced literacy. In R. Beach & S. Hynds (Eds.), *Developing discourse practices in adolescence and adulthood* (pp.93–109). Norwood, NJ: Ablex.

Ghadessy, M. (Ed.). (1995). *Thematic development in English texts.* London: Pinter.

Giora, R. (1983). Segmentation and segment cohesion: On the thematic organization of the text. *Text, 3*(2), 155–181.

Goldman, S. R., & Murray, J. D. (1992). Knowledge of connectors as cohesion devices in text: A comparative study of native-English and English-as-a-second-language speakers. *Journal of Educational Psychology, 84*(4), 504–519.

Gumperz, J. J., Kaltman, H., & O'Connor, M. C. (1984). Cohesion in spoken and written discourse: Ethnic style and the transition to literacy. In D. Tannen (Ed.), *Coherence in spoken and written discourse* (pp.3–19). Norwood, NJ: Ablex.

Halliday, M. A. K. (1964). The users and uses of language. In M. A. K. Halliday, A. McIntosh, & P. Strevens (Eds.), *The linguistic sciences and language teaching* (pp.75–100).

London: Longman. 増山節夫（訳）『言語理論と言語教育』大修館書店、1977.

Halliday, M. A. K.(1973). *Explorations in the functions of language.* New York: Elsevier.

Halliday, M. A. K.(1978). *Language as social semiotic.* London: Edward Arnold.

Halliday, M. A. K.(1982). How is a text like a clause? In S. Allen(Ed.), *Text processing: Text analysis and generation, text typology and attribution*(pp.209–248). Stockholm: Almqvist and Wiksell International.

Halliday, M. A. K.(1985). *An introduction to functional grammar*(1st ed.). London: Edward Arnold.

Halliday, M. A. K.(1987). Spoken and written modes of meaning. In R. Horowitz & J. Samuels(Eds.), *Comprehending oral and written language*(pp.55–82). San Diego: Academic Press.

Halliday, M. A. K.(1989). *Spoken and written language.* Oxford, England: Oxford University Press.

Halliday, M. A. K.(1993a). The analysis of scientific texts in English and Chinese. In M. A. K. Halliday & J. R. Martin(Eds.), *Writing science: Literacy and discursive power*(pp.124–132). Pennsylvania: University of Pittsburg Press.

Halliday, M. A. K.(1993b). The construction of knowledge and value in the grammar of scientific discourse: Charles Darwin's *the origin of the species.* In M. A. K. Halliday & J. R. Martin(Eds.), *Writing science: Literacy and discursive power*(pp.86–105). Pennsylvania: University of Pittsburgh Press.

Halliday, M. A. K.(1993c). Language and the order of nature. In M. A. K. Halliday & J. R. Martin(Eds.), *Writing science: Literacy and discursive power*(pp.106–123). Pennsylvania: University of Pittsburgh Press.

Halliday, M. A. K.(1993d). Literacy in science: Learning to handle text as technology. In M. A. K. Halliday & J. R. Martin(Eds.), *Writing science: Literacy and discursive power*(pp.69–85). Pennsylvania: University of Pittsburgh Press.

Halliday, M. A. K.(1993e). On the language of physical science. In M. A. K. Halliday & J. R. Martin(Eds.), *Writing science: Literacy* and *discursive power*(pp.54–68). Pennsylvania: University of Pittsburgh Press.

Halliday, M. A. K.(1993f). Some grammatical problems in scientific English. In M. A. K. Halliday & J. R. Martin(Eds.), *Writing science: Literacy and discursive power*(pp.69–85). Pennsylvania: University of Pittsburgh Press.

Halliday, M. A. K.(1993g). Towards a language-based theory of learning. *Linguistics and Education, 5*(2), 93–116.

Halliday, M. A. K.(1994). *An introduction to functional grammar*(2nd ed.). London: Edward Arnold. 山口登・筧壽雄（訳）『機能文法概説―ハリデー理論への誘い』

くろしお出版、2001.

Halliday, M. A. K.(1998). Things and relations: Regrammaticising experience as technical knowledge. In J. R. Martin & R. Veel(Eds.), *Reading science: Critical and functional perspectives on discourses of science*(pp.185–235). London: Routledge.

Halliday, M. A. K., & Hasan, R.(1976). *Cohesion in English*. London: Longman. 安藤貞雄・永田龍男・高口圭転・多田保行・中川憲(訳)『テクストはどのように構成されるか：言語の結束性』ひつじ書房、1997.

Halliday, M. A. K., & Hasan, R.(1989). *Language, context, and text: Aspects of language in a social-semiotic perspective*(2nd ed.). Oxford, England: Oxford University Press. 筧壽雄(訳)『機能文法のすすめ』大修館書店、1991.

Halliday, M. A. K., & Martin, J. R.(Eds.). (1993). *Writing science: Literacy and discursive power*. Pennsylvania: University of Pittsburgh Press.

Harvey, N.(1993). Text analysis for specific purposes. *Prospect, 8*(3), 25–41.

Hasan, R.(1984). Coherence and cohesive harmony. In J. Flood(Ed.), *Understanding reading comprehension: Cognition, language, and the structure of prose*(pp.181–219). Newark, DE: International Reading Association.

Hasan, R.(1992). Meaning in sociolinguistic theory. In K. Bolton & H. Kwok(Eds.), *Sociolinguistics today: International perspectives*(pp.80–119). London: Routledge.

Hasan, R.(1996). What kind of resource is language?In C. Cloran, D. Butt, & G. Williams(Eds.), *Ways of saying: Ways of meaning*(pp.13–36). London: Cassell.

Hasan, R.(1999). Society, language and the mind: The meta-dialogism of Basil Bernstein's theory. In F. Christie(Ed.), *Pedagogy and the shaping of consciousness: Linguistic and social processes*(pp.10–30). London: Continuum.

Hasan, R., & Perrett, G.(1994). Learning to function with the ocher tongue: A systemic functional perspective on second language teaching. In T. Odlin(Ed.), *Perspectives on pedagogical grammar*(pp.179–226). Cambridge, England: Cambridge University Press.

Hasan, R., & Williams, G.(Eds.). (1996). *Literacy in society*. Harlow, Essex: Addison Wesley Longman.

Hawkins, P. R.(1977). *Social class, the nominal group and verbal strategies*. London: Routledge and Kegan Paul.

Heath, S. B.(1983). *Ways with words: Language, life, and work in communities and classrooms*. Cambridge, England: Cambridge University Press.

Hinkel, E.(1995). The use of modal verbs as a reflection of cultural values. *TESOL Quarterly, 29*(2), 325–341.

Hinkel, E.(2002). *Second language writers' text: Linguistic and rhetorical features*. Mahwah,

NJ: Lawrence Erlbaum Associates.

Horowitz, R., & Samuels, J. (1987). Comprehending oral and written language: Critical contrasts for literacy and schooling. In R. Horowitz & J. Samuels (Eds.), *Comprehending oral and written language* (pp.1–52). San Diego: Academic Press.

Hunston, S. (1993). Evaluation and ideology in scientific writing. In M. Ghadessy (Ed.), *Register analysis: Theory and practice* (pp.57–73). London: Pinter.

Hunt, K. W. (1965). *Grammatical structures written at three grade levels*. Champaign, IL: National Council of Teachers of English.

Hunt, K. W. (1977). Early blooming and late blooming syntactic structures. In C. R. Cooper & L. Odell (Eds.), *Evaluation writing: Describing, measuring, judging* (pp.91–106). Buffalo, NY: National Council of Teachers of English.

Hyland, K., & Milton, J. (1997). Qualification and certainty in L1 and L2 students' writing. *Journal of Second Language Writing, 6*(2), 183–205.

Hymes, D. (1972). Introduction. In C. B. Cazden, V. P. John, & D. Hymes (Eds.), *Functions of language in the classroom* (pp. xi–lvii). New York: Teachers College Press.

Jones, J., Gollin, S., Drury, H., & Economou, D. (1989). Systemic-functional linguistics and it's application to the TESOL curriculum. In R. Hasan & J. R. Martin (Eds.), *Language development: Learning language, learning culture* (pp.257–328). Norwood, NJ: Ablex.

Kalmar, I. (1985). Are there really no primitive languages? In D. O. Olson, N. Torrance, & A. Hildyard (Eds.), *Literacy, language, and learning* (pp.148–166). Cambridge, England: Cambridge University Press.

Khisty, L. L. (1993). A naturalistic look at language factors in mathematics teaching in bilingual classrooms. In Proceedings *of the Third National Symposium on Limited English Proficient Student Issues: Focus on Middle and High School Students*. USDOE/OBEMLA.

Kinneavy, J. L. (1971). *A theory of discourse*. Englewood Cliffs, NJ: Prentice-Hall.

Krashen, S. (1982). *Principles and practice in second language acquisition*. Oxford, England: Pergamon Press.

Kress, G. (1994). *Learning to write* (2nd ed.). London: Routledge.

Kroll, B. (2001). Considerations for reaching an ESL/EFL writing course. In M. Celce-Murcia (Ed.), *Teaching English as a second or foreign language* (pp.219–232). Boston, MA: Heinle and Heinle.

Kutz, E. (1986). Between students' language and academic discourse: Interlanguage as middle ground. *College English, 48*(4), 385–396.

Larsen-Freeman, D., & Long, M. H. (1991). *An introduction to second language acquisition research*. London: Longman.

Lazaraton, A. (1992). Linking ideas with AN D in spoken and written discourse. *International Review of Applied Linguistics, 30*(3). 191–206.

Lemke, J. (1987). Social semiotics: A new model for literacy education. In D. Bloome (Ed.), *Classrooms and literacy* (pp.289–309). Norwood, NJ: Ablex.

Lemke, J. (1988). Genres, semantics, and classroom education. *Linguistics and Education, 1* (1), 81–99.

Lemke, J. L. (1989). Semantics and social values. *Word, 40*(1–2), 37–50.

Lemke, J. L. (1990). *Talking science: Language, learning, and values*. Norwood, NJ: Ablex.

Lemke, J. L. (1998). Resources for attitudinal meaning: Evaluative orientations in text semantics. *Functions of Language, 5*(1), 33–56.

Lindfors, J. W. (1987). *Children's language and learning* (2nd ed.). Englewood Cliffs, NJ: Prentice Hall.

Loban, W. D. (1963). *The language of elementary school children* (NCTE Research Report No. 1). Champaign. IL: National Council of Teachers of English.

Loban, W. (1986). Research currents: The somewhat stingy story of research into children's language. *Language Arts, 63*(6), 608–615.

Lock, G. (1996). *Functional English grammar: An introduction for second language teachers*. Cambridge, England: Cambridge University Press.

Lotfipour-Saedi, K., & Rezai-Tajani, F. (1996). Exploration in thematization strategies and their discoursal values in English. *Text, 16*(2), 225–249.

MacDonald, S. P. (1994). *Professional academic writing in the humanities and social sciences*. Carbondale: Southern Illinois University Press.

Mann, W. C., Matthiessen, C. M. I. M., & Thompson, S. A. (1992). Rhetorical structure theory and text analysis. In W. C. Mann & S. A. Thompson (Eds.), *Discourse description: Diverse linguistic analyses of a fund-raising text* (pp.39–78). Amsterdam: John Benjamins.

Martin, J. R. (1983). Conjunction: The logic of English text. In J. S. Petofi & E. Sozer (Eds.), *Micro and macro connexity of texts* (pp.1–72). Hamburg: Helmut Buske Verlag.

Martin, J. R. (1989a). *Factual writing*. Oxford, England: Oxford University Press.

Martin, J. R. (1989b). Technicality and abstraction: Language for the creation of specialized texts. In F. Christie (Ed.), *Writing in schools* (pp.36–44). Geelong, Victoria: Deakin University Press.

Martin, J. R. (1991). Nominalization in science and humanities: Distilling knowledge and scaffolding text. In E. Ventola (Ed.), *Functional and systemic linguistics* (pp.307–337).

Berlin: Mouton de Gruyter.

Martin, J. R.(1992). *English text*. Philadelphia: John Benjamins.

Martin, J. R.(1993a). Genre and literacy–modeling context in educational linguistics. *Annual Review of Applied Linguistics, 13*, 141–172.

Martin, J. R.(1993b). Life as a noun: Arresting the universe in science and humanities. In M. A. K. Halliday & J. R. Martin(Eds.), *Writing science: Literacy and discursive power*(pp.221–267). Pennsylvania: University of Pittsburgh Press.

Martin, J. R.(1993c). Literacy in science: Learning to handle text as technology. In M. A. K. Halliday & J. R. Martin(Eds.), *Writing science: Literacy and discursive power* (pp.166–202). Pennsylvania: University of Pittsburgh Press.

Martin, J. R.(1995). Interpersonal meaning, persuasion and public discourse: Packing semiotic punch. *Australian Journal of Linguistics, 15*(1), 33–67.

Martin, J. R.(1996). Waves of abstraction: Organizing exposition. *The Journal of TESOL France, 3*(1), 87–104.

Martin, J. R.(1999). Mentoring semogenesis: 'Genre, based' literacy pedagogy. In F. Christie(Ed.), *Pedagogy and the shaping of consciousness: Linguistic and social processes* (pp.123–155). London: Continuum.

Martin, J. R.(2000). Beyond exchange: Appraisal systems in English. In S. Hunston & G. Thompson(Eds.), *Evaluation in text: Authorial stance and the construction of discourse* (pp.142–175). Oxford, England: Oxford University Press.

Martin, J. R.(2002). Writing history: Construing time and value in discourses of the past. In M. J. Schleppegrell & M. C. Colombi(Eds.), *Developing advanced literacy in first and second languages: Meaning with power*(pp.87–118). Mahwah, NJ: Lawrence Erlbaum Associates.

Martin, J. R., Christie, F., & Rothery, J.(1987). Social processes in education. In I. Reid (Ed.), *The place of genre in learning: Current debates*(pp.58–82). Geelong. Victoria: Deakin University Press.

Martin, J. R., & Rothery, J.(1986). What a functional approach to the writing task can show teachers about 'good writing'. In B. Couture(Ed.), *Functional approaches to writing: Research perspectives*(pp.241–265). London: Frances Pinter.

Martin, J. R., & Veel, R.(Eds.). (1998). *Reading science: Critical and functional perspectives on discourses of science*. London: Routledge.

Matthiessen, C.(1995). *Lexicogrammatical cartography: English systems*. Tokyo: International Language Sciences Publishers.

Matthiessen, C., & Thompson, S. A.(1987). *The structure of discourse and "subordination."* Marina del Rey, CA: Information Sciences Institute.

Mauranen, A.(1996). Discourse competence—Evidence from thematic development in native and non-native texts. In E. Ventola & A. Mauranen(Eds.), *Academic writing: Intercultural and textual issues*(pp.195–230). Amsterdam: John Benjamins.

McCarthy, M., & Carter, R.(1994). *Language as discourse: Perspectives for language teaching.* London: Longman.

McCreedy, L., & Simich-Dudgeon, C.(1990). An educology of classroom discourse: How teachers produce coherence in classroom discourse through managing topics, interactive tasks and students. *International Journal of Educology, 4*(2), 122–147.

McKeown, M. G., Beck, I. L., Sinatra, G. M., & Loxterman, J. A.(1992). The contribution of prior knowledge and coherent text to comprehension. *Reading Research Quarterly, 27*(1), 79–93.

McNamara, J.(1989). The writing in science and history project: The research questions and implications for teachers. In F. Christie(Ed.), *Writing in schools*(pp.24–35). Geelong, Victoria: Deakin University Press.

Mehan, H.(1978). Structuring school structure. *Harvard Educational Review, 48*(1), 32–64. Mehan, H.(1979). *Learning lessons: Social organization in the classroom.* Cambridge, MA: Harvard University Press.

Michaels, S.(1981). "Sharing time": Children's narrative styles and differential access to literacy. *Language in Society, 10,* 423–442.

Michaels, S.(1986). Narrative presentations: An oral preparation for literacy with first graders. In J. Cook-Gumperz(Ed.), *The social construction of literacy*(pp.94–116). Cambridge, England: Cambridge University Press.

Michaels, S., & Cazden, C. B.(1986). Teacher/child collaboration as oral preparation for literacy. In B. B. Schieffelin & P. Gilmore(Eds.), *The acquisition of literacy: Ethnographic perspectives*(pp.132–154). Norwood, NJ: Ablex.

Michaels, S., & Collins, J.(1984). Oral discourse styles: Classroom interaction and the acquisition of literacy. In D. Tannen(Ed.), *Coherence in spoken and written discourse* (pp.219–244). Norwood, NJ: Ablex.

Michaels, S., & Cook-Gumperz, J.(1979). A study of sharing time with first grade students: Discourse narratives in the classroom. Paper presented at the *Fifth Annual Meeting of the Berkeley Linguistics Society*(pp.647–660). Berkeley, CA: Berkeley Linguistics Society.

Michaels, S., & Foster, M.(1985). Peer-peer learning: Evidence from a student-run sharing time. In A. Jaggar & M. T. Smith-Burke(Eds.), *Observing the language learner* (pp.143–158). Newark, DE and Urbana, IL: International Reading Association and National Council of Teachers of English.

Mohan, B. A.(1986). *Language and content.* Reading, MA: Addison-Wesley.

Mohan, B.(1997). Language as a medium of learning: Academic reading and cause. *Ritsumeikan Educational Studies, 10,* 208–217.

Mohan, B., & Huxur, G.(2001). A functional approach to research on content-based language learning. *Canadian Modern Language Review, 58*(1), 133–155.

Mohan, B., & Van Naerssen, M.(1997). Understanding cause-effect. *English Teaching Forum, 35*(4). 22–29.

Morrison, E. S., Moore, A., Armour, N., Hammond, A., Haysom, J., Nicoll, E., & Smyth, M.(1993). *Science plus: Technology and society.* Austin, TX: Holt, Rinehart, & Winston.

Nelson, N. W.(1988). Reading and writing. In M. A. Nippold(Ed.), *Later language development: Ages 9 through 19*(pp.97–125). Boston: College-Hill.

Nystrand, M., & Wiemelt, J.(1991). When is a text explicit? Formalist and dialogical conceptions. *Text, 11*(1), 25–41.

O'Malley, J. M., & Valdez Pierce, L.(1996). *Authentic assessment for English language learners: Practical approaches for teachers.* Reading, MA: Addison Wesley.

Olson, D. R.(1977). From utterance to text: The bias of language in speech and writing. *Harvard Educat ional Review, 47,* 257–281.

Olson, D. R.(1980). Some social aspects of meaning in oral and written language. In D. R. Olson(Ed.), *The social foundations of language and thought: Essays in honor of Jerome S. Bruner*(pp.90–108). New York: Norton.

Olson, D. R.(1994). *The world* on *paper.* Cambridge, England: Cambridge University Press.

Painter, C.(1996). The development of language as a resource for thinking: A linguistic view of learning. In R. Hasan & G. Williams(Eds.), *Literacy in society*(pp.50–85). Harlow, Essex: Addison Wesley Longman.

Painter, C.(1999). Preparing for school: Developing a semantic style for education. In F. Christie(Ed.), *Pedagogy and the shaping of consciousness: Linguistic and social processes* (pp.66–87). London: Continuum.

Perfetti, C. A., & McCutchen, D.(1987). Schooled language competence: Linguistic abilities in reading and writing. In S. Rosenberg(Ed.), *Advances in applied psycholinguistics*(pp.105–141). Cambridge, England: Cambridge University Press.

Peterson, C., Jesso, B., & McCabe, A.(1999). Encouraging narratives in preschoolers: An intervention study. *Journal of Child Language, 26,* 49–67.

Philips, S. U.(1972). Participant structures and communicative competence: Warm Springs children in community and classroom. In C. B. Cazden, V. P. John, & D.

Hymes(Eds.), *Functions of language in the classroom* (pp.370–394). New York: Teachers College Press.

Quirk, R., Greenbaum, S., Leech, G., & Svartvik, J.(1972). A *grammar of contemporary English*. London: Longman.

Ramanathan-Abbott, V.(1993). An examination of the relationship between social practices and the comprehension of narratives. *Text, 13*(1), 117–141.

Ravelli, L.(1988). Grammatical metaphor: An initial analysis. In E. H. Steiner & R. Veltman(Eds.). *Pragmatics, discourse and text: Some systemically-inspired approaches* (pp.133–147). London: Pinter.

Ravelli, L.(1996). Making language accessible: Successful text writing for museum visitors. *Linguistics and Education, 8*(4), 367–388.

Ravelli, L.(2000). Getting started with functional analysis of texts. In L. Unsworth(Ed.), *Researching language in schools and communities: Functional linguistic perspectives* (pp.27–64). London: (Continuum)Cassell.

Romaine, S.(1984). *The language of children and adolescents*. Oxford: Basil Blackwell.

Rose, D.(1997). Science, technology and technical literacies. In F. Christie & J. R. Martin (Eds.), *Genre and institutions: Social processes in the workplace and school* (pp.40–72). London: Cassell.

Rose, D.(2001). Some variations in theme across languages. *Functions of Language, 8*(1), 109–145.

Rose, M.(1989). *Lives on the boundary*. New York: The Free Press.

Rothery, J.(1996). Making changes: Developing an educational linguistics. In R. Hasan & G. Williams(Eds.), *Literacy in society* (pp.86–123). Harlow, Essex: Addison Wesley Longman.

Rothery, J., & Stenglin, M.(1997). Entertaining and instructing: Exploring experience through story. In F. Christie & J. R. Martin(Eds.), *Genre and institutions: Social processes in the workplace and school* (pp.231–263). London: Cassell.

Schiffrin, D.(1987). *Discourse markers*. Cambridge, England: Cambridge University Press.

Schleppegrell, M. J.(1989). *Functions of because in spoken discourse*. Unpublished doctoral dissertation, Georgetown University, Washington, DC.

Schleppegrell, M. J.(1991). Paratactic *because. Journal of Pragmatics, 16*, 121–135.

Schleppegrell, M. J.(1992). Subordination and linguistic complexity. *Discourse Processes, 15* (2), 117–131.

Schleppegrell, M. J.(1996a). Conjunction in spoken English and ESL writing. *Applied Linguistics, 17*(3), 271–285.

Schleppegrell, M. J.(1996b). Strategies for discourse cohesion: *Because* in ESL writing.

Functions of Language, 3(2), 235–254.

Schleppegrell, M. J.(1997). Agency in environmental education. *Linguistics and Education, 9*(1), 49–67.

Schleppegrell, M. J.(1998). Grammar as resource: Writing a description. *Research in the Teaching of English, 32*(3), 182–211.

Schleppegrell, M. J.(2000). How SFL can inform writing instruction: The grammar of expository essays. *Revista Canaria de Estudios Ingleses, 40*, 171–188.

Schleppegrell, M. J.(2001). Linguistic features of the language of schooling. *Linguistics and Education, 12*(4), 431–459.

Schleppegrell, M. J.(2002). Challenges of the science register for ESL students: Errors and meaning making. In M. J. Schleppegrell & M. C. Colombi(Eds.), *Developing advanced literacy in first and second languages: Meaning with power*(pp.119–142). Mahwah, NJ: Lawrence Erlbaum Associates.

Schleppegrell, M., & Achugar, M.(2003). Learning language and learning history: A functional l linguistics approach. *TESOL Journal, 12*(2), 21–27.

Schleppegrell, M., Achugar, M., & Oteíza, T.(2004). The grammar of history: Enhancing content-based instruction through a functional focus on language. *TESOL Quarterly, 38*(1).

Schleppegrell, M. J., & Colombi, M. C.(1997). Text organization by bilingual writers: Clause structure as a reflection of discourse structure. *Written Communication, 14*(4), 481–503.

Schleppegrell, M. J., & Colombi, M. C.(Eds.). (2002). *Developing advanced literacy in first and second languages: Meaning with power*. Mahwah, NJ: Lawrence Erlbaum Associates.

Schleppegrell, M. J., & Simich-Dudgeon, C.(1996). What's a good answer? Awareness about behavioral and content features of successful classroom interaction. *Language and Education, 10*(1), 1–14.

Scollon, R., & Scollon, S.(1981). *Narrative, literacy and face in interethnic communication.* Norwood, NJ: Ablex.

Scott, C. M.(1988). Spoken and written syntax. In M. A. Nippold(Ed.), *Later language development: Ages 9 through 19*(pp.49–95). Boston: College-Hill.

Shaughnessy, M. P.(1977). *Errors and expectations: A guide for the teacher of basic writing.* New York: Oxford University Press.

Silva, T.(1993). Toward an understanding of the distinct nature of L2 writing: The ESL research and its implications. *TESOL Quarterly, 27*(4), 657–677.

Sinclair, M.(1993). Are academic texts really decontextualized and fully explicit? A pragmatic perspective on the role of context in written communication. *Text, 13*(4), 529–558.

Sinclair, J., & Coulthard, M.(1975). *Towards an analysis of discourse: The English used by teachers and pupils.* Oxford, England: Oxford University Press.

Smith, R. N., & Frawley, W. J.(1983). Conjunctive cohesion in four English genres. *Text, 3* (4), 347–374.

Snow, C. E.(1983). Literacy and language: Relationships during the preschool years. *Harvard Educational Review, 53*, 165–189.

Snow, C. E.(1987). Beyond conversation: Second language learners' acquisition of description and explanation. In J. Lantoff & R. DiPietro(Eds.), *Second language acquisition in the classroom setting*(pp.3–16). Norwood, NJ: Ablex.

Snow, C. E.(1990). The development of definitional skill. *Journal of Child Language, 17*, 697–710.

Snow, C., Cancini, H., Gonzalez, P., & Shriberg, E.(1989). Giving formal definitions: An oral language correlate of school literacy. In D. Bloome(Ed.), *Classrooms and literacy* (pp.233–249). Norwood, NJ: Ablex.

Snow, M. A., Met, M., & Genesee, F.(1989). A conceptual framework for the integration of l language and content in second/foreign language instruction. *TESOL Quarterly, 23*(2), 201–219.

Solomon, J., & Rhodes, N.(1995). *Conceptualizing academic language*(Research Report No. 15). Santa Cruz, CA: National Center for Research on Cultural Diversity and Second Language Learning.

Spack, R.(1993). Student meets text, text meets student: Finding a way into academic discourse. In J. G. Carson & I. Leki(Eds.), *Reading in the composition classroom* (pp.183–196). Boston: Heinle and Heinle.

Street, B. V.(1984). *Literacy in theory and practice.* Cambridge, England: Cambridge University Press.

Stuckey, S., & Kerrigan Salvucci, L.(2000). *Call to freedom: Beginnings to 1914.* Austin: Holt, Rinehart and Winston.

Thompson, S.(1984). 'Subordination' in formal and informal discourse. In D. Schiffrin (Ed.), *Meaning, form, and use in context: Linguistic applications*(pp.85–94). Washington, DC: Georgetown University Press.

Thompson, S. A., & Longacre, R. E.(1985). Adverbial clauses. In T. Shopen(Ed.), *Language typology and syntactic description*(Vol. 2: Complex constructions, pp.171–234). Cambridge, England: Cambridge University Press.

Torrance N., & Olson, D. R.(1984). Oral language competence and the acquisition of literacy. In A. D. Pellegrini & T. D. Yawkey(Eds.), *The development of oral and written language in social contexts*(pp.167–182). Norwood, NJ: Ablex.

Unsworth, L.(1997). "Sound" explanations in school science: A functional linguistic perspective on effective apprenticing texts. *Linguistics and Education, 9*(2), 199–226.

Unsworth, L.(1999). Developing critical understanding of the specialised language of school science and history texts: A functional grammatical perspective. *Journal of Adolescent and Adult Literacy, 42*(7), 508–521.

Unsworth, L.(2000a). Investigating subject-specific literacies in school learning. In L. Unsworth(Ed.), *Researching language in schools and communities: Functional linguistic perspectives*(pp.245–274). London: Cassell.

Unsworth, L.(Ed.). (2000b). *Researching language in schools and communities: Functional linguistic perspectives*. London: (Continuum)Cassell.

Vande Kopple, W. J.(1992). Noun phrases and the style of scientific discourse. In S. P. Witte, N. Nakadate, & R. D. Cherry(Eds.), *A rhetoric of doing: Essays on written discourse in honor of James L. Kinneavy*(pp.328–348). Carbondale: Southern Illinois University Press.

Veel, R.(1997). Learning how to mean–scientifically speaking: Apprenticeship into scientific discourse in the secondary school. In F. Christie & J. R. Martin(Eds.), *Genre and institutions: Social processes in the workplace and school*(pp.161–195). London: Cassell.

Veel, R.(1999). Language, knowledge and authority in school mathematics. In F. Christie (Ed.), *Pedagogy and the shaping of consciousness: Linguistic and social processes*(pp.185–216). London: Continuum.

Veel, R., & Coffin, C.(1996). Learning to think like an historian: The language of secondary school history. In R. Hasan & G. Williams(Eds.), *Literacy in society*(pp.191–231). Harlow, Essex: Addison Wesley Longman.

Vygotsky, L.(1986). *Thought and language*. Cambridge, MA: MIT Press. 柴田義松(訳)『思考と言語』新読書社. 2001.

Wald, B.(1987). The development of writing skills among Hispanic high school students. In S. Goldman & H. Trueba(Eds.), *Becoming literate in English as a second language*(pp.155–185). Norwood, NJ: Ablex.

Watson-Gegen, K. A., & Boggs, S. T.(1977). From verbal play to talk story: The role of routines in speech events among Hawaiian children. In S. Ervin-Tripp & C. Mitchell-Kernan(Eds.), *Child discourse*(pp.67–90). New York: Academic Press.

Weaver, C.(1996). *Teaching grammar in context*. Portsmouth, NH: Boynton/Cook.

Wells, G.(1985). *Language development in the pre-school years*. Cambridge, England: Cambridge University Press.

Wells, G. (1987). *The meaning makers: Children learning language and using language to learn*. London: Hodder and Stoughton.

Wells, G. (1993). Reevaluating the IRF sequence: A proposal for the articulation of theories of activity and discourse for the analysis of learning and teaching in the classroom. *Linguistics and Education, 5*(1), 1–37.

Wells, G. (1994). The complementary contributions of Halliday and Vygotsky to a "Language, based theory of learning". *Linguistics and Education, 6*(1). 41–90.

White, P. R. R. (2003). Appraisal Outline. http://www.grammatics.com/appraisal/.

Whiteman, M. F. (1981). Dialect influence in writing. In M. F. Whiteman (Ed.), *Variation in writing: Functional and linguistic-cultural differences* (pp.153–166). Hillsdale, NJ: Lawrence Erlbaum Associates.

Wignell, P. (1994). Genre across the curriculum. *Linguistics and Education, 6*(4), 355–372.

Williams, G. (1998). Children entering literate worlds: Perspectives from the study of textual practices. In F. Christie & R. Misson (Eds.), *Literacy and schooling* (pp.18–46). London: Routledge.

Williams, G. (1999). The pedagogic device and the production of pedagogic discourse: A case example in early literacy education. In F. Christie (Ed.), *Pedagogy and the shaping of consciousness: Linguistic and social processes* (pp.88–122). London: Continuum.

Williams, G. (2001). Literacy pedagogy prior to schooling: Relations between social positioning and semantic variation. In A. Morais, I. Neves, & B. Davies (Eds.), *Towards a sociology of pedagogy: The contribution of Basil Bernstein to research*. New York: Peter Lang

『学校教育の言語』を読むにあたって選択体系機能言語学の基本概念と本書の概要

石川　彰

佐々木　真

はじめに

　「学校教育の言語(The Language of Schooling)」というタイトルをつけた本書は、選択体系機能言語学(Systemic Functional Linguistics、以下、適宜「SFL理論」と呼ぶ)を理論的バックボーンとして学習言語を特徴づけようとする。著者の M. J. Schleppegrell の長年にわたる学習言語研究の集大成とも呼べる本書は、学校教育で使用される言語、すなわち学習言語の特徴を包括的に捉えることに主眼をおいている。SFL理論は M. A. K. Halliday によって始められた言語研究の枠組みで、言語が社会の中でどのように機能するかを、言語の構造と言語を取り巻く環境という観点から捉えようとするものである。

　本書では随所に SFL理論の理解が前提となった用語の使い方がある。そのため、事前に SFL理論についての前提知識が本書の理解を促進すると考え、SFL理論についての最小限ではあるが、そのエッセンスを記すこととした。

1.　選択体系機能言語学の基本概念

1.1　選択体系機能言語学

　本書の理論的背景である**選択体系機能言語学**(SFL理論)は社会の中でどのように言語が機能しているかを探る言語学の一分野である。**選択体系**とは言語の構造的システムと機能的システムがどのように相互に関連しているかを示す。すなわち、目的や状況に応じて表現形式の選択肢の中から**選択**をし、その選択の方法は文化・脈絡によって制限があり、選択肢とその選択は規則性や傾向が言語共同体で共有されている。例えば、日本語で「食べる」、「いただく」という選択肢があり、その選択は相手との人間関係という脈絡の中で決まる。また、英語で Help me. とするか、Would you mind helping me with the task? とするのでは、話者同士の人間関係が緊密度、求める内容の容易性と緊急度によって、その文法構造の選択も変化する。このように選択肢とその関係が網の目のような**体系**をなしていると考え、その体系網とその機能性を明らかにしようとするのが選択体系機能言語学の主眼の1つである。

また選択体系機能言語学の**機能**とは端的に言えば、言語の働き、すなわち「意味」と捉えることができる。意味は語彙・文法・談話構成という言語内のシステムから生まれるものと脈絡や文化的な背景という言語外の要因によって語用論的にもたらされるものがあるが、SFL 理論では両者を扱い、言語体系から生まれるテクストを状況のコンテクストや文化的コンテクストとの関連性を明示することで、言語活動と言語体系との間の相互作用を浮き彫りにする。

本書では、生徒・学生が学校教育の中で求められる意味を示すテクストの理解と作成について、特に語彙や文法項目に焦点をあてて、学校教育という 1 つの社会的な脈絡、あるいは学校卒業後の社会的な脈絡の中で、求められる言語活動がどのようなものであり、またその発達過程がどのようなものかが紹介されている。

1.2 社会的価値観から言語表現へ

SFL 理論は Saussure の記号論と Malinowsky および Firth のコンテクスト研究の両方の系譜に連なる言語理論であり、Halliday は言語を社会的記号として捉えている。言語学を記号論と考えることは、それを意味研究の 1 つとみなすことである。社会と文化は多くの記号体系、すなわち意味体系からなっているが、言語は最も高度で複雑に包括的な意味を提供する記号体系である。

SFL 理論では、言語を共有する共同体・社会の価値観がコミュニケーションの目的に応じた言語表現の鋳型によって言語表現の段階が示され、さらにそれが内容や時空間的条件、参加者の人間関係の諸条件によって表現形式の選択肢の領域が規定され、具体的な語彙と文法構造の選択を経て表現へと顕在化すると考える。これを SFL 理論の言い方では、**イデオロギー**（価値観・世界観）が**ジャンル**（鋳型）によって構造化され、**コンテクスト**（脈絡）によって**言語使用域**（語彙や文法の利用領域）が顕在化し、**語彙・文法**（語彙と文法構造）を経て具現化されるという表現になる。本書の中では**ジャンル**、**コンテクスト**、**言語使用域（レジスター）**、**語彙・文法**、**具現化**という用語が出てくるが、原則は上記の通りである。

1.3 ジャンル

言語を使って相互交流をはかるためには、様々な段階を経て、目的を果たす。それは情報や感情の伝達という認知的な変化を生じさせることや、説得や脅迫のように他者の行動を制御する場合もある。このような目的ごとに言語を使う方略が異なり、これを**ジャンル**と呼ぶ。

SFL 理論では漠然とした市井の意味でジャンルという用語を使うのではなく、そこには、表現の段階、すなわち**ジャンル構造**を認める。例えば物語であれば、Abstract（要約）→ Orientation（登場人物や背景）→ Complication（事件の発生）→ Evaluation（評価）→ Resolution（問題解決）→ Coda（結末）という構造がある。学校教育では議論やレポートといった学問的なジャンルを扱うため、子供たちにこの構造とそれぞれの段階ごとにどのような表現があるのかを認識させて、このジャンルに当てはまるテクストを理解したり、産出させたりすることが学校教育の言語の中心となっている。

1.4　コンテクスト

　ジャンルによってある種の目的別表現や、その段階構造が認識できても、現実的な言語表現の理解や産出はトピックや相互作用に関わる言語使用者の人間関係、あるいは言語の占める役割によって、表現形式が変わる。同じ物語でも幼児向けの本と成人向けの小説では大きく異なる。すなわち、言語表現の理解と産出には、具体的な要因、すなわち、**状況のコンテクスト**（以下、**コンテクスト**と呼ぶ）が大きく関与する。

　SFL 理論ではコンテクストを 3 種類のカテゴリーで構成されていると考える。それは、**活動領域、役割関係、伝達様式**である。この 3 つのカテゴリーはコンテクスト内に同時に存在し、言語使用に影響を持ち、意味の選択、組み合わせを決定づけるような要素とその性質を同定するという働きを持つ。

　活動領域は、「何が起こっているか」ということである。これは、その状況で起こっている活動の社会的記号的性質と、その活動で話題となっていることの両方を示す。例えば、DNA の働きを説明する理科の授業では、DNA という話題と、授業活動（定義、発表など）が活動領域となる。したがって、そこで使われる語彙は DNA や遺伝、その他の生物に関するものが多くなり、同時に授業という活動が行われているので、定義や説明という情報伝達を担う文法形式や、質疑応答という情報の探索と確認のために疑問・確認を担う文法形式が多用されると考えられる。

　役割関係は、「誰がコンテクストの状況に参加しているのか」ということである。これは、参加者の社会的役割を示し、参加者同士の役割関係と関連する。教室の場では、教師と生徒・学生という役割を参加者が担うが、そこには参加者それぞれの社会階層、年齢、身分などが関与するだけでなく、参加者同士の力関係、人間関係の親密度などが深く関連する。役割関係が言語表現のあり方に深く関わるのは、役割関係にはテクストに対して参加者の示す態度が含

まれているからである。本書では、学校における作文能力の発達と特定の教科で求められる作文のまとめ方が中心的な話題であるが、課題として書く作文の評価は教科ごとに求められる知識の構成法と提示法を適切に具現しているかどうかによる。これは、作文を書くテクストでは生徒・学生は参加者として、教科に適した「権威ある」態度を示すことが期待されているからである。この態度は求められる語彙や文法形式がどれくらいテクストに反映されているかによって判断される。

　伝達様式は、言語がコンテクスト内で果たす役割と、言語がどのように伝達されるのかということを指し示す。言語が果たす役割とは、コミュニケーションにおいて言語が伝達の中核を担う構成的な役割なのか、あるいは伝達を補う補助的な役割かということである。例えば大学の講義では言語は構成的で役割を果たすが、体育の実技の授業では補助的である。

　言語の果たす役割は言語以外の記号との関係にも関連する。例えば、写真や絵、記号が多用されるホームページでは、言語の機能が補助的になると同時に、言語表現内の指示語と言語以外の記号の関係性が生じる。さらに言語表現と写真や絵、記号の配置によって担う意味機能の差異を生み出す。これについて**マルチモダリティー**という枠組みで研究が盛んになっている。

　言語がどのように伝達されるかという側面では、まず、対話的か独白的かの違いがある。対話的な言語使用は、話し手と聴き手のターン（turn）が交互に来る形で、テクストの相互作用的な共同構築を行う。生徒・学生は日常的に対話的な言語には馴れているが、学校での言語は発表など、独白的なテクストを構築することが求められる。作文では典型的に独白的な言語使用が期待されているが、発達途中の学習者は対人的な言語を使い、独白的な言語が上手く使えない事例が本書でも取り上げられている。

　言語の伝達には話し言葉か書き言葉かという区別が含まれる。話し言葉では物理的な状況、and や then のような汎用的な接続詞、音調、抑揚による情報補完や、話し相手との相互作用による意味の協同構築があるが、書き言葉にはそれがない。一方、書き言葉では論理的な一貫性、結束性、帰結性が求められ、それを具現化する語彙選択や文法関係の表示が必要となる。本書では、話し言葉の表現構成を作文に持ち込んでしまう発達途上の生徒・学生が多数いることが、具体例で示されている。

1.5　言語使用域（レジスター）

　あるジャンルに分類されるテクストを構築しようとし、次にコンテクストが

決まると使用される語彙・文法、音韻が決まる。SFL理論では言語表現を理解・産出するために用いられる語彙・文法、音韻を**言語資源**とも呼ぶので、「コンテクストによって利用できる言語資源が変化する」のである。

コンテクストによって言語資源が異なるということは、例えば、学術論文と中学生が書くレポートでは報告・議論というジャンルは同じで問題の同定、記述、議論というジャンル構造は共有していたとしても、使用される語彙や表現形式のバリエーションには大きな違いがある。そこで、このようなコンテクストの相違によって利用可能な言語資源が異なることを明示化したものが**言語使用域（レジスター）**という概念である。言語資源がコンテクストに対応する適切な意味にどのように寄与するかを探る枠組みとなる。学校教育では学問的な言語活動で求められている語彙・文法構造があり、本書では学校でのレジスター、学習のレジスターとして扱われている。すなわち、学校教育では学問的なトピックについて、報告、議論、提言、質疑などを行うにあたり期待されている言語使用域（レジスター）があり、それを学生・生徒に修得させることが学校での言語教育の目的の1つとなっている。

1.6　テクスト

あるジャンルに沿い、特定のコンテクストを経て、言語使用域（レジスター）から産出された言語表現のまとまりを**テクスト**と呼ぶ。特にSFL理論ではこの過程を「**具現される**」と呼ぶ。すなわち、ジャンルやジャンル構造、コンテクスト、言語使用域（レジスター）が相互的に作用して、具体的なテクストに収斂されると考える。そのために**具現化**という用語が用いられる。

テクストという用語はディスコースという用語との対比で「書かれたもの」と解釈されたり、あるいは単に文の複数集まったものと考えられることがある。しかしSFL理論ではテクストとは長さや文の数とは関係なく、1つの意味単位として捉える。したがって本一冊をテクストとも捉えれば、広告の中で使われる単語の1つでもテクストと捉える。

テクストはコンテクストから具現化されるが、反対に考えれば、テクストにはコンテクストが具現化されているのであり、そこには言語の使用状況における特定の機能を示す特徴が刻印されているはずである。我々は手紙や広告などのテクストを見れば瞬時にそのテクストが使われるコンテクストが想像できる。長い文章でも、どのようなジャンルか、またどのようなコンテクストに属するかを判断することができる。新聞ならば、事件記事（描写）、情勢記事（報告）、解説記事（解説）、社説（議論）などの様々な種類のテクストが存在する

が、どのテクストも新聞というコンテクストを示唆する特徴を持っているので、我々はそれらを新聞と結びつけることができる。このようにテクストとコンテクストが不可分の関係にあるという事実を真剣に受け止め、この関係を分析、説明しようとするのが SFL 理論の立場である。

1.7 語彙・文法と節

　ジャンルとレジスターによって言語表現の表現段階、さらに表現に使う言語資源が規定されるが。ここまではいわば抽象的な概念の範疇であるが、**語彙・文法**によって具現化され、**節**として具現化する。語彙・文法と表記して、単に文法と言わないのは言語表現の中で核となる語彙とそれを構成する文法構造が組み合わされて言語表現の機能、すなわち意味をもたらすからである。SFL 理論では語彙や文法構造の選択という paradigmatic な関係性を、選択の過程を表記した体系網によって記述する。そして、syntagmatic な関係性は節を中心とした構造の中で記述される。

　SFL 理論では意味単位の中心的単位は**節**とする。これは節が命題を構成する単位であり、話し言葉と書き言葉について分析単位を変更せずに同等に扱えるからである。SFL 理論では文は書き言葉のピリオドによって弁別されるものとして扱う。節よりも大きい単位が**節複合**として、複数の節が集まり、意味をなすものがテクストとなる。反対に節よりも小さいものが、**句**や**群**として扱われるが、句は節が圧縮されたものとして捉え、群は語が発展したものと捉えている。

　なお、1 つ注意しなければならないのは、SFL 理論は英語の分析を中心として発展しており、その基本概念も英語を中心として考えている。従って、英語の場合は節が中心単位であるというだけであって、どの言語にも節があるということではない。理論として、命題を構成する意味単位を中心とするのはどの言語分析にも当てはまるが、何がその意味的な中心単位になるかは、言語によって異なるということを明記しておきたい。

1.8 節と意味

　節の典型的な例として John broke the model car. を考えてみる。この節では、John という行為者が the model car という物体を対象として、壊すという行為を行ったことが明示される。我々の経験上、John は男性の人間であることが想起され、the model car が模型の車であることがわかるし、模型とは何か、車とは何かが経験上認知可能であり、社会的に共有される物体として意味も了解

される。つまり、我々の世界観や経験の描写をしていると言える。

同時に John broke the model car. という節は叙述として、情報をこの節の受け手に与えている。この節の送り手は「壊した」と肯定で伝えることで、出来事に疑いを持たずに、事実として捉えていることがわかる。すなわち、情報の送り手がこの命題に対してどのような態度を示しているかが示されている。これはいわば対人関係の実践と言えるだろう。

この節はさらに、John について述べたものであり、the model car を中心としたものではないことがわかる。言い換えれば、John という加害者の視点で情報を伝えている。もしも、the model car についてからの被害者視点で示そうと思えば、The model car was broken by John. という受動態が使われるはずである。英語では中心的なトピックになるものが節の先頭で示される。何をトピックとしの情報を構成するかは、先行する節やあるいは、状況としてトピックして取り上げられる事項による。これは情報の流れの構成と考えることができる。

このように節は同時に、上記の3種類の機能を伝達している。すなわち、我々の世界観や経験で認識する命題の内容、送り手と受け手で命題をどのように扱っているか、そして何について命題を構成しているか、ということである。これら3つの機能こそ節の果たす機能であり、換言すれば節の示す意味である。これらの機能の機能、すなわち意味の意味を示すラベルが必要になる。SFL 理論ではこれを**メタ機能**と言う。

1.9　節とメタ機能

メタ機能とは節が伝える意味であり、それがどのような意味をもたらすか、すなわち意味の意味である。メタ機能には上述の3種類の機能があり、それぞれ、**観念構成的メタ機能、対人的メタ機能、テクスト形成的メタ機能**と呼ばれる。SFL 理論では、言語使用を常に同時に進行するこの3種類の機能に照らし合わせて分析する。

これらの3つの機能は節の構成要素によって具現されるが、それぞれの機能に特化した構成要素があると考えるのではなく、1つの構成要素がこれらの機能を同時に担うと考える。先ほどの John broke the model car. という例でそれぞれのメタ機能について見てみる。

1.9.1　観念構成的メタ機能

観念構成的メタ機能においては、この John という主語は経験の描写である

出来事の行為者である。動詞の broke はその行為を示し、物理的な変化をもたらす出来事を示している。また目的語である the model car はその行為の対象を示す。それを図示すると次のようになる。

John	broke	the model car.
行為者	出来事：物理的	対象

　観念構成的メタ機能において、節を構成する直接的な要素に**参与要素**というラベルを与えている。この節の「行為者」と「対象」が参与要素となる。これは従来の文法で言う主語、目的語、補語が相当すると考えれば理解しやすい。そして、参与要素同士の関係が動詞によって表示される。このような関係性を**過程構成**と言い、その中核となる動詞句の部分を**過程中核部**と呼ぶ。

　過程中核部では、様々なタイプの動詞が使われ、それが意味によって分類されている。この動詞については**過程**という用語が使われ、その分類を**過程型**と言う。**過程型**には、事物の生成、変化を描写する**物質過程**、知覚、認識、意志、感情を描写する**心理過程**、2つの事物の間の関係を描写する**関係過程**、発話行為を描写する**発話過程**、事物の存在を描写する**存在過程**、行動を描写する**行動過程**の6種類が考えられている。したがって、これらの用語を使うと先ほどの図は下のように表示することができる。

John	broke	the model car.
行為者	過程中核部：物質的	対象

　なお、観念構成的メタ機能では前置詞句や副詞句などによって表現される部位については**状況要素**という分類をする。従って、John broke the model car in his room. という節なら、次のような表示となる。

John	broke	the model car	in his room.
行為者	過程中核部：物質的	対象	（状況要素）
参与要素	過程中核部	参与要素	状況要素

1.9.2　対人的メタ機能

　次に対人的メタ機能の視点で考えてみよう。対人的メタ機能では、節の受け手に情報を提供しているか、あるいは情報を求めているか、さらに伝える情報

に対して、どのような態度でいるかが伝達される。これは主語と助動詞の順番、そして、助動詞の種類で操作される。すなわち、主語^助動詞の順番であれば、叙述であり、助動詞^主語であれば、疑問となる。また助動詞には肯・否定を司る機能がある。さらに助動詞には時制を司る機能があり、出来事がいつであったのかを決定づける。また主語と助動詞がなく、動詞から始めれば、叙述法ではなく、命令法として働く。

　そこで、SFL 理論では助動詞に対して、**定性**という概念を使う。定性は叙述法か命令法か、また叙述法であれば、叙述・疑問、肯・否定、時制のほか、伝える命題についての伝達者の態度を定める。あるいは命令法であれば、節の送り手と受け手の関係を示すことになる。例えば、John broke the model car. と John must have broken the model car. では、前者が出来事は事実として捉えているが、　後者では現在の時点で、過去の出来事に対して推量しているという違いが定性によって示されている。したがって、このメタ機能では主語と定性の部分に大きな比重がかかる。そのため、次のような役割が節の構成要素に与えられる。なお、この機能では主語と定性が叙法という主体的な役割を果たすために、その部分を**叙法部**として、主体的な構成部として扱い、述語から後は直接的な関与をしないために**残余部**としてこのメタ機能では扱わない。

John	broke		the model car.
主語	定性：（過去）	述語	残余部
叙法部		残余部	

John	must	have broken	the model car.
主語	定性：現在	述語	残余部
叙法部		残余部	

1.9.3　テクスト形成的メタ機能

　テクスト形成的メタ機能の視点では、何について情報を伝えていくかと言うことが主眼になる。英語では主体となる対象は節の先頭に置かれる。通常は節の先頭には主体となる名詞句が来るが、受動態では対象となる名詞句が先頭に置かれる。先頭に置かれる構成素を**主題**と呼び、残りは**題述**と呼ばれる。

John	broke	the model car.
主題	題述	

主題には必ずしも主語となる参与要素だけが担うわけではない。受動態では対象となる参与要素が主題となり、また状況要素も主題となり得る。

The model car	was broken	by John.
主題	題述	

In his room	John	broke	the model car.
主題	題述		

また節の先頭には、前後関係を示す接続詞や接続副詞、さらに命題に対する送り手の態度を示す副詞が現れることがある。先行する節との関係を示す主題は**テクスト形成的主題**といい、送り手の態度などを示す主題を**対人関係的主題**と呼ぶ。そして、過程構成を形成する参与要素は**経験構成的主題**という。例えば、Then, unfortunately, John broke the model car. という場合なら主題の構造は以下の通りとなる。

Then	unfortunately	John	broke	the mode car.
テクスト形成的	対人的	経験構成的		
主題			題述	

ここまで見てきたように、節は同時に3種類のメタ機能を担い、コンテクストの要因が節として表示され、それが連なってテクストを構成することとなる。John broke the model car. という節は、従って、下のようにメタ機能を図示することができる。

	John	broke		the model car.
観念構成的メタ機能	行為者	過程中核部：物理的		対象
対人的メタ機能	主語	定性：（過去）	述語	
	叙法部			残余部
テクスト形成的メタ機能	主題	題述		

1.10　メタ機能、言語使用域（レジスター）、言語資源

観念構成的メタ機能、対人的メタ機能、テクスト形成的メタ機能は同時に節

に具現されるが、これは何について、いつどこで、何を主体として情報をやりとりしているかということが内包されていると同時に、言語使用域（レジスター）も内包されている。それでは、メタ機能と言語使用域（レジスター）はどのような相互関係にあるだろうか。

観念構成的メタ機能の中では、中心的な役割を担う過程型について、どのタイプのものが多く使われるかということが活動領域と関係する。例えば物質過程が多用されれば、出来事を伝える描写であり、同時に参与要素にどのような名詞群が使われているかを分析すれば、言語使用域（レジスター）が浮き彫りとなる。例えば、人名が参与要素に使われれば物語である可能性が高いが、「遺伝子」や「DNA」、「ミトコンドリア」などが参与要素として多用されれば生物学の自然現象を記述したものであることがわかる。また動作を示す名詞を中心とした名詞群を使って関係過程が顕著な場合には、学術的な言語使用域（レジスター）であることが分かる。これによって、利用可能な言語資源も決まるが、それは参与要素ばかりではなく、状況要素使用される語彙項目、さらには節同士の論理関係を示す接続詞などについても当てはまる。

対人的メタ機能は、叙法部によって表現される。主語^定性（注：英語ではsubj^fin のように主語と定性の連接を表す）という叙述による情報提供か、定性^主語（訳注：英語では fin^subj のように主語と定性の連接を表す）という疑問による情報探求か、さらに疑問の場合には肯・否定を求める Yes-No 疑問なのか、情報内容を求める WH–疑問なのかによって、情報の送り手と受け手の間の相互作用が表示される。学習作文では、情報を与えることが主目的であるから、叙述文を使うことが期待されているが、本書では、発達途上にある学習者が作文の中に疑問や勧誘のような相互やりとりの形式を持ち込んでしまい、期待されている言語使用域（レジスター）とは異なり、作文としての評価が低くなってしまうことが述べられている。

対人的メタ機能では命題に対する送り手の態度が示される。学校教育で行われる作文や発表では、断定や陳述の強さの程度を調整して、言明の妥当性を確保しなければならない。これには法助動詞による可能性、蓋然性、性向などの意味の付加によって、言明の正確性を図ることが大切になる。まさに利用可能な言語資源の中から、適切な定性を使うことが必要となる。

さらに、特に学校教育における課題においては「解説的」テクストを構築できることが高い評価につながる。解説的テクストでは様々な立場を紹介し、それらを比較して評価することが求められるので、評価語彙の活用が必須となる。評価語彙をどのように使うのかという知識、すなわち、語彙の選択に関す

る諸制約の知識も学校教育で身につけることが期待される。

　テクスト形成的メタ機能は情報の流れの構成を司り、伝達様式と深く関わる。情報の流れの構成を相互やりとりの視点から見ると、それは送り手による受け手の注意のコントロールに他ならない。これは対象事物を言語表現として具現するか、ジェスチャーのような非言語媒体と関わるかといった言語の役割関係と連動する。あるいは、話し言葉では and, then, but のような接続表現や well, let me see... のように間を取り繕う表現、さらに、その場の状況から何を示すかが明白な代名詞が節の先頭に来る可能性が高い。そして、Then, unfortunately, John broke the model car. のような主題の多重構造を生じる。一方、書き言葉であれば情報性を担う名詞表現が節の先頭にくる可能性が高くなる。

　テクスト形成的メタ機能では主題、特に経験構成的主題が重要となる。節では主語が主題の役割を担うことが標準的である。このように蓋然性が高く、通例であるものを SFL 理論では**無標**と呼ぶ。したがって、主語と主題が同一の名詞句であれば、無標の主題と言える。これに対して、無標なものではない場合は、**有標**と呼び、例えば、In his room John broke the model car. のように、状況要素が主題として機能する場合には、有標の主題である。

　学校の作文教育では、主題の役割の理解と活用の能力を伸ばすことが必要となる。主題の連続性によって生じる結束性はもとより、多様なレベルの論述編成を通じて考えを展開し、論点を詳しく述べるためには、接続詞の使用だけでなく、複雑な名詞句や名詞化を構成して、前文の内容をまとめて節の主題に据える技術が必要となる。これにより、節における主題展開が可能になるので、節内に評価語彙を取り込むこともできるようになり、権威ある姿勢を示す解説が可能になる。

　ここまでメタ機能、言語使用域（レジスター）、言語資源について概略を述べたが、これはかならずしも、解釈的な面にのみ関与するのではない。言語表現を行う際には、コンテクストによって規定される要素から言語資源が決まり、そして、3 つのメタ機能を働かせて、最終的には節として具現化する。したがって、SFL 理論では「解釈」という一方通行的な表現ではなく、双方向的に「解釈構築」という表現を使う。例えば、「「物質」（行動）過程は、実在物の関係を解釈構築する「関係」過程のように、自然現象の記述を可能とするので、自然科学テクストによくみられる」のように使われる。本書では「解釈構築」という用語が随所に見られるが、いつも、分析解釈（理解）と意味の具現構築（産出）の両方の意味を持つことを示している。SFL 理論ではコンテクストとテクストの関係に基づいて、イデオロギー、ジャンル、コンテクスト、言語

使用域（レジスター）、言語資源、メタ機能といった枠組みを設定することで、意味の解釈構築が行われる方法を分析的に論じることが可能になるのである。

1.11　2種類の具現化

　言語表現が具現する意味はコンテクストや言語使用域（レジスター）が内包されていることは、ここまで説明したとおりだが、その意味の具現には2種類ある。1つは**一致した**具現であり、もう1つは**文法的比喩**による具現である。一致した具現とはコンテクストや言語使用域（レジスター）において標準的な表現で有り、一般的には出来事や事象を節で表現するものを示す。例えば [1]、If you drink too much alcohol when you drive your car, you are likely to have an accident. では、出来事を節によって表現するので、平易で理解しやすい。ところが、同じ意味を Excessive consumption of alcohol is a major cause of motor vehicle traffic accidents. と表すとすると、drink too much という出来事が excessive consumption という名詞句によって表現される。このようにある意味が別の文法構造を使って表現されることを文法的比喩と呼ぶ。この例では動詞句の表現部が名詞句によって表現される。

　学校教育では学年が上がり、作文の内容が高度になるほど、この文法的比喩を使うことが求められる。それはある事象が名詞句に変換されることで、そこに新たな事象を示す動詞句を使って情報を展開させることができるからである。あるいは、名詞句にすることでそこに評価語彙としての形容詞を加えて、さらに情報の展開を可能にさせるからである。本書でも文法的比喩という表現が使われるが、これは「一致しない」表現と考えても差し支えない。

　文法的比喩としての名詞化が学問的な作文で重要視されるのは、学問的な書き言葉という言語使用域（レジスター）では文法的比喩がいわば必須の言語資源となっているからである。少ない文字数で、抽象的な議論を進め、節ごとに情報を付加したり、精査するためには名詞化という、いわば情報の圧縮技術が求められるためである。本書では、作文指導においてこの文法的比喩が記述されているが、知識を伝達・議論する書き言葉においては、この具現手段が求められていると認識しておきたい。

1.12　選択体系

　最後に SFL 理論の中で重要な体系網について触れておきたい。これまで述べてきたように、言語表現を理解・産出するために、さまざま要因が働き、その過程で語彙や文法構造を選んで、最終的に意味が節によって具現化される。

では、そのような選択をSFL理論ではどのように記述するのだろうか。様々な選択肢の中から、例えば言語使用域（レジスター）によってある語彙が選択される場合、選択肢とその過程を示したものが**選択体系**と呼ばれている。例えば、謝意を示す場合、thanks, thank you very much, I am grateful to, I appreciate... などが考えられるが、例えば、食事中に塩をとってもらうことであれば、thanks がもっとも選ばれるのではないだろうか。それを図示すれば下のようになる。

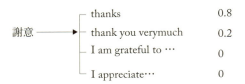

この図では最後に数字が示されているが、これは生起確率である。もちろん、この確率はコンテクストや言語使用域（レジスター）によって変化する。

もうすこし具体的に、この選択体系を見てみよう。例えば、節の具現であるが、節を使って意味を具現する際にも、どのような節を使うか、叙法はどうするか、あるいは叙述か疑問かなどが選択されて、最終的な節へと導かれる。次に挙げる選択体系は節の資格に関する選択体系である。この選択体系を辿ることによって、話者は伝達の目的に相応しい意味を持った節の種類を選択できる。節は叙法部を備えた**大節**と叙法部を持たない**小節**に分かれる。叙法部は主語と定性の配置によって叙法タイプを決定するので、主語と定性を持つ叙実と、それらを欠く命令に2分され。叙実は更に、情報を与える叙述と、情報を要求する疑問に区別される。最後に疑問は、命題への賛意を聴き手に問うYes-No疑問と命題に欠けている情報を聴き手に問うWH疑問に分かれる。なお、図の中で斜めの矢印が使われているが、これは「このように具現される」

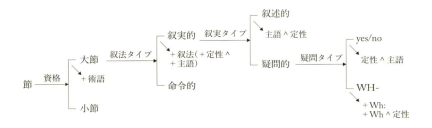

という意味である。

　このような選択の連鎖が体系となり、それがさらに複合・同時的に様々な選択を生起させる。この選択体系の網の目を選択体系網と呼び、この選択体系網を記述することによって、言語がコンテクストとどのように関連して意味を具現化するかを明示することが SFL 理論の使命の 1 つである。

2.　本書の概説と学習言語の特徴

2.1　学校教育の言語を特徴づける

　この章では本書の概要を俯瞰する内容となっている。学校教育では子どもたちが学校という新しい状況の中で、学問的な内容を理解したり、表出するために必要な言語的特徴があり、それまでの言語使用とは異なることが記されている。この章では SFL 理論の概念を導入して、学校教育で求められるテクストのタイプ、特に読み書きに必要なテクストに焦点をあて、このテクストを具現する節、さらにそこに内包されるメタ機能について紹介されている。学校での成績評価は求められる語彙・文法構造、節の構成がどれほど出来ているかに依存するが、そこに生徒たちの家庭環境のような社会的コンテクストが関与していることも紹介される。

　学校教育で求められるのは、新しいコンテクストにおいて新しい言語資源を用いて、知識についての意味を制御する力である。これは従来の読み書きに関する評価基準である「脱文脈性」、「明示性」、「複雑性」では社会的コンテクストやテクストの構成に関する見識に不備があり、適用できないと指摘し、分析枠組みとして、社会やコンテクストとテクスト、語彙・文法を包括的に扱える選択体系機能言語学的アプローチにより、学校教育のジャンルの言語的特徴を解明し、それらを生徒・学生に提示して、育成する道筋が示される。

2.2　言語とコンテクスト

　この章では、学校教育の中で求められる言語能力とは幅広い言語資源を使って学問的な知識と社会的な知識を解釈構築する力であり、その力は子どもたちの社会的な経験と社会的な背景が密接に関連していることが述べられている。子どもたちは社会階級と文化的背景によって社会経験やそれに関連する言語経験が異なっていて、それはコンテクストに対する依存度の程度、論理展開、語彙や節といった言語資源の使い方に現れる。このような格差は既に就学前から現れているが、子供に説明的な対話を求める訓練をしているかどうかが鍵とな

270

る。

　就学後、学校の課題における言語では、「共有の時間」や「定義づけ」といった学習活動の中で、学問的な知識を伝達するための談話構成や特定の言語資源の選択によって、特定の事物について自分が専門家であるように知識を提示し、議論することが求められる。これにより、語彙的な明確性や節の構成、さらに課題に特徴的な談話構成を学び、その能力が結果的に学校での学習の成果や評価へと繋がることが述べられている。就学前に説明的な言語使用経験のない生徒たちは日常的な言語を使おうとするが、学校教育では学問的なコンテクストに適する言語の解釈構築が求められていることを明示する必要がある。

2.3　学習のレジスター

　この章では選択体系機能言語学の概念と用語を導入して、具体的に学問的なテクストの特徴を記述している。テクストの特徴は情報量が非常に多く、難解で権威づけられた形だということである。子どもたちは新しく言語を解釈構築する方法を身につけ、このテクストを解釈構築しなければならないが、それがどのようなものかを明示する枠組みがここでは説明されている。特に、話し言葉と比較して、学校で作文として課される書き言葉でどのような特徴が求められるかが示されている。

　具体的には言語使用域（レジスター）から始まり、具体的なコンテクストを構成する活動領域、役割関係、伝達様式の概念と、それらに対応する３つのメタ機能と語彙・文法への具現が述べられている。これにより、学校教育というコンテクストで、課題として求められるテクストの言語使用域やそれをこのコンテクストで期待される形で具現するための言語資源が何であるかが明示されている。重要な因子として、観念構成的メタ機能では、専門的な語彙の選択や過程構成が、対人的メタ機能では、叙法部の構成、さらに評価や判断に関わる語彙の使用による態度の表明が取り上げられている。またテクスト形成的メタ機能においては、接続詞や代名詞など結束性や論理構成を明示する言語資源の重要性が示され、併せて、主題・題述構造、文法的比喩としての名詞化、語彙密度の観点から学術テクストの節とテクスト構成の方法が述べられる。

2.4　学校教育における作文のジャンル

　この章ではジャンルとそれに関連した生徒・学生の言語的な発達が紹介されている。始めに個人に宛てたテクスト、事実に基づくテクスト、分析的なテクストという区分を使ってジャンルの概念を説明し、次に、学校教育で求められ

る７つの典型的なジャンルを取り上げて、それぞれのジャンルにおける作文技術の発達が特徴づけられている。ジャンルごとにジャンル構造があり、その展開によって求められる言語資源の組み合わせ方のあることが、論証文のテクスト構成の実例を解説する形で示されている。

　言語発達の特徴として、叙述形容詞から前置形容詞への転換、主語の繰り返しを避ける等位関係の接続、関係代名詞節、同格語、分詞構文、節から前置詞句への転換が挙げられている。これらは発達段階が上がるにつれて、文法的比喩が使えるようになるということと呼応している。

　またジャンルと言語資源の関連性では、学問的テクストを構築する上での重要な鍵として、情報密度の高さが上げられている。これを具現するためには、節の多様な主題と名詞化の使用、そして語彙的意味と文法的意味の相互作用が明示されている。特に後者では適切な語彙選択と前置詞句の使用などによる修飾関係の操作によって、情報密度の高い名詞句を作り出すことが重要だと指摘されている。併せて、主張と立場を構成する資源と、権威ある姿勢につながる資源、および論点の十分なフォローの必要性などが紹介される

2.5　学校教科における機能文法

　この章では自然科学と歴史を具体例として取り上げて、ジャンルの概念と教科の関係を扱い、特に語彙・文法の観点から、読む活動と書く活動の両面について検討がなされている。歴史的な変遷を経て発達してきた、教科領域の隅々まで行き渡る言語的選択が重要な観点として取り上げられ、言語使用域に加えて教科領域固有の目的がジャンルの具現に関与することが詳述されている。

　自然科学では「手順」と「科学的論証」によって情報共有、発見の提示が必要になる。そのため、「手順」では命令・叙述の叙法部の制御が必要になり、「科学的論証」では結束性の高い論証のために、文法的比喩と名詞群による結束性と情報圧縮、関係過程と専門用語による知識提示、情報密度の高い専門用語による過程の詳説などが言語資源として求められる。また歴史では、人間の経験を一般化する歴史的説明を可能にするため「事象」、「説明」、「議論」が主体となる。事象は期間、時代そして段階へと名詞化され、総称的で人間以外の参与要素を持つ。説明では一連の原因または結果を用いた組織化が行われる。議論は、修辞的に組織化され、歴史のある特定の解釈への賛成、または反対の立場をとるということが示されている。

　最後に、教科領域の目標を達成するために働く言語的特徴について、明確な考えを持ち、子どもたちに解釈構築の方法を明示的に示す重要性が述べられて

272

いる。

2.6　学校での言語発達

　この章はこれまで扱ってきたことの総まとめとなっている。ここでは、コンテクストと言語表現の相互作用に重点を置きながら、学校教育という新しいコンテクストの中で、生徒たちに課題の中で求められる学問的な言語の解釈構築を、新しい言語の使い方として教える必要性を論じている。また従来の「意味」対「形式」、「プロダクト」対「プロセス」などの排他的な二項対立について言及し、そのどちらの視点も必要であることが強調され、その架け橋となる枠組みとしての選択体系機能言語学の方法論の有用性が示されている。

　生徒たちに学問的な言語を身につけさせるには対象となるジャンルの適切な例を示し、明示する必要があり、そのためには教員自身が学問的な言語使用域に対する理解を深める必要があると強調している。これは言語を教える教員だけの問題ではなく、あらゆる教科の教員が対象となる教科の中でやりとりされる知識やそれを解釈構築するためにどのような言語資源が求められるかを認識しなければならないと述べている。すなわち、ジャンル、言語体系と機能、求められる内容、構造などを認識する必要がある。教員は生徒たちの言語を分析し、ジャンルや言語使用域の特徴を同定することによって、生徒たちに適切な指導ができる。

注

1　以下の 2 つの例は Butt et al. (2000) *Using Functional Grammar: An Explorer's Guide* 2nd ed. Sydney: NCELTR, Macquarie University, P.74 から引用。

人名索引

A

Achugar, M.⋯181, 183
Albrechtsen, D.⋯159
Anderson, S. J.⋯226
Applebee, A. N.⋯123, 159, 169, 214, 215
Appleby, J.⋯185, 187
Armour, N.⋯71
Au, K. H.⋯34

B

Basturkmen, H.⋯227
Beaman, K.⋯22
Beck, I. L.⋯228
Bernstein, B.⋯18, 37, 38, 223
Berry, W.⋯82, 83, 84, 85, 89, 127, 128
Besnier, N.⋯22
Biber, D.⋯22, 107, 109, 201
Bloom, B. S.⋯24
Bloome, D.⋯52
Bloor, M.⋯30
Bloor, T.⋯30
Boggs, S. T.⋯34
Brinkley, A.⋯185
Butt, D.⋯30

C

Callaghan, M.⋯74
Cancini, H.⋯15, 52
Carter, R.⋯122, 235

Cazden, C. B.⋯2, 13, 34, 47, 56
Chafe, W.⋯21, 99, 100, 101, 109
Chamot, A. U.⋯222
Chenhansa, S.⋯205
Christie, F.⋯8, 28, 47, 59, 74, 117, 119, 120, 121, 122, 123, 124, 145, 202, 208, 215, 217, 220, 221, 222, 223, 224, 225, 231, 235
Clark, H. H.⋯8
Coffin, C.⋯122, 123, 181, 182, 183, 184, 189, 193
Collins, J.⋯13, 47, 50, 55, 56, 109
Colombi, M. C.⋯12, 26, 42, 70, 127, 151
Cook-Gumperz, J.⋯47, 51
Cope, B.⋯224
Corson, D.⋯42
Coulthard, M.⋯220
Cox, B. E.⋯43
Crowhurst, M.⋯114, 123, 126, 235
Cummins, J.⋯23, 24, 217

D

Danielewicz, J. M.⋯78
De Temple, J. M.⋯109
Delpit, L.⋯58
Doughty, C.⋯227
Downing, A.⋯30
Droga, L.⋯30
Drury, H.⋯74, 135, 157

Durst, R. K.···123, 169

E

Economou, D.···135
Ediger, A.···214
Eggins, S.···30, 181
Ellis, R.···219, 227
Evensen, L. S.···159

F

Fahey, R.···30
Fang, Z.···43
Feez, S.···30
Finegan, E.···22, 109
Foster, M.···47, 109
Frawley, W. J.···170
Fries, P. H.···96, 109

G

Gadda, G.···125
Geisler, C.···14, 20
Genesee, F.···222
Ghadessy, M.···96
Giora, R.···158
Goldman, S. R.···163
Gollin, S.···135
Gonzales, P.···15, 52
Greenbaum, S.···22
Gromoll, E. W.···228
Gumperz, J. J.···13, 49

H

Halliday, M. A. K.···2, 7, 9, 12, 21, 27, 28,
31, 33, 59, 61, 63, 64, 65, 67, 81, 89,
90, 93, 94, 96, 99, 100, 101, 102, 103,
107, 108, 109, 111, 119, 135, 144, 163,
165, 170, 171, 175, 199, 206, 208, 210,
211
Hammond, A.···71
Harvey, N.···101
Hasan, R.···27, 28, 37, 39, 40, 41, 46, 63,
65, 81, 89, 90, 108, 109, 119, 145, 211,
229, 231
Hawkins, P. R.···38
Haysom, J.···71
Heath, S. B.···34, 44
Hinkel, E.···115, 116, 145, 215, 216
Horowitz, R.···114
Humphrey, S.···30
Hunston, S.···180
Hunt, K. W.···112, 113, 162
Huxur, G.···210
Hyland, K.···144, 179
Hymes, D.···2, 34

J

Jesso, B.···43
John, V. P.···34
Jones, J.···135, 143

K

Kalantzis, M.···224
Kalmar, I.···22
Kaltman, H.···13, 49
Kawahami, A.···34
Kerrigan Salvucci, L.···189
Khisty, L. L.···221, 222
Kinneavy, J. L.···107, 169, 170

人名索引　275

Knapp, P.⋯74
Krashen, S.⋯216
Kress, G.⋯112, 122, 124, 235
Kroll, B.⋯213
Kutz, E.⋯115

L

Larsen-Freeman, D.⋯219
Lazaraton, A.⋯78
Leech, G.⋯22
Lemke, J. L.⋯12, 28, 88, 167, 169, 230
Lindeberg, A. C.⋯159
Lindfors, J. W.⋯112
Linnarud, M.⋯159
Loban, W.⋯22, 23
Lock, G.⋯30
Locke, P.⋯30
Loewen, S.⋯227
Long, M. H.⋯219
Longacre, R. E.⋯109
Lotfipour-Saedi, K.⋯169
Loxterman, J. A.⋯228

M

MacDonald, S. P.⋯229
Mann, W. C.⋯93
Martin, J. R.⋯27, 28, 74, 78, 81, 88, 90, 101, 108, 111, 119, 122, 123, 125, 128, 141, 166, 167, 169, 170, 171, 172, 177, 181, 187, 193, 195, 197, 205, 215, 223, 224
Matthiessen, C.⋯27, 93, 109
Mauranen, A.⋯96
McCabe, A.⋯43

McCarthy, M.⋯122, 235
McCreedy, L.⋯24
McCutchen, D.⋯115
McKeown, M. G.⋯228
McNamara, J.⋯181
McPherson, J. M.⋯185
Mehan, H.⋯10, 25, 36, 220
Met, M.⋯222
Michaels, S.⋯13, 47, 48, 49, 50, 51, 56, 109
Milton, J.⋯144, 179
Misson, R.⋯28
Mohan, B. A.⋯210, 222
Moore, A.⋯71
Morrison, E. S.⋯71, 86, 201
Murray, J. D.⋯163

N

Nelson, N. W.⋯114
Newell, G. E.⋯123, 169
Nicoll, E.⋯71
Noble, G.⋯74
Nystrand, M.⋯14, 19

O

O'Connor, M. C.⋯13, 49
Olson, D. R.⋯13, 14, 17, 21
O'Malley, J. M.⋯24, 222
Oteíza, T.⋯181, 183
Otto, B. W.⋯43

P

Painter, C.⋯41, 46, 230
Perfetti, C. A.⋯115

Perrett, G.····145
Peterson, C.····43
Philips, S. U.····34

Q

Quirk, R.····22

R

Ramanathan-Abbott, V.····56
Ravelli, L.····30, 101, 175
Rezai-Tajani, F.····169
Rhodes, N.····18
Romaine, S.····18, 22, 214
Rose, D.····42, 109, 160, 208, 217
Rothery, J.····74, 119, 120, 122, 206, 215,
    224, 227, 228, 229, 235

S

Samuels, J.····114
Schiffrin, D.····78
Schleppegrell, M. J.····1, 12, 26, 42, 70, 76,
    78, 109, 115, 127, 144, 151, 159, 172,
    179, 181, 183, 205, 208, 214, 220, 226
Scollon, R.····13, 34, 35, 36, 44
Scollon, S.····13, 34, 35, 36, 44
Scott, C. M.····100, 112
Shaughnessy, M. P.····115, 160, 216, 230
Shriberg, E.····15, 52
Silva, T.····115
Simich-Dudgeon, C.····24, 70, 220
Sinatra, G. M.····228
Sinclair, J.····220
Sinclair, M.····19, 20
Smith, R. N.····170

Smyth, M.····71
Snow, C. E.····13, 15, 16, 17, 21, 36, 52, 53,
    54, 109
Snow, M. A.····222
Solomon, J.····18
Spack, R.····215
Spinks, S.····30
Stenglin, M.····119, 120, 122, 224, 229
Street, B. V.····14
Stuckey, S.····189
Svartvik, J.····22

T

Tabors, P.····47
Thompson, S. A.····93, 109
Torrance, N.····13

U

Unsworth, L.····28, 172, 181, 183, 205, 228

V

Valdez Pierce, L.····24
Van Naerssen, M.····210
Vande Kopple, W. J.····101, 207
Veel, R.····28, 74, 167, 168, 169, 181, 189,
    200, 208, 230, 231
Vygotsky, L.····32, 59, 199

W

Wald, B.····162
Watson-Gegeo, K. A.····34
Weaver, C.····112
Webb, C.····157
Wells, G.····33, 37, 55, 59, 219, 220

White, P. R. R.⋯88, 196

Whiteman, M. F.⋯115

Wiemelt, J.⋯14, 19

Wignell, P.⋯167, 181

Williams, G.⋯28, 43, 44, 45, 221, 229

Williams, J.⋯277

Wu, H.-F.⋯109

Y

Yallop, C.⋯30

事項索引

あ

足場を作る…32, 49, 50, 223, 226, 228

新しい思考法…28

アプレイザル（appraisal）分析…88

い

一緒に本を読む…43, 44, 45

一致した…102, 133, 170, 267

一致しない（incongruent）…101, 103, 170, 176

一致する表現…101

イデオロギー…29, 62, 229, 256

意味…87, 133, 183

意味に対する方向性…37

意味の作り方の傾向…55

因果関係…42, 174, 195

因果性…189

因果的説明（Account）…122, 123

インスタンス…119

イントネーション…49, 66, 79, 86, 87, 88, 105, 108

う

埋め込み…22, 23, 156

埋め込み節…93, 122

え

英語（第二外国語）…54, 115

お

大人の対話者の助け…36

か

解釈…183, 184, 199, 206

解釈構築…266

解釈の解釈構築…196

外的な接続詞…78

概念…169

概念的知識…32

会話のレジスター…71

科学…28

科学的概念…32, 199

科学的問い…102

科学的な説明文…227

科学的なトピックについて書く…225

書き…17

書き言葉…13, 21, 49

学習…229

学習言語…17

学習のレジスター（言語使用域）…71, 111, 117, 198, 199, 206

学習資源としての文法…223

学術的言語…217, 221, 231

学問的テクスト…271

学問的な書き方…115

学問的な方法で意味を作り出す…219

課題…34, 36, 37, 51, 52, 54, 206, 207, 209

学校…10, 11

学校教育におけるジャンル…118
学校教育の言語…13, 102, 104, 205
学校教育の言語的コンテクスト…9
学校教育の言語的タスク…10
学校教育のテクスト…16
学校教育のもつ言語的な期待…9
学校で使用される言語…61
活動領域…135, 257
過程…167, 170, 186, 262
過程型（processes）…65, 73, 74, 104, 193, 262
過程構成…138, 139, 140, 262
過程構成の構造…138
過程中核部…262
科目としての英語…229
関係過程…122, 137, 138, 147, 171, 172, 185, 262
関係過程節…200
関係詞…93
関係詞節…22
関係代名詞節…109
勧告的…141, 152
勧告的な言い回し…85
勧告的な方法…83
観念構成的…64, 67, 69, 104, 105, 106, 135, 136, 192, 198
観念構成的意味…65, 128
観念構成的資源…140, 183
観念構成的メタ機能…67, 261

き

記述…226
期待…31, 33, 36, 47, 49, 50, 51, 52, 55, 62, 104

期待されている意味…49
期待される方法でのテクストの構造化…171
機能…66, 256
機能言語学…62, 73
機能言語学的アプローチ…12
機能的言語理論…27
機能的に働く…199
機能文法…63, 64, 66
客観的…144
教育…213, 228, 229
教科書…42, 183, 201, 228
教室…204
教室内での対話…219
教師の質問―生徒の反応―教師の評価…220
教師の質問―生徒の反応―教師のフォローアップ…220
共有の時間（sharing time）…47, 49, 50, 51, 69, 109
ギリシャ・ラテン語起源の語彙…42
議論…114, 126, 159, 181, 182, 184

く

句…260
具現化…256, 259
具現される…259
組み込んで…55
群…260

け

経験…16, 18, 24, 25, 31, 32, 33, 34, 35, 36, 37, 38, 39, 41, 42, 43, 44, 46, 52, 54, 55, 58

経験構成的…96, 205

経験構成的主題…264

経験構成的情報…206

経験の理論化としての自然科学…166

経時的な再話（Recount）…119, 215, 122

結束性…66, 69, 78, 89, 93, 94, 104, 106, 148, 157, 158, 159, 160

結束性修辞技法…116

結束性の連結…150

結束性を高めるための技巧…89

権威ある姿勢…170, 171, 179

言語…28

言語資源…259

言語使用域（レジスター）…256, 259

言語的選択…13, 62

言語とコンテクスト…27

言語発達…34

言説を操ること…167

こ

語彙…73, 136, 256, 260

語彙資源…176

語彙的結束…116

語彙的結束性…157

語彙的な期待…53

語彙密度…94, 95, 136, 148, 157, 171

語彙力…42

構造化された言語の使い方…53

口頭および書記…22

行動過程…122, 262

言葉の使い方…38

コロケーション（連語）…138, 139, 140, 162

コンテクスト…9, 27, 32, 58, 64, 69, 211, 256, 257

さ

再話…167, 181

作文…209, 214

作文教育…213

作文指導…227

作文の発達…112

残余部…263

参与要素（participants）…65, 73, 121, 122, 133, 138, 147, 262

し

時間関係を示す…49

時間性…189

時間的連結…184

事実的ジャンル…119, 121, 167, 225, 235

時制…121, 167

自然科学…197, 206

自然科学教育における一般的なジャンル…167

自然科学言説におけるレジスター（言語使用域）特性…171

自然科学テクスト…172

自然科学の4つのジャンル…167

自然科学の言説…166

質問の認知的レベル…24

質問のもつ認知的要求度…24

私的（Personal）…119

社会化…32, 33, 39, 47, 51, 52, 55, 57

社会階級…37, 38, 39, 43, 44, 45, 46

社会的…45

社会的コンテクスト…13, 27, 33, 46

ジャンル（genre）…111, 118, 122, 167,

184, 216, 224, 256
ジャンル構造…257
ジャンルに基づいた教育…224
修辞的な質問…114
従属…22, 93
従属結合（hypotactic）節…93
主観的…144
主観的助動詞…180
主観的モダリティ…179
縮合…113, 126
主語…99
主語^定性…265
主題（Theme）…66, 94, 96, 98, 99, 104,
　　105, 122, 132, 135, 136, 143, 149, 167,
　　182, 196, 226, 263
主題／主語…145
主題／題述…141
主題的照応…50
主題の語彙的結束性…149
主題の進行…170, 180
主題文（thesis statement）…128, 137
上位下位関係…172
照応（reference）…89
上級の読み書き…42
上級の読み書き能力…11, 217
上級の読み書きのタスク…10
状況のコンテクスト…63, 64, 74, 106,
　　257
状況要素（circumstances）…65, 73, 121,
　　262
小節…268
叙述法…105
叙法（mood）…66, 67, 82
叙法責任…179

叙法部…263
進化…28, 199
心理過程…144, 145, 185, 262

す

推論…82, 91, 102, 103, 106
数学…200, 221
スタイル…50, 114

せ

責任叙法（modal responsibility）…144, 147
節…92, 260
節結合…66, 135, 136, 148
節結合の方略…89, 105, 151
節結合法…113
節構造…91, 153, 173
接続詞…49, 76, 90, 92, 94, 108, 112, 122,
　　135, 154, 190, 191
節内（within clauses）での論証…173, 195
節複合…260
説明（Explanation）…122, 123, 167, 181,
　　182, 184, 228
説明文…227
全体部分関係…172
選択（choice）…62, 64, 226, 227, 255
選択体系…255, 268
選択体系機能言語学…27, 28, 29, 58, 63,
　　88, 117, 255
専門性…102, 103, 172
専門的…73
専門的技術を発達させる…208
専門的語彙…199
専門的な用語の使い方…221

そ

相互作用…204
相互作用的特性…201
相互作用的なレジスター（言語使用域）…
　135
相互やり取り…24
喪失…207
属性的…172
存在過程…122, 262

た

体系…255
題述（rheme）…94, 149, 263
対人関係的主題…264
対人的…64, 67, 69, 96, 105, 106, 135, 136,
　198
対人的意味…88, 128, 140, 144, 177
対人的資源…140, 183, 192
対人的な…87
対人的な意味…81
対人的比喩…163
対人的メタ機能…67, 261
大節…268
第二言語…154
第二言語習得…216, 219
第二言語としての英語…222
第二言語による作文…115
第二言語の研究…227
対話のレジスター（言語使用域）…154
脱文脈性（decontexualization）…13, 14,
　25, 269
脱文脈的…20
談話構成…50
談話スタイル…56, 57

ち

知識…229
知識の提示…171
中学校と高校の歴史言説…181
中産階級…38, 218
中産階級の家庭…16
抽象…185
抽象概念…187
抽象的…194
中流階級…229
挑戦…205, 209
直示詞…15, 89, 99
直示的…15

て

定義…203
定義づけ…41, 52, 54, 69
定性…263
定性^主語…265
定性動詞…148
Tユニット…113, 116
適切な意味…49
テクスト…259
テクスト形成的…64, 67, 69, 96, 102, 105,
　106, 135, 136, 147, 172, 183, 195, 198,
　206
テクスト形成的意味…128, 140
テクスト形成的機能…67
テクスト形成的主題…264
テクスト形成的メタ機能…261
テクスト内的接続…184
テクスト内的接続連結…185
テクスト内の論理的な関係…76
テクストの構造化…172

事項索引　283

手順…122, 167

テナー（役割関係）…64, 81, 135, 183, 192, 193, 195

伝達様式…147, 257

と

等位接続…113

等位接続詞…78

動作主…189

動作主性…171, 205

投射…144, 163

投射される節…109

統制的レジスター…202

同定的…172

な

内的接続連結…192

内的な接続詞…78

内容に基づく言語教育…222

なぜなら（because）…79

「なぜなら（because）」節…154

に

日常会話…17

日常的概念…32, 199

日常の会話の相互やり取り…23

日常の相互作用の言語…199

認知的発達…223

認知的要求…23

の

能力別にクラス分け…217

能力別のリーディンググループ…55

は

発言過程…145, 185

発達…32, 33, 36

発達の道筋…120

発話過程…262

話し言葉…13, 21, 49

話す…17

反語的問いかけ…83, 85

ひ

because 節…22

非人格的構造…145

非定性節…153

評価…9, 146

評価についての意味…88

ふ

フィールド（活動領域）…64, 76, 135, 183, 191, 192

複雑…15

複雑性…13, 14, 21, 22, 25

物質（行為）過程…171, 120, 122, 154, 185, 262

「プロセス（過程）としての作文」アプローチ…213

「プロダクト（産物）としての作文」アプローチ…213

文章構成…124

分析的（Analytical）…119, 123, 141

分析的ジャンル…167

文法…256, 260

文法的資源の役割…228

文法的な期待…53

文法的比喩（grammatical metaphor）…

101, 102, 103, 104, 117, 121, 124, 131, 154, 157, 168, 174, 185, 196, 205, 206, 210, 267

分類…171

へ

並立結合…93
並立結合節…94

ほ

法…136, 167
方言…34, 107, 115
方向性…38
報告…121, 122, 167

ま

マクロ構造…128, 161, 197
学びと参加…200
マルチモダリティー…258

み

密度…101

む

無駄のなさ…208
無標…266

め

名詞…49
名詞化(nominalization)…101, 113, 131, 133, 136, 137, 149, 150, 153, 154, 156, 157, 160, 182, 204
明示性…13, 208
明示的な指導…224

名詞補部…49
明白性(explicitness)…48
明白にすること…50
メタ機能…136, 261
目に見える(visible)指導…223

も

モーダル動詞…144, 145
モーダル付加詞…144, 145
モーダル副詞…117
モード(伝達様式)…64, 88, 135, 183, 191, 192, 195
目的…167
モダリティ…67, 84, 88, 105, 123, 140, 179, 180, 210
物語…49, 56, 122

や

役割関係…140, 257

ゆ

有標…266

よ

読み…214
よりくだけたレジスター…202

り

リーディンググループ…56
理由づけ…154

れ

歴史…181, 199, 206
歴史教育の4つのジャンル…181

歴史言説におけるレジスター（言語使用域）特性…185

歴史言説のフィールド（活動領域）…184

歴史的説明…181

歴史における一般的なジャンル…184

歴史の言説…166

歴史のジャンル…181

レジスター（言語使用域）…27, 28, 63, 76, 106, 111, 114, 135, 172, 198

レジスター（言語使用域）特性…180, 184

ろ

労働者階級…38

6 種類の過程型…73

論証…8, 128, 160, 167, 169, 172

論証（Exposition）…123

論証的な論述…136

論法…41, 123

論理的（logical）…65

論理的な意味…104

論理的な関係…90, 103, 189

論理的な関係性…78, 80, 91, 92

論理的な思考…230

論理的な繋がり…90, 92

著者紹介

Mary J. Schleppegrell（メアリー J. シュレッペグレル）

ミシガン大学大学院 (School of Education, University of Michigan) 教授
ショージタウン大学にて Ph.D を取得。研究範囲は言語発達、第二言語習得、談話分析、選択体系機能言語学と幅広いが、特に選択体系機能言語学を枠組みとした言語教育の研究で活躍し、いくつもの国際学会で基調講演を行っている。

最近の論文

- Chang, P. & Mary J. Schleppegrell. (2016). Explicit learning of authorial stance-taking by L2 doctoral students. *Journal of Writing Research* 8:1, 299-322.
- Klingelhofer, Rachel R., and Mary Schleppegrell. (2016). Functional grammar analysis in support of dialogic instruction with text: scaffolding purposeful, cumulative dialogue with English learners. *Research Papers in Education* 31: 1, 70–88, DOI: 10.1080/02671522.2016.1106701.

訳者紹介(担当箇所)

石川彰(いしかわ あきら)(第1章、第5章)

上智大学名誉教授、東村山英語学習センター代表

主な著書・論文

・石川彰(2013) Two characteristics of the essay as a genre.『機能言語学研究』*Japanese Journal of Systemic Functional Linguistics*. vol. 7, pp.43–57. 日本機能言語学会.

・ISHIKAWA AKIRA (2007) An Analysis of Japanese Honorific Predicates. Joan W. Bresnan (ed.) *Architectures, rules, and preferences: variations on themes*. pp.207–228. CSLI.

佐々木真(ささき まこと)(第2章、第6章)

愛知学院大学教養部教授

主な著書・論文

・佐々木真(2017)「和歌の英語訳:6種類の源氏物語の英語訳の比較分析」*Proceedings of JASFL* vol.11, pp.97–110. 日本機能言語学会.

・佐々木真(2006)第8章「ことばを教える―英語教育への応用」龍城正明(編)『ことばは生きている』くろしお出版.

奥泉香(おくいずみ かおり)(第4章)

日本体育大学教授

主な著書・論文

・奥泉香 (2017)「文字や表記システムと社会的実践としてかかわる」佐藤慎司・佐伯胖(編)『かかわることば』pp.85–113. 東京大学出版会.

・奥泉香 (2015)「メディア・リテラシー教育の実践が国語科にもたらした地平」浜本純逸(監修)、奥泉香(編)『メディア・リテラシーの教育―理論と実践の歩み』pp.5–18. 渓水社.

小林一貴（こばやし かずたか）(第 2 章)

岐阜大学教育学部准教授

主な論文

・小林一貴 (2014)「談話実践としての書くことにおける「状況性」と「分散性」」『国語科教育』第 75 集，pp.48–55. 全国大学国語教育学会.
・小林一貴 (2016)「書くことの学習の対話的構築と声の方略」『国語科教育』第 80 集，pp.47–54. 全国大学国語教育学会.

中村亜希（なかむら あき）(第 5 章)

明治学院大学他・非常勤講師

主な論文

・Aki Nakamura (2009) Construction of evaluative meanings in IELTS writing: An intersubjective and intertextual perspective.（University of Wollongong 提出博士論文）
・Aki Nakamura (2014) Construing knowledge structure in ESL/EFL test writing.（AILA: International Association of Applied Linguistics での口頭発表）

水澤祐美子（みずさわ ゆみこ）(第 3 章)

成城大学文芸学部英文学科准教授

主な著書・論文

・Mizusawa, Y. (2017) Australia embracing multicultural society. In J. Manning, Y. Mizusawa, T. Odagiri, and M. Ohira. *Multiculturalism and multicultural society*. pp. 15-35. Tokyo: DTP Publishing.
・水澤祐美子 (2017)「英語ビジネス E メールにおける依頼・命令のジャンル構造の指標」『機能言語学研究』*Japanese Journal of Systemic Functional Linguistics*. vol. 9, pp. 37-53. 日本機能言語学会.

言　語　学　翻　訳　叢　書　第　17　巻

学校教育の言語
―機能言語学の視点―

発行	2017 年 11 月 16 日　初版 1 刷
定価	3200 円＋税
著者	メアリー・シュレッペグレル
訳者	石川彰、佐々木真、奥泉香、 小林一貴、中村亜希、水澤祐美子
発行者	松本功
装丁者	渡部文
印刷製本所	三美印刷株式会社
発行所	株式会社 ひつじ書房

〒 112-0011 東京都文京区千石 2-1-2 大和ビル 2 階

Tel.03-5319-4916　Fax.03-5319-4917

郵便振替 00120-8-142852

toiawase@hituzi.co.jp

http://www.hituzi.co.jp/

造本には充分注意しておりますが、落丁・乱丁などがございましたら、
小社かお買上げ書店にておとりかえいたします。ご意見、ご感想など、
小社までお寄せ下されば幸いです。

ISBN978-4-89476-860-4